グラフをつくる前に読む本

一瞬で伝わる表現はどのように生まれたのか

松本健太郎

株式会社ロックオン
マーケティングメトリックス研究所所長

技術評論社

はじめに

本書は、勘と経験と過去の前例にそって、エクセルやパワーポイントを使ってなんとなくグラフを作ってきたビジネスマンのために、絶対に知っておかなければならない「データの見せ方」を超簡単・超丁寧に解説しています。

みなさん、はじめまして。本書に興味を持っていただき、ありがとうございます。松本健太郎と申します。普段は大阪でビジネスデータ分析の仕事に就いています。顧客の膨大なビッグデータを分析し、何が良かったのか悪かったのかを見極めて、結果を報告書にまとめます。いわゆる「データサイエンティスト」と呼ばれる職業です。

本書のメインテーマは「データの見せ方」です。そのための手段として「どのようなグラフがあるか」「なぜ、そのグラフを選べば相手に伝わるか」を紹介します。**グラフを良く見せるためのテクニックではなく、なぜそのグラフを使うのかという本質にせまります。**

「なぜデータサイエンティストと呼ばれる人が、グラフなんて初歩的で簡単なテーマで1冊の本を書こうとしているの?」と、あなたはそんな疑問を抱いたかもしれません。「お前の話なんていいからグラフについてすぐにレクチャーしてくれよ!」と思われた方は、このまま第2章(20ページ）まで飛ばしてください。「お、ちょっと聞いてみようかな」と思われた方は、少しだけ私の話に耳を傾けていただければ幸いです。

私自身「グラフ」は重要なテーマだと考えています。なぜなら**大勢のビジネスマンのグラフに関する知識が、思い込みと勘違いで作られていると気付いたから**です。そもそもグラフの歴史は約200年前、表に記されたデータをもっとわかりやすく表現したいと考えた1人のスコットランド人から始まっています。その後、たくさんの人間が「わかりやすさ」と格闘し、さまざまな表現方法を編み出してきました。つまり**わかりにくいグラフとはグラフとは呼べないと言っても過言ではありません。**

そうした歴史を知らないと「なんかよくわかんないけど適当に円グラフを選んだら、それっぽい感じになった」という理由で、どう見ていいかわからない円グラフがビジネスの現場に登場します。あなた自身の職場を思い返してください。一番恐ろしいのは、**どう見ても何かが間違っているのだけれど、自分自身もグラフの作り方を教わっていないから何が間違っているか指摘できない場合**です。「感覚だけど何か違う」という曖昧な指摘もできないので、皆が押し黙ったまま表現方法の間違ったグラフで説明が続く地獄のような報告会に参加した経験も一度や二度ではありません（筆者の経験による）。

データを表現するグラフの選択を間違えると、データの理解そのものを間違えます。この円グラフは折れ線グラフに置き換えて考える、この折れ線グラフは棒グラフに置き換えて考える……そんな脳内変換に明け暮れて、とても疲弊した覚えがあります。

使い方さえ間違わなければ、グラフはビジネスの現場に役立ち、大勢のビジネスマンの生産性を飛躍的に向上させる有効な表現方法です。しかし**多くの人が使い方を間違え、ビジネスの現場を混乱に巻き込み、時間を無駄に浪費させています。**だからこそ私は、グラフの本質を、わかりやすく、丁寧に理解できる本を書こうと決意したのです。

グラフを使う2つのメリット、1つのデメリット

グラフには2つのメリットがあります。

1つ目は、**あなたの伝えたい内容を言葉にしなくても相手に伝えやすい**というメリットです。**グラフは言葉を不要にします。**なぜなら、**グラフはデータを一瞬で伝えるために誕生した道具**だからです。お互いに会話が通じ合わなくても、グラフを使えば細かい説明をする必要もなく、あなたの伝えたい内容は相手に伝わります。

次ページ図1の折れ線グラフを見てください。本州で最も寒暖の差が大きいのは京都だと言われています。そこで気象庁が公開しているデータを使って、京都府京都市の2011年～2015

年の月間平均最高気温・最低気温を集計し、折れ線グラフを作成しました。

このグラフを見れば、とにかく冬寒くて夏暑いとわかります。冬の最低気温と夏の最高気温の差は40度近くあります。私は大学生活の4年間を京都で過ごしたのですが、こんなにも暮らしにくい街が1000年近く日本の首都を務めていたとは信じられずにいました。

2つ目は、**図だから覚えやすい**というメリットです。**グラフは数字を「絵」に変えて、覚えやすい形で表現されます。**特徴が表れているグラフほど、そのまま覚えられます。また、特徴的な表現をしているので思い出しやすいとも言われています。

図1の折れ線グラフも同様です。1週間経って詳細を忘れてしまったとしても、「ほら、あの

図1 ▶ **京都市月別最高・最低平均気温の推移**

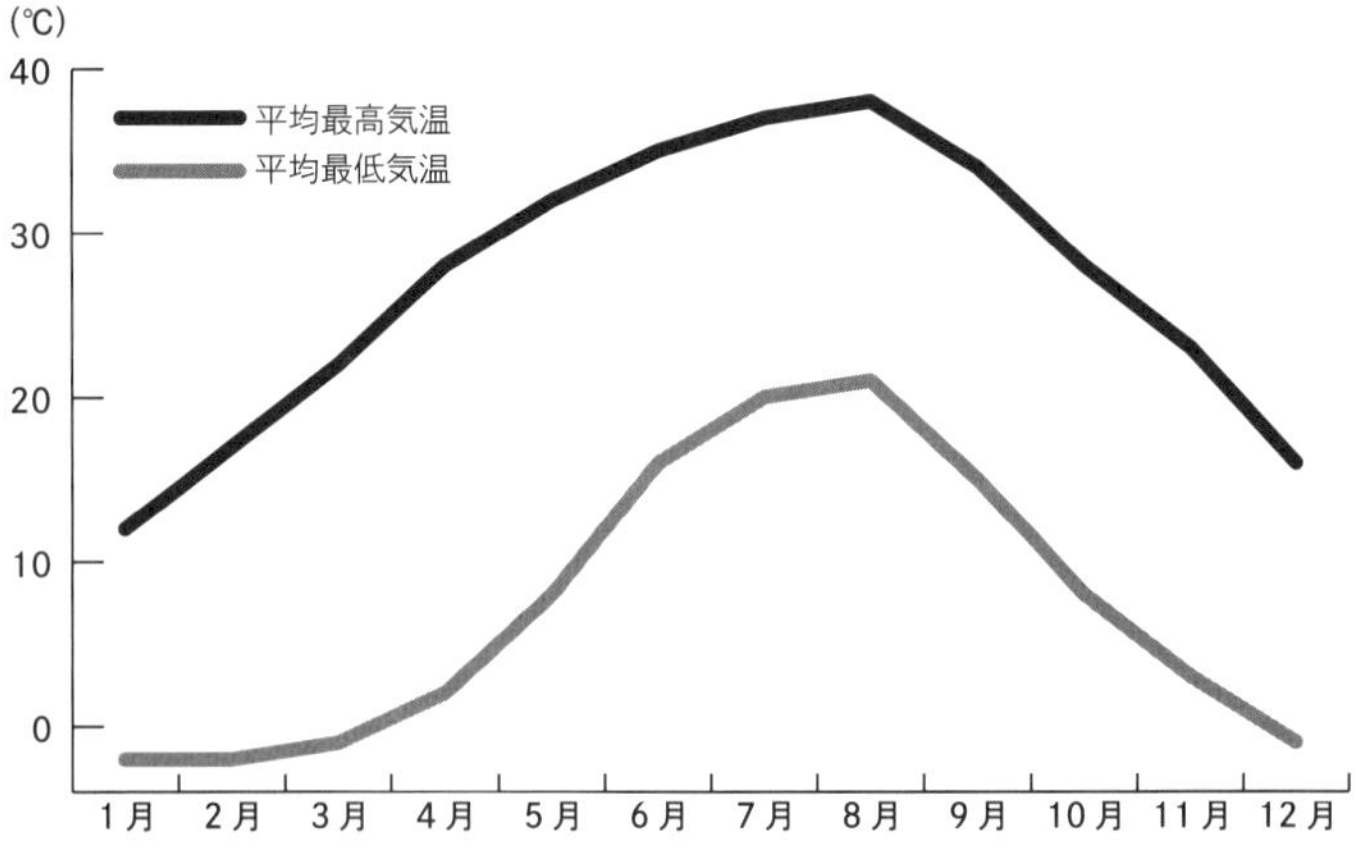

(気象庁「過去の気象データ」より作成)

冬寒くて夏暑い、とても1000年首都だったとは思えないよねって言ってた」と聞かれれば「あぁ！」と何となく思い出せるはずです。この2つのメリットがあるから、表に書かれた数字の羅列ではなく、グラフを使おうとするのです。

一方でグラフには残念ながらデメリットがあります。それは先述したように、**誰でもなんとなくそれっぽいグラフを作れる**というデメリットです。図2の円グラフを見てください。図1と同じデータを使って、月別平均最高気温を表す円グラフを作成してみました。6月~8月が全体の3割を占めているのがわかります。しかし「だから何？」感が拭えません。

何を伝えるかによって、それぞれ用いるグラフは異なります。詳細は各章で解説しますが、比較の表現が目的なら棒グラフ、内訳の表現が目的な

図2 ▶ **京都市月別最高平均気温の推移**

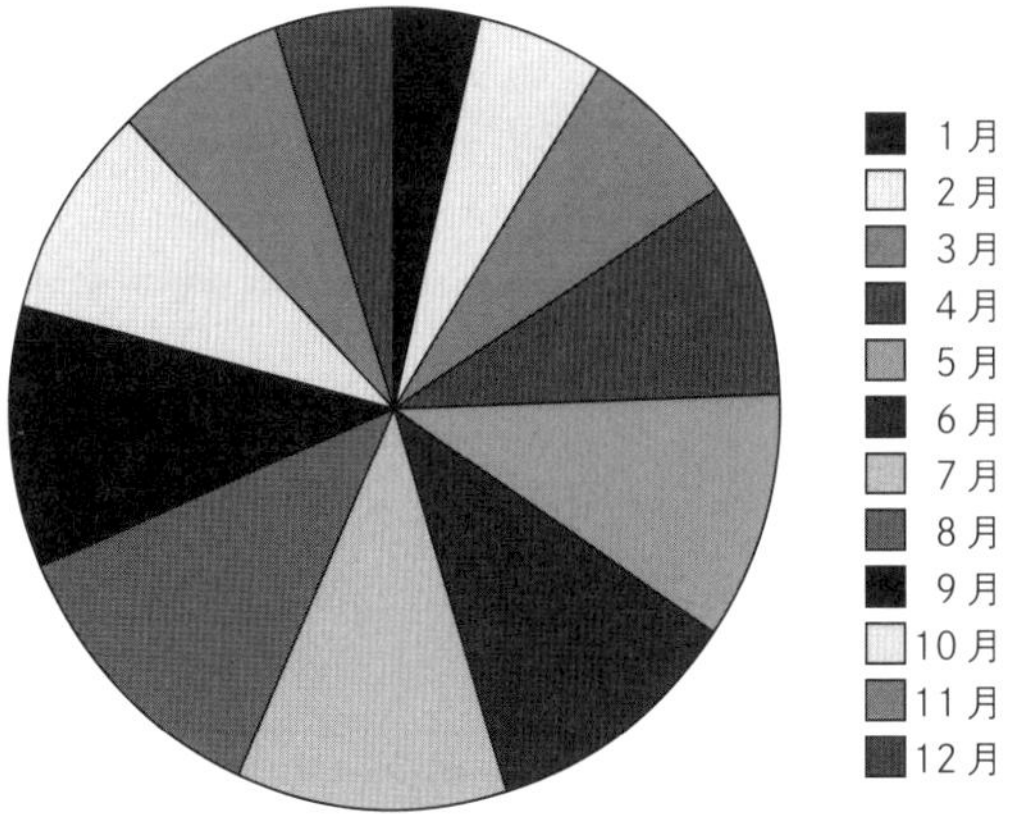

（気象庁「過去の気象データ」より作成）

ら円グラフと役割が決まっています。だから図2の円グラフを見ても、何が言いたいかよくわからなかったのです。

グラフの作成自体を目的にすると、確かにさまざまな表現ができます。しかし、あくまで「伝えたい」内容があって、そのために「覚えやすい」形態のさまざまなグラフがあるにすぎません。**失敗するグラフというのは、「言いたい内容」をグラフにしているのではなく、「データ」をグラフにしているだけ**なのです。

本書の読み方

本書は、大きく3つの構成に分かれています。

「第1章」では、グラフを作成するための基礎を解説します。ここで、なぜグラフを使うべきなのかといった簡単な座学から、グラフにまつわる用語の簡単な定義をしています。したがって「前提知識はすでに持っているからグラフについて詳細を説明して欲しい!」と思われた方は、第1章を飛ばして第2章から読み進めていただいて問題ありません。

続いて「第2章」から「第8章」では、誰もが普段から使っている表計算ソフトにも標準搭載されている棒グラフ、折れ線グラフ、円グラフ、レーダーチャート、ヒートマップ、散布図、積み上げ棒グラフ、面グラフそれぞれの作り方を丁寧に解説します。

通常、データ分析を解説する書籍などで取り扱うデータは、ビジネスの現場で使う状況を想定したダミーデータ（実際には存在しない架空のデータ）がほとんどです。それでもいいのですが、**グラフをよりわかりやすく表現するために、あえて特徴的なデータを含めることもあります。**実際にはあり得ないデータを用いて「ほら！　こんなにわかりやすい！」と解説するのは、読者をだましているように思えてなんだか気が進みません。

そこで本書では、登場するすべてのデータに、政府が公開している**オープンデータ**を使っています。一部ではありません。すべてです。国土面積、人口、労働者、年収、農業生産量……本書ではさまざまなオープンデータを扱っています。中には、オープンデータをグラフで表現して見えてきた意外な事実に気を取られ、途中で脱線してしまうこともあります。

最後に「特別付録」ではニュースで取り上げられている社会問題について、オープンデータとグラフのみを用いて私なりの仮説を導き出しています。オープンデータを用いてグラフで表現するだけで、こんなにも気付きが得られるんだ！　という驚きを読者に味わってもらう目的があります。欧米では「データジャーナリズム」と呼ばれ、データを収集・整理して、新たな発見や気付きを得る調査報道が浸透し始めています。一方で日本ではまだまだ浸透しているとは言えず、欧米との格差が気になるばかりです。そこで「特別付録」では、データを使って事実関係を整理し、多くの方の認識違いを解くデータジャーナリズムに挑戦しています。楽しんでお読みいただけると幸いです。

それでは、まずグラフを作成するための基礎的な情報から学んでいきましょう。

第3章 折れ線グラフ

第4章 円グラフ

第6章 ヒートマップ

第7章 散布図

第8章 積み上げグラフ……165

特別付録 データジャーナリズム入門……193

第 1 章

グラフとデータ

グラフを作る前に、みんなに知って欲しい「データ」について説明します。データのはじまりは？ データの定義は？ どんなデータがあるの？ これらを理解して、グラフ表現の準備をしましょう。章末の「表現方法×対応するグラフ」は永久保存版です！

私たちに最も身近な「統計データ」の意外な歴史

データにもさまざまありますが、その代表例として、政府が発表している統計データを挙げます。日本だけでなく、米国、中国、欧州、世界中のあらゆる国々が統計データを収集・発表しています。政府は政策に、民間企業は自社の事業に統計データを活用しています。例えばニュースで報道される「失業率」や「GDP」といったデータも統計データの1つです。ビジネスマンであれば統計データは読めて当然、という人も多いようです。

ところで統計データという表現はあまり聞き慣れない言葉ではないでしょうか。最近流行りの統計学と同じ意味なの？　と、あなたは疑問を持ったかもしれません。そこで、簡単に「統計データ」について解説します。

そもそも統計とは**「世の中で起きた出来事の調査を通じて数量で把握する方法」**を意味しています。先ほどの「失業率」であれば、日本国内で起きた「失業」という出来事の調査を通じて、働ける人のうち仕事に就けていない人の割合を求めます。**統計学とは、そうした把握の方法を追求した学問**だととらえてください。

では、いつ頃に統計が登場したのかと記録をたどると、その起源は紀元前3000年頃、ピラミッド建設のために行われた人口調査まで遡ります。建設に必要な人手を探すために、そもそも今どれくらいの人口がいるのか調べたわけです。その後、建造物建設のための人手調査や、兵役や徴税の記録など、さまざまな活用方法が発見されていきます。国家統治のための基礎資料こそ統計の原点だと言われています。そしてこの基礎資料の内容こそ「統計データ」です。

3000という数字だけでは意味を持ちませんが、Aという村の人口という意味を持たせれば数字に「人」という単位が付き、データへと変化します。さらにピラミッド建設に耐え得る体力を持つ男性が1000人と調査すれば、統計データとしての役割も持つようになります。

統計は英語で「statistics」と言いますが、語源はラテン語の「status」であり、意味は国家を指します。人口調査や土地調査など、統計という手段を通じて「国の形」を浮かび上がらせていたのです。「統計データ」はその形を数量で証明する大事な記録でした。

日本における統計のはじまりは、なんと大化の改新にまで遡ります。646年に発表された「班田収授法」に基づき、670年に実施された全国的な戸籍調査がはじまりだと言われています。以降、豊臣政権の「人掃令」や「宗門人別改」など、主に戸籍管理を目的として国家統治のための基礎資料である「統計データ」が作られてきました。

統計は当初、こうした「国家の形」を浮き彫りにする手段として使われていましたが、やがて民間にも浸透していきます。「人間やその社会・組織における物事を測る手法」として発達するようになったのです。

民間でも使われはじめる統計データ

歴史上、記録として残っている最古の民間主導の統計に関する制作物として、1662年にジョン・グラントの手によって編纂された「生命表」が挙げられます。教会に保存された死亡記録をまとめ、個々で見ると偶然としか思えない社会現象に一定の法則・秩序を発見したのです。つまり、ミクロで見れば「神の意志」であったとしても、マクロで見れば「神の意志には規則性がある」という事実を明らかにしたのです。ジョン・グラントは、当時200万人都市と見られていたロンドンの人口を、さまざまなデータや観察を通じて38万4千人と精緻な見積もりの算出にも成功しました。

長年、統計は「国家の形」を浮き彫りにする目的だけに用いられていましたが、統計データを国力の増強に使えないかと考えた人物がいます。フランス革命の功労者でもあるナポレオン・ボナパルトです。ナポレオンによって1801年にはフランスに統計局が設けられ、政府主導によってさまざまな「統計データ」の整備がはじまりました。その代表例が人口調査（国勢調査）です。当時の先進諸国であるアメリカでは1790年、オランダでは1795年、イギリスでは1801年に実施されていました。ナポレオン主導の下、統計データを用いてフランスの長所、短所を適切に見極め、貿易に活路を見出すのか、農業を育成するのか、フランス国内で統計データにもとづく議論と意思決定が推進されるようになりました。

一方日本では、それから遅れて約70年経った1871年12月に総務省統計局の前身である「政表課」が誕生しています。初代は旧静岡藩の杉亨二が、第二代は参議大蔵卿として財政整理にあたるうちに正確な統計情報の必要性を感じた大隈重信が就任しています。明治維新から4年後だと考えれば、かなり早期に設立された役所だと言えます。

なぜ為政者は正確な統計データを欲するのでしょうか。その理由の1つとして、日本の吉田茂首相とGHQのマッカーサーとのやりとりを紹介します。ある日、吉田首相は「食糧難がひどく、このままでは大量の餓死者が出る。食糧の支援をお願いしたい」と申し出ます。マッカーサーは「では統計データから必要な食糧を計算して欲しい」と即答して、日本政府が要請した通りに米国から大量の食糧を輸送します。しかし、計算は大きく狂って食料は大量に余ってしまいました。マッカーサーが吉田首相に「一体、どんな統計データを用いたのか！」と迫ると、吉田首相は「もし戦前にわが国の統計データが完備されていたならば、あんな無謀な戦争はやらなかった」と言い返したそうです。

あらゆる計画は正確なデータがあってこそ意味を持ちます。国家の行く末をになう舵取りであればなおさらです。だからこそ各国は統計の重要性に気付き、統計データの整備を急がせたのです。

現在、各国が発表する統計データは、世の中で起きた膨大な出来事を対象としながら、高い正確性と精度を誇ります。国家が時間と手間暇をかけて収集したデータだから当然と言えるかもしれません。だからこそ民間企業でも市場動向や環境変化などをデータで表現する際に、政府が発表する統計データを用いるのです。

ここまで統計データの歴史についてふれてきましたが、グラフを作るために、前提として知っておいて欲しい知識があります。それはグラフを描画する元となる「データ」についてです。そもそも「データ」とは何を指すのでしょうか。どういう状況になれば「データ」と言えるのでしょうか。

そもそも「データ」とは何だろう？

「データ」という言葉の定義に関しては、工業規格を作成する国際的な非政府組織「国際標準化機構」（通称ＩＳＯ）の記述が参考になります。ＩＳＯは「データ」という用語の定義を次のように定めています。

A reinterpretable representation of information in a formalized manner suitable for communication, interpretation, or processing.
情報の表現であって、伝達、解釈または処理に適するように形式化され、再度情報として解釈できるもの。

私が注目したのは「伝達、解釈または処理に適するよう」という定義です。**万国共通で、誰もが認識の齟齬なく、伝達・解釈・処理が行える表現として最適なものが「数字」です。**例えば歌やダンスで表現する場合、人それぞれ受け止め方が異なる可能性がありますから、情報の表現として適しているとは言えません。本書で記す**「データ」とは、伝達、解釈または処理に適する「数字」**だとして話を進めていきます。

では、あらゆる数字をデータとみなして良いのでしょうか。この疑問については、文中に登場する「情報」という用語が正解を導いてくれます。同じくＩＳＯが定義する「情報」の定義を引用します。

> *Knowledge concerning objects, such as facts, events, things, processes, or ideas, including concepts, that within a certain context has a particular meaning.*
> 事実、事象、事物、過程、着想などの対象物に関して知り得たことであって、概念を含み、一定の文脈中で特定の意味をもつもの。

私が注目したのは「一定の文脈中で特定の意味をもつもの」という定義です。つまり、**何らかの意味を持たなければ数字は「データ」とは言えない**のです。例えばドラゴンボールでおなじみ、宇宙の帝王と呼ばれるフリーザ様が「私の戦闘力は53万です」と言ったところで、数字だけに注目するとどれだけすごいのかわかりません。この文脈で言えば「私の戦闘力」という言葉が53万という数字をデータに変えてくれます。**こうした数字に意味を持たせるラベルを「データ項目」と言います。**図1にデータとデータ項目の関係性を示します。

そして、他のメンバーの「戦闘力」よりずば抜けて高いという共通の解釈があって、はじめて53万という数字のすごさが際立ちます。だから、フリーザ様も勝ち誇った表情で「私の戦闘力は53万です」と言えるのです。

つまり、**データは「数学」でありながら、「国語」の要素があります。**どれだけ数字に強い人間であったとしても、数字が誕生した背景やどのような文脈で用いられているかを把握できなければ、トンチンカンな解釈をしてしまい、誤った理解でデータにふれてしまいます。

グラフ作成の前にもう少しデータについてみていきます。

図1 ▶ 数字、データ項目、データの関係性について

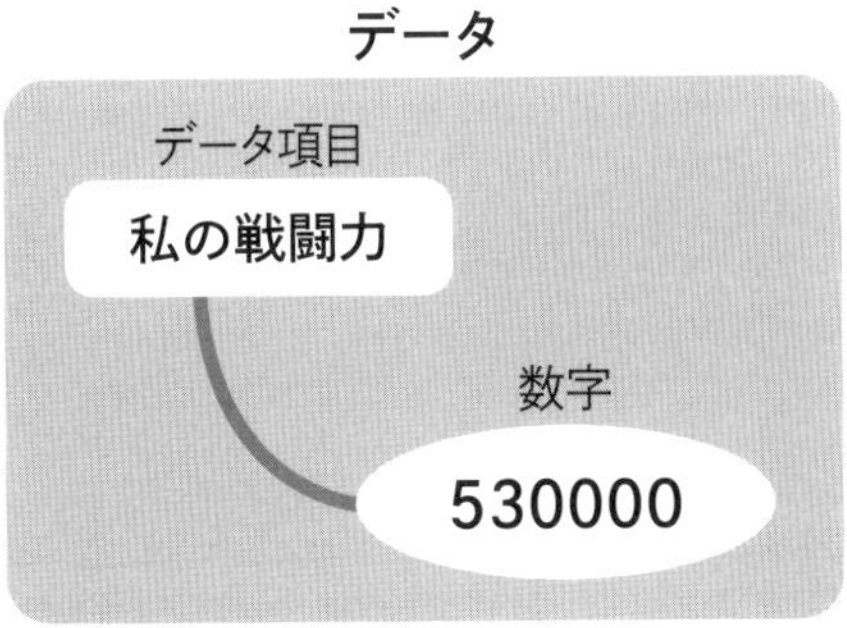

知っておきたいデータの型、横断面データと時系列データ

データには2種類のタイプがあります。**ある時点を横断的に並べた「横断面データ」と、時間の経過する順番に並べた「時系列データ」**です。それぞれデータの内容は大きく違います。せっかくですので政府が発表している統計データを用いて、横断面データと時系列データの違いを説明しましょう。

横断面データとはある時点でのデータ項目を観測した結果を指します。表1を見てください。内閣府が景気動向調査の一環として発表している消費動向調査のうち、2017年における、2人以上の世帯の、世帯主の年間収入階級別に主要耐久消費財の普及率調査結果を表しています。

この表の左上を見てください。「44・5%」だけなら数字です。しかし、パソコンという耐久消費財の年間収入300万未満世帯における普及率という意味を持たせれば、44・5%という数字がデータに変化します（図2）。

表1 ▶ 2017年耐久消費財の普及率

年間収入	パソコン	スマートフォン	乗用車	ルームエアコン	空気清浄機
300万未満	44.5%	33.1%	53.3%	84.0%	26.4%
300万～400万未満	71.0%	57.8%	76.9%	91.4%	39.0%
400万～550万未満	88.8%	73.4%	83.7%	93.7%	46.7%
550万～750万未満	90.7%	83.1%	85.8%	93.6%	49.4%
750万～950万未満	93.4%	86.2%	86.7%	96.4%	53.4%
950万～1200万未満	92.9%	87.7%	87.4%	98.1%	56.5%
1200万以上	94.0%	88.0%	86.2%	95.3%	51.2%

（内閣府「消費動向調査」より作成）

図2 ▶ 44.5%をデータに表現する数字とデータ項目の関係

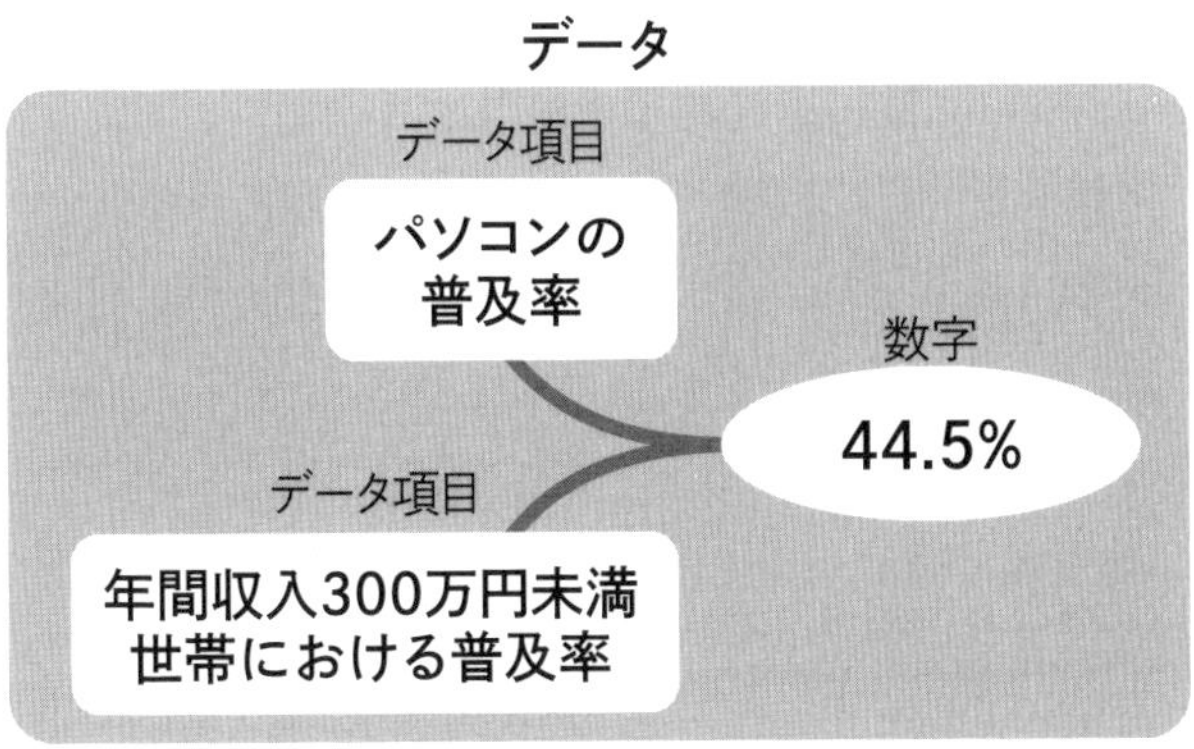

この表で言えば、パソコン、携帯電話、乗用車、ルームエアコン、空気清浄機それぞれの耐久消費財の普及率がデータ項目であり、年間収入階級ごとの普及率もデータ項目と言えます。このように複数のデータ項目が数字に紐付くこともあります。

表を見ると、年収が高いほど各耐久消費財の普及率が上昇しているようです。そんな中でも、空気清浄機の普及率は他の耐久消費財と比べて低いのがわかります。空気清浄機は年収が高い消費者であっても手の届かない高級家電なのか、それとも必要と感じていない消費者が半数はいるのか、果たしてどちらでしょうか。

次に、**時系列データとは異なる時点での同一のデータ項目を観測した結果**を指します。表2のデータを見てください。先ほどの表1と同じく、主要耐久消費財のうち、年単位のスマートフォンの普及率を表しています。異なる時点として3年分のデータがありますね。

表2の左上を見てください。「32・2％」だけなら数字です。しかし、2014年におけるスマートフォンという耐久消費財の年間収入300万未満世帯における普及率という意味を持たせれば、32・2％という数字がデータに変化します（図3）。

表2を見ると、2014年、2015年、2016年と時間が経過するにつれて普及率が上がっていることが分かります。

表2 ▶ 2014年～2017年耐久消費財のうちスマートフォンの普及率

年間収入	2014年	2015年	2016年
300万未満	32.2%	37.6%	43.9%
300万～400万未満	43.8%	52.4%	59.7%
400万～550万未満	58.5%	66.0%	74.9%
550万～750万未満	73.1%	76.8%	83.6%
750万～950万未満	77.2%	84.5%	87.7%
950万～1200万未満	79.3%	82.9%	89.6%
1200万以上	80.5%	83.5%	89.0%

（内閣府「消費動向調査」より作成）

図3 ▶ 32.2%をデータに表現する数字とデータ項目の関係

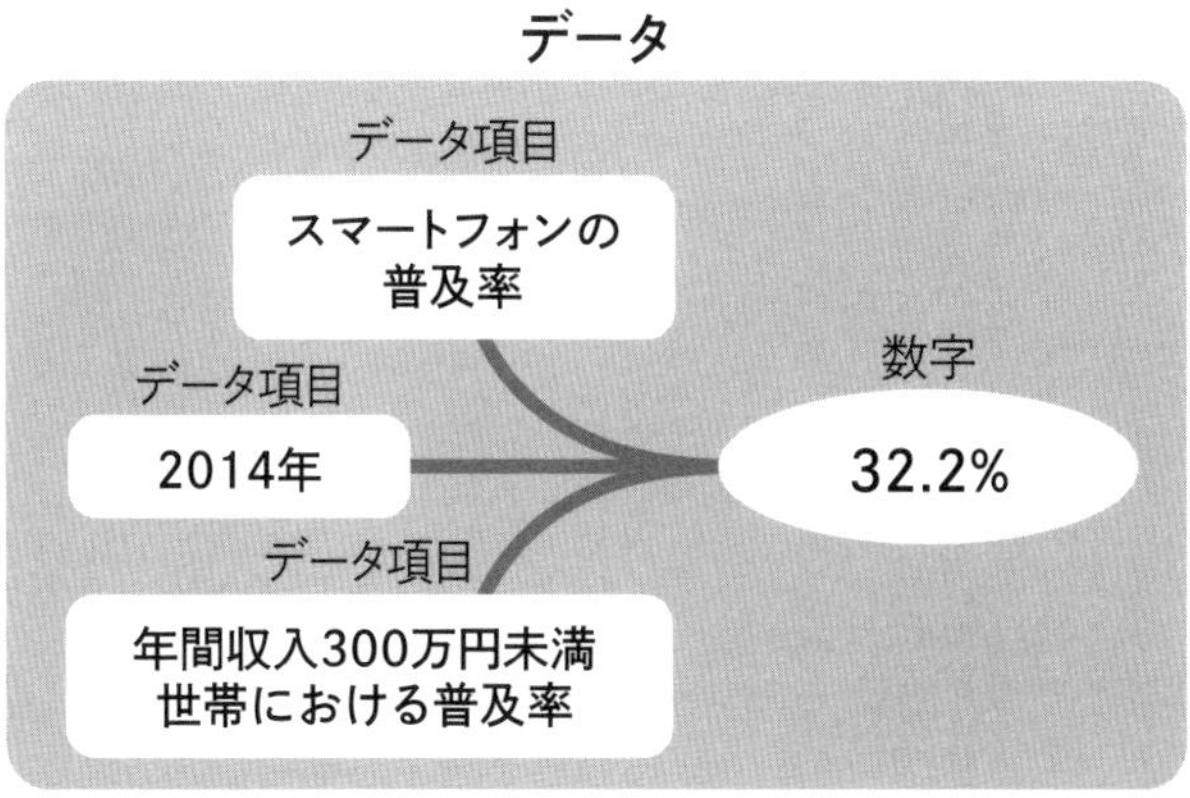

そのデータ、最適な表現方法は棒グラフ？　折れ線グラフ？

表1も表2も、数字だらけで見づらかったのではないでしょうか。表1では縦7マス・横5マスに35個、表2では縦8マス・横3マスに24個もの数字が書かれています。データ項目を読み、それぞれの数字がどのような意味を持ち、そしてどのような特徴があるのか把握するのに、これでは時間がかかってしまいます。

そこでグラフの登場です。横断面データや時系列データの量が多いと、数字を読み解くのに時間がかかるので、**グラフで表現する必要がある**のです。

では、表1のデータを折れ線グラフで表現してみましょう。図4のグラフを見てください。

この折れ線グラフ、ちょっと見にくくありませんか？

「はじめに」で紹介したように**「誰でもなんとなくそれっぽいグラフを作れる」というグラフのデメリットをそのまま表している**と思います。空気清浄機の普及率が低く、ルームエアコンの普及率が高いのはわかります。しかし、これでは表の数字をグラフで表現しただけです。これなら、まだ表のほうが見やすいとも言えます。

グラフにするとは、データを単にグラフィカルに表現する方法を指すのではありません。**自分の言いたい切り口でデータをグラフィカルに表現する方法**を指します。例えば、表1のデータからは「年収が低くても必要な耐久消費財」がわかります。次ページの図5の棒グラフを見てください。年収300未満世帯における耐久消費財の普及率を表しています。

データ項目は、最も普及率が低い順番に左から右に並んでいます。**夏の暑い日にルームエアコンなしに生活するのは地獄ですから、年収に関わらず必要な耐久消費財であると**言えます。また、都会の人には意外に思えるかもしれませんが、車こそ唯一の移動手段である地方は多くあります。そうした方々にとって、乗用車は年収に関わらず必要な耐久消費財であると言えます。

では、図5に「年収1200万以上」というデータ項目を追加してみましょう。次ページの図6を見てください。「低所得者層には普及していないけど高所得者層には普及している耐久消費財」が

図4 ▶ **年収別2017年耐久消費財の普及率**

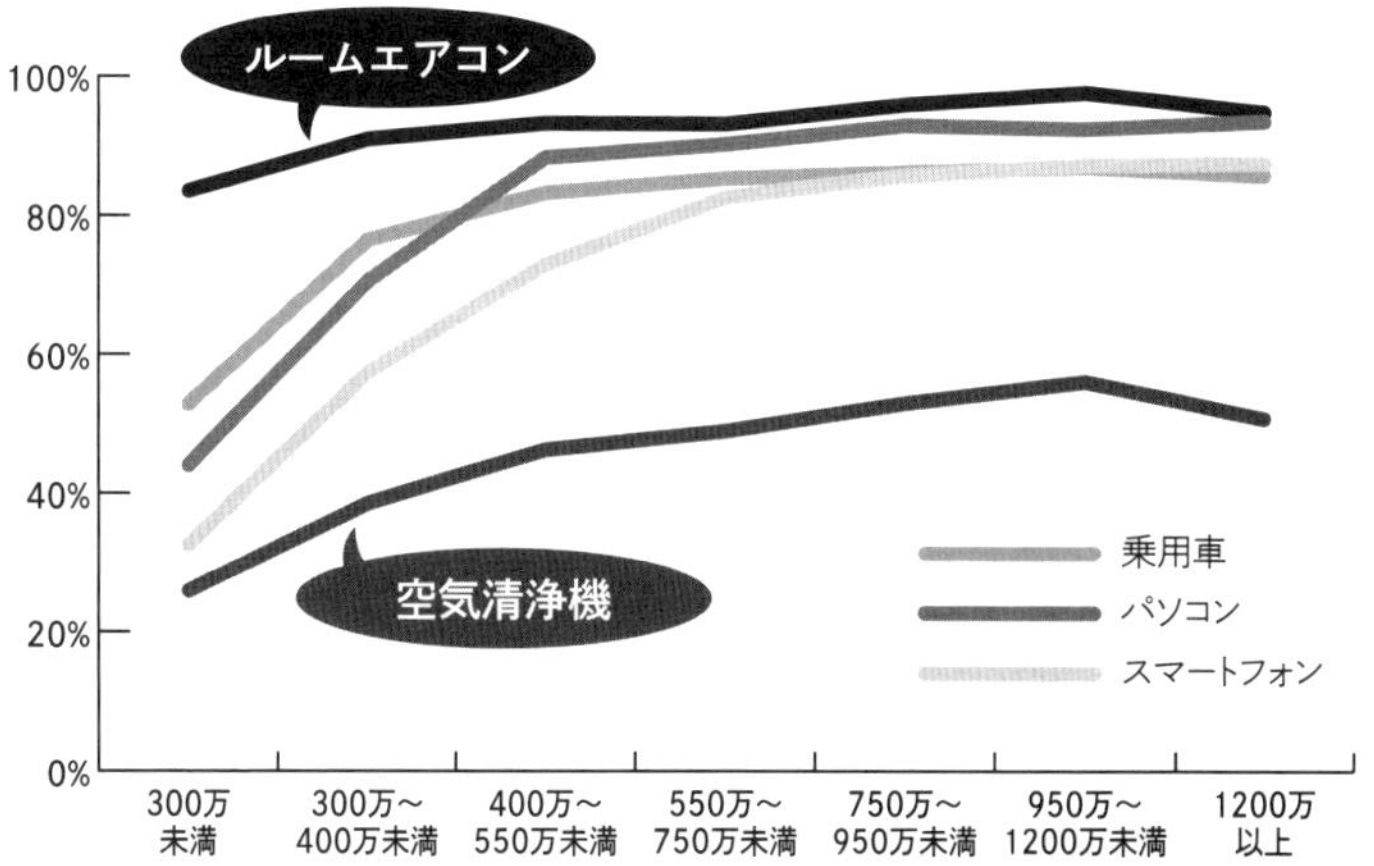

（内閣府「消費動向調査」より作成）

図5 ▶ 年収300万未満世帯における2017年耐久消費財の普及率

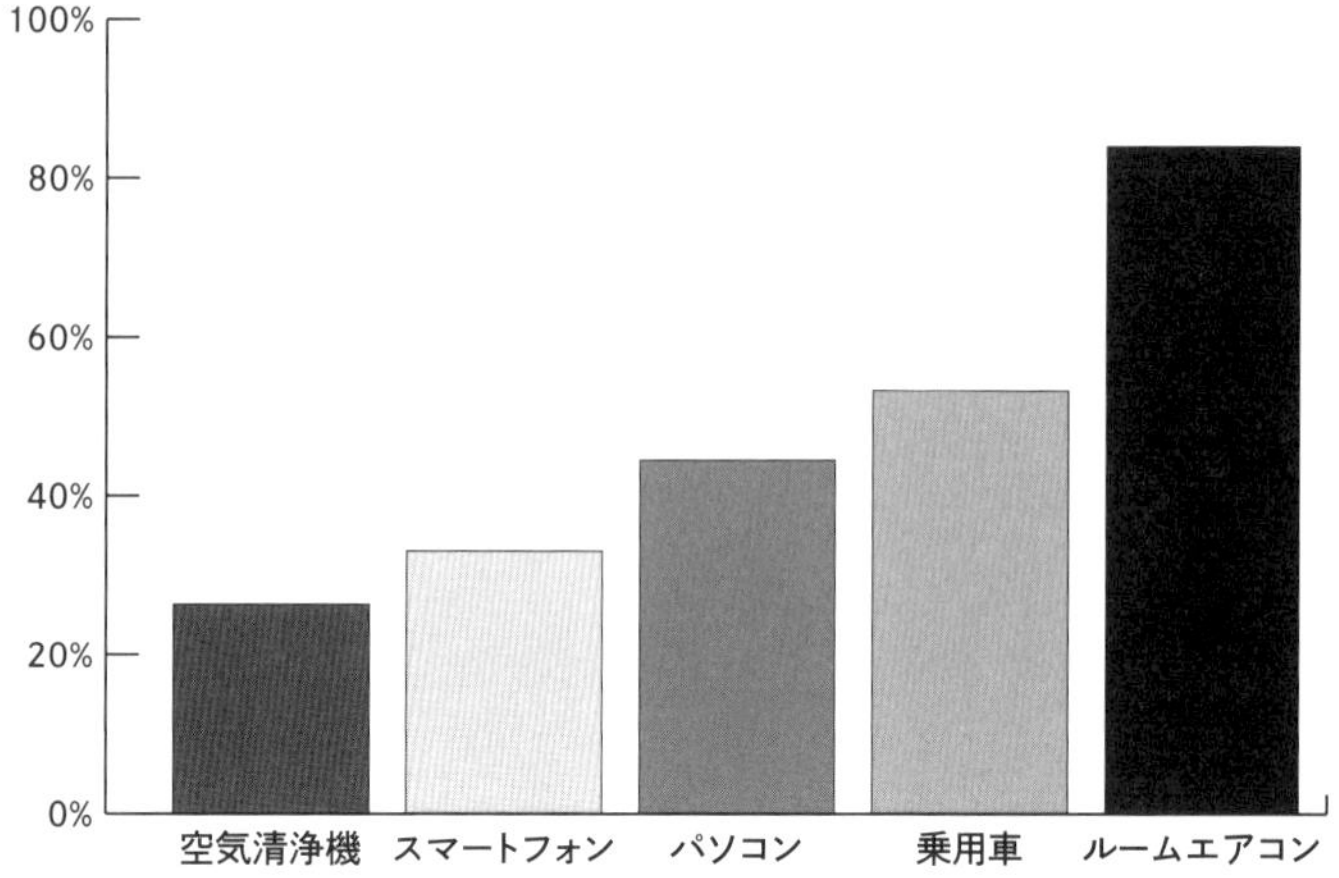

（内閣府「消費動向調査」より作成）

図6 ▶ 年収300万未満および年収1200万以上世帯における2017年耐久消費財の普及率

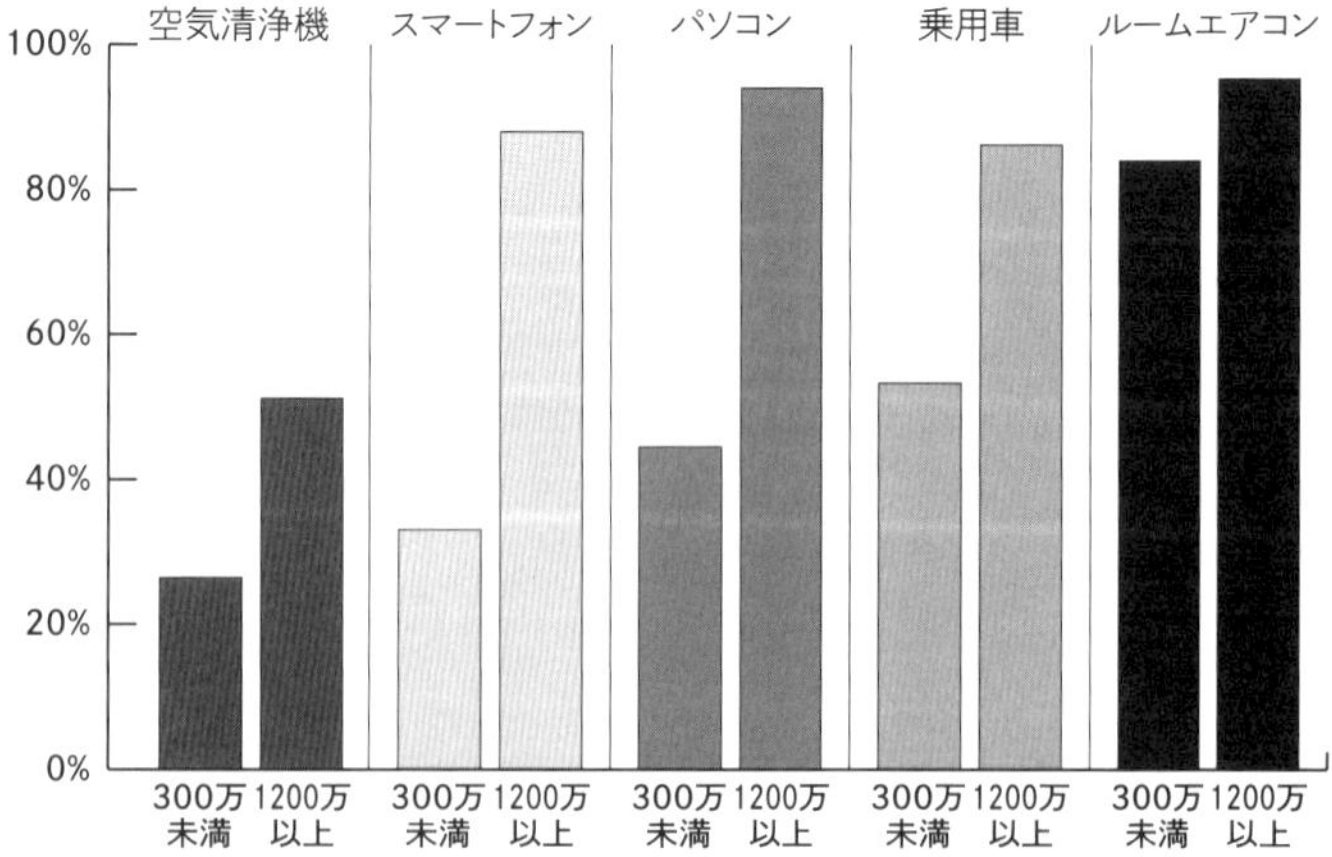

（内閣府「消費動向調査」より作成）

何かがよくわかります。

低所得者と高所得者の普及率の差が最も開いているのはスマートフォンでした。スマートフォンは高額で手の届かない耐久消費財かと問われれば、そうでもないでしょう。

おそらく、すでにガラケーを持っている人で、かつスマートフォンに価値を感じていない人は携帯電話を買い換える必要がありませんから、もしかしたら年収300万未満世帯には比較的高齢者が多くいるのではないか？　と予想できます。

あなたも、この2つのグラフを見て何か思うことがあったのではないでしょうか。なぜなら、自分の言いたい切り口でデータのグラフィカルな表現に成功すれば「私はこう思う」「私はこう考える」と自らの意見を促してくれるからです。**大切なのは何を言いたいか、そして、それはどのように表現すれば端的に伝わるか、**グラフを使うにはこの2点を明確にする必要があります。

実は、グラフの表現方法ひとつひとつに「得意な表現方法」が存在します。表3を見てください。わかりやすいように簡単にまとめました。左側に「得意な表現方法」、右側に「対応するグラフ」を並べています。

● データ項目の比較

グラフの表現方法は、**次の4つに集約される**と考えます。

● 時間の経過による推移
● データの偏り
● データ項目同士の関係

特にビジネスの現場で「比較」と「推移」はよく使われるのではないでしょうか。そのせいか、対応するグラフが3つも4つもあります。これは、より細かいニーズに対応した証拠だとも言えます。

グラフにカッコつきで記載しているのは、本書で取り上げる章です。この表で取り上げたすべてのグラフを、次章から1つずつ解説していきます。

表3 ▶ **本書で解説するグラフ**

得意な表現方法	個別	全体	
		実数	割合
データ項目の比較	棒グラフ（2章）	レーダーチャート（5章） 積み上げ棒グラフ（8章）	円グラフ（4章）
時間の経過による推移	折れ線グラフ（3章）	面グラフ（8章）	
データの偏り	ヒートマップ（6章）		
データ項目同士の関係	散布図（7章）		

第 2 章

棒グラフ

教科書、TV番組、営業資料など、棒グラフは日常にあふれています。かんたんに見える棒グラフですが、使い方をしっかりマスターしないと「ん？　なんだコレ？」と思われるグラフに仕上がります。

ビジネスの現場で最も使われている棒グラフ

はじめに取り上げる棒グラフは、ビジネスの現場で最も使われていると言ってもいいでしょう。私はデータ分析の仕事をしていて、棒グラフを作らない日はありません。まずは、この章で棒グラフの作り方、使い方、見せ方をしっかりマスターしていきましょう！

棒グラフを使えば「どのデータ項目が大きいか？」がわかる

まずは、図1の棒グラフを見てください。北海道、本州、四国、九州、沖縄それぞれの面積を表す棒グラフです。

棒グラフは、1つのデータ項目につき1つの棒を用意します。上のグラフでは北海道、本州、四国、九州、沖縄それぞれに1つの棒が描かれています。5つの棒を「比較」して、本州の面積が一番大きく、次いで北海道、九州、四国、最後が沖縄だと把握できたのではないでしょうか。

なぜこのグラフを見ただけで、直感的にそこまで理解できるのでしょうか？　棒グラフの見方を、順番に説明していきます。

各データは、地方別面積（km^2）というデータ項目を持っています。例えば約7.8万というデータは北海道の面積というデータ項目を持っています。

次に、データ項目ごとに、そのデータを棒の高さで表現します。縦軸にその高さがどれくらいの数量を表すかわかるよう、目盛りもあわせて描きます（次ページ図2）。

最後に、これが一番大事です。**棒グラフは必ず複数のデータ項目を描きます。**棒を1つだけ描く棒グラフを目にする機会はまずないでしょう。

棒グラフでは、複数並んだ棒の高さを比べて**「棒が大きい（小さい）項目はどれだろう？」と考えます。**つまり**棒グラフが一**

図1 ▶ 地方別面積

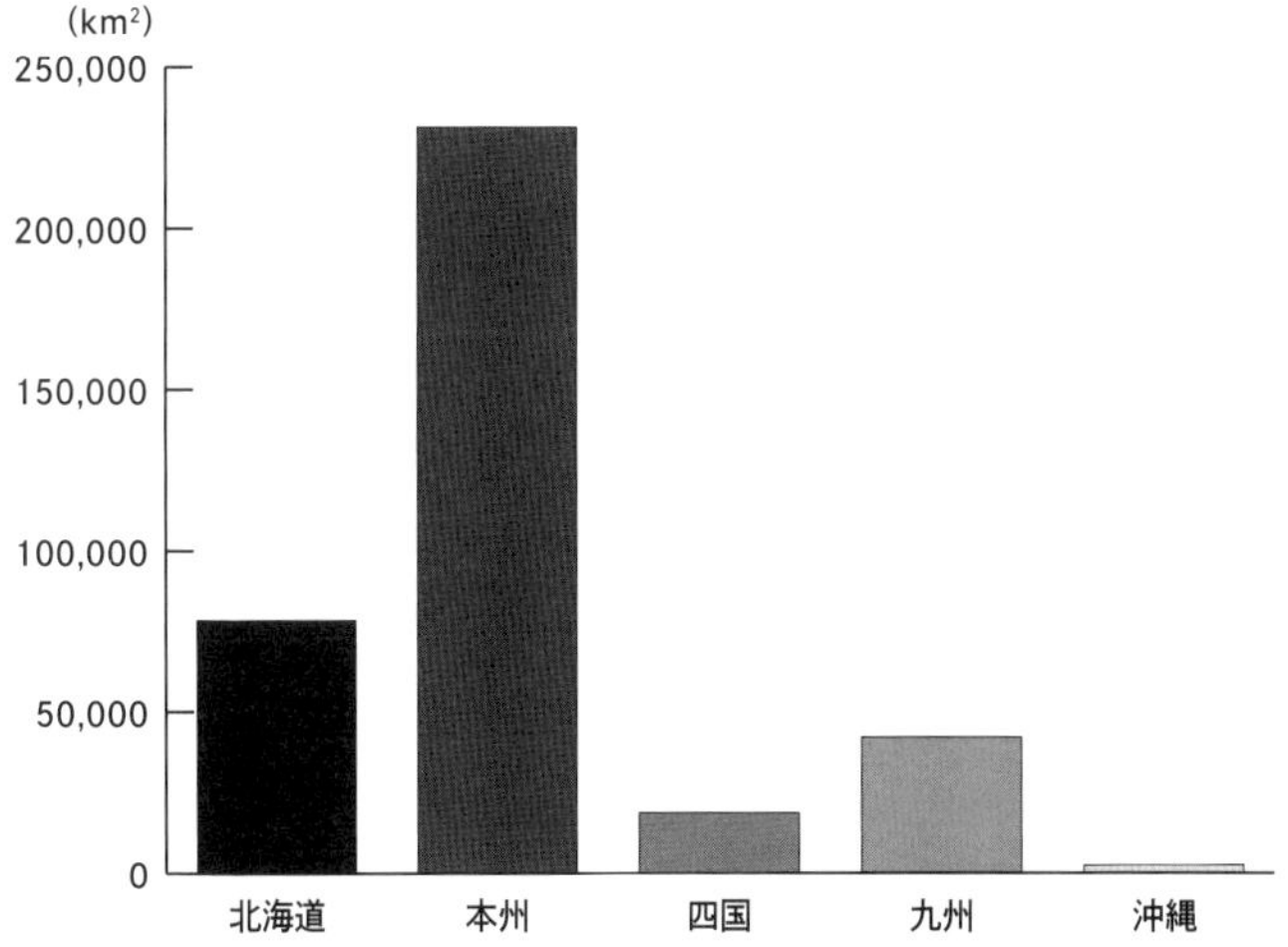

（国土地理院「全国都道府県市区町村別面積調」より作成）

番得意な表現方法はデータの「比較」です。棒グラフを使えば、比べたいデータを最もわかりやすく図で表現できます。

「高さ」を比べて項目の量の違いを感覚的につかめるのが棒グラフの特徴です。だから、本州の面積が一番大きいと直感的に把握できたのです。

続いて、どのように表現すればより比較しやすいのかを解説します。

データ項目の並び方を変えるだけでグラフの印象は変わる

棒グラフの奥が深いのは、カスタマイズ性が高い点にあります。

図1のグラフでは特に何も考えずに北海道、

図2 ▶ データとデータ項目からグラフの作成

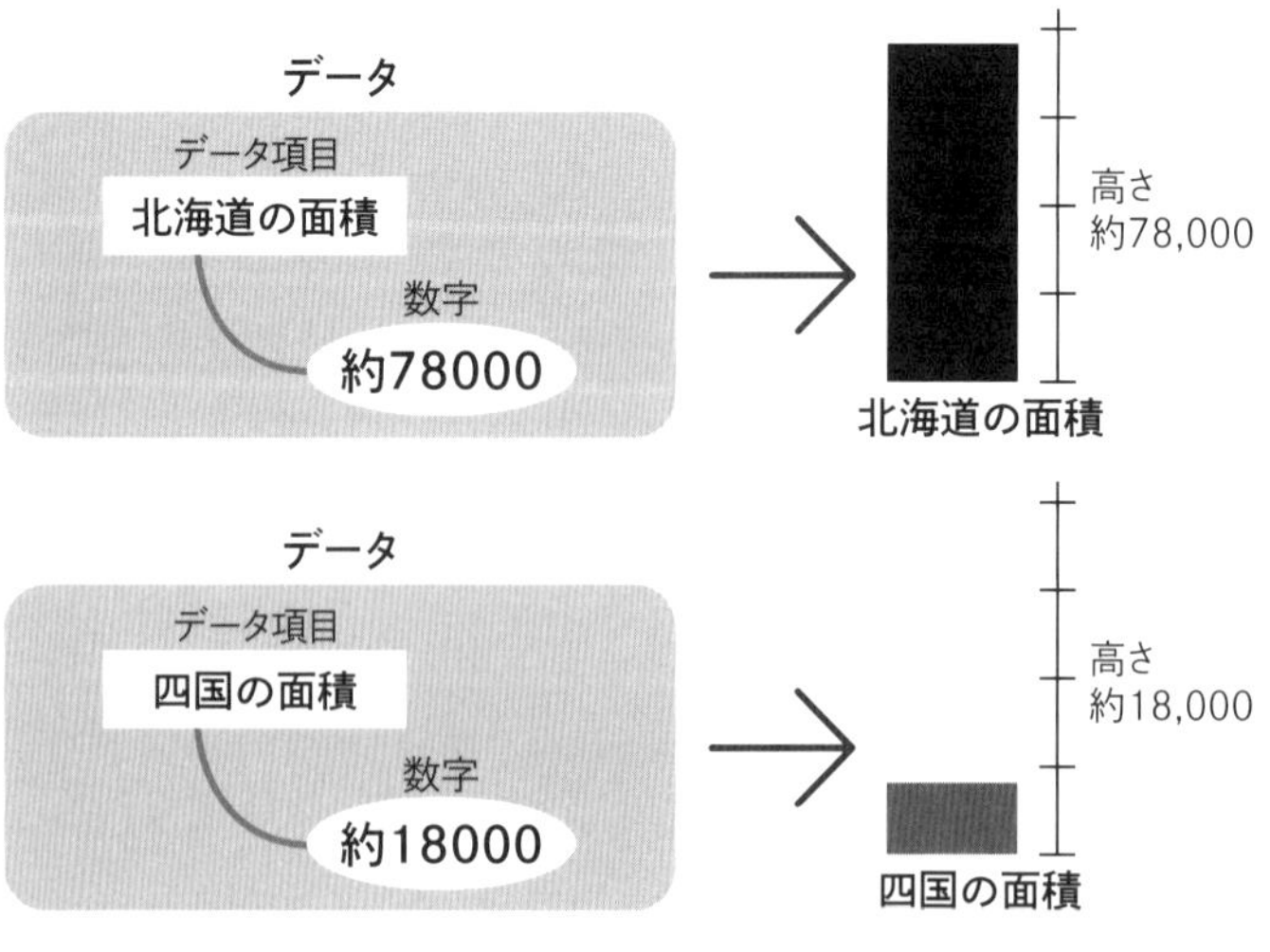

本州、四国、九州、沖縄の順番に並べました。実は、**棒グラフは「データ項目」の並び順に意味を持たせれば、何が言いたいのかより伝わります。**

図3の棒グラフを見てください。都道府県別人口をもとに棒グラフを作成しました。47個のデータ項目（都道府県）があるので、47個の棒が描かれています。

このグラフは、人口の多い順に左から右に向けてデータ項目が整列しています。東京都の人口が一番多くて約１３００万人、次に大阪人である私にとっては意外でしたが神奈川県約９１０万人、その後に大阪府が約８８０万人と続きます。棒の高さもそれにならって東京都がダントツで高く描かれています。

人口の多い順にデータ項目を並べて、棒グ

図3 ▶ **都道府県別人口**

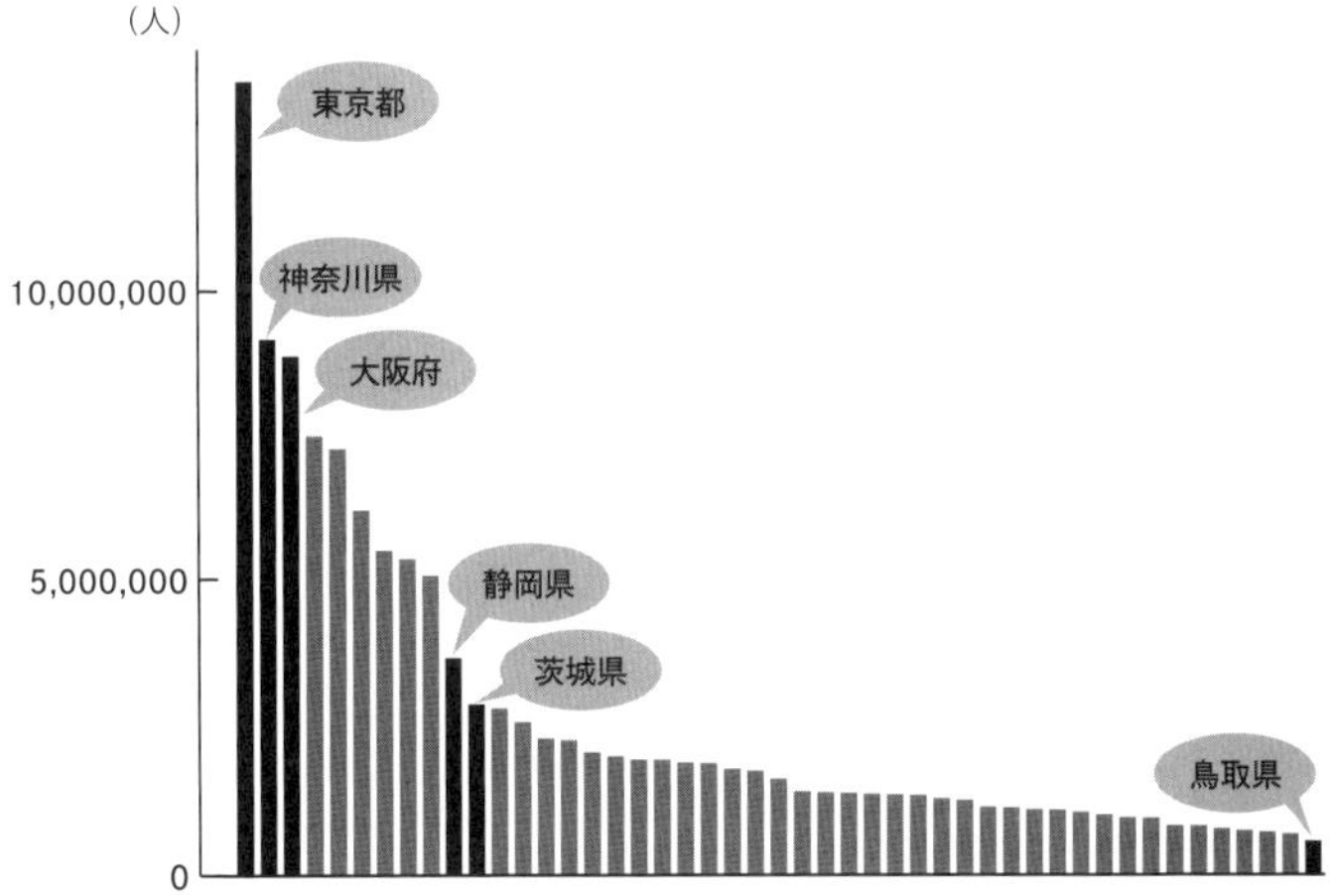

（総務省統計局「2015年国勢調査人口集計結果」より作成）

ラフ全体を俯瞰して棒の高さを比較すると、日本の中でも東京都の人口が突出し過ぎているようにも見えますね。ちなみに、最も人口の少ない鳥取県約57万人と比べると、棒の高さは約23倍です。

このように、データの大きい順番や小さい順番などでデータ項目を並べて見ると、**棒の高さに規則性が生まれるので、より比較しやすい棒グラフに仕上がります。**全体の中でも突出しているデータ項目や、途中から傾向が変わっているデータ項目も発見しやすくなります。データ項目の並べ方は、意外と大事なのです。

図3のグラフだと、突出しているのは東京都、傾向が変わっているのは静岡県・茨城県だと見てすぐにわかります。このデータが表で提示されるとなると、気付きにくいはずです。

ところで、このように比較すると、なぜ私の住む大阪府の人口が神奈川県より少ないのか気になるところです。真っ先に思い浮かぶのは面積です。大阪府の面積は都道府県順で46番目、下から数えて2番目です。もう少し面積が広ければその分だけ人が住めて、神奈川県を追い抜けたのではないでしょうか。話は少し脱線しますが、図4のように都道府県別の人口密度（1㎢あたり人口）を算出して棒グラフを作成しました。

想像した通り、大阪府が神奈川県を抜いて左から数えて2番目になりました。大阪人としては「大阪府の人口が神奈川県より少ないのは面積が狭いため」と反論させてください。

一方で、神奈川県民からは「西部の丹沢山地や足柄山地など人口が住めない面積も含めた人口密度の算出は不公平だ。大阪は元々がほとんど平野で人が住めるところばかりだろう!」という声が聞こえてきそうです。確かに的を射た批判です。「そこまで言うなら、人が住める場所に限定した人口密度を計算しただろうやないか!」と再反論させてください。しかし、そんなデータはあるのでしょうか?

なんと総務省統計局が、人間が居住可能な条件を備えた可住地面積(具体的には総面積から林野面積と湖沼面積を引いた面積)を都道府県別に発表しています。このデータを用いて都道府県別の可住地人口密度(可住地1㎢あたり人口)を算出して次ページ図5のような棒グラフを作成しました。

図4 ▶ **都道府県別人口密度(人口÷面積)**

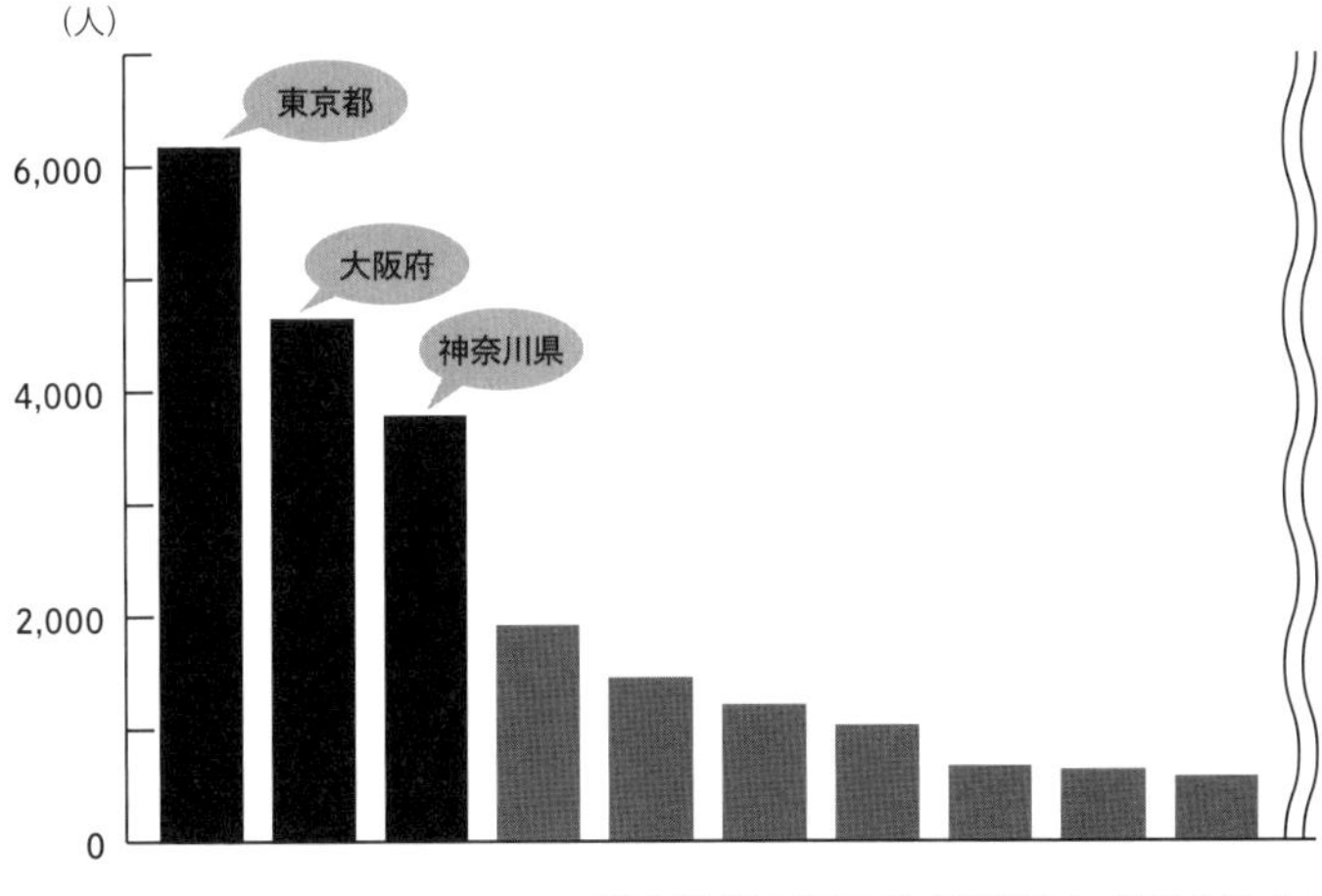

(総務省統計局「2015年国勢調査人口集計結果」及び国土地理院「全国都道府県市区町村別面積調」より作成)

大阪府と神奈川県の差は狭まりましたが、追い抜くまでには至りませんでした。内心、冷や汗をかいていました。一方で東京都が再びダントツで高く描かれています。東京都は都心である23区を除けば、西側の奥多摩地域や小笠原諸島など「ここが東京なの?」という場所は意外に多いので、そうした面積を除いた結果、高い棒が描かれたようです。１㎢あたり約９５００人ですから、縦横10ｍあたり約１人という計算です。心地よい距離感とは言えませんね。

沖縄県の人口密度は意外と高い?「データ項目」の並べ方で気付きを得るには

棒を高い順番に並べる以外にも「データ項

図5 ▶ 都道府県別可住地人口密度（人口÷可住地面積）

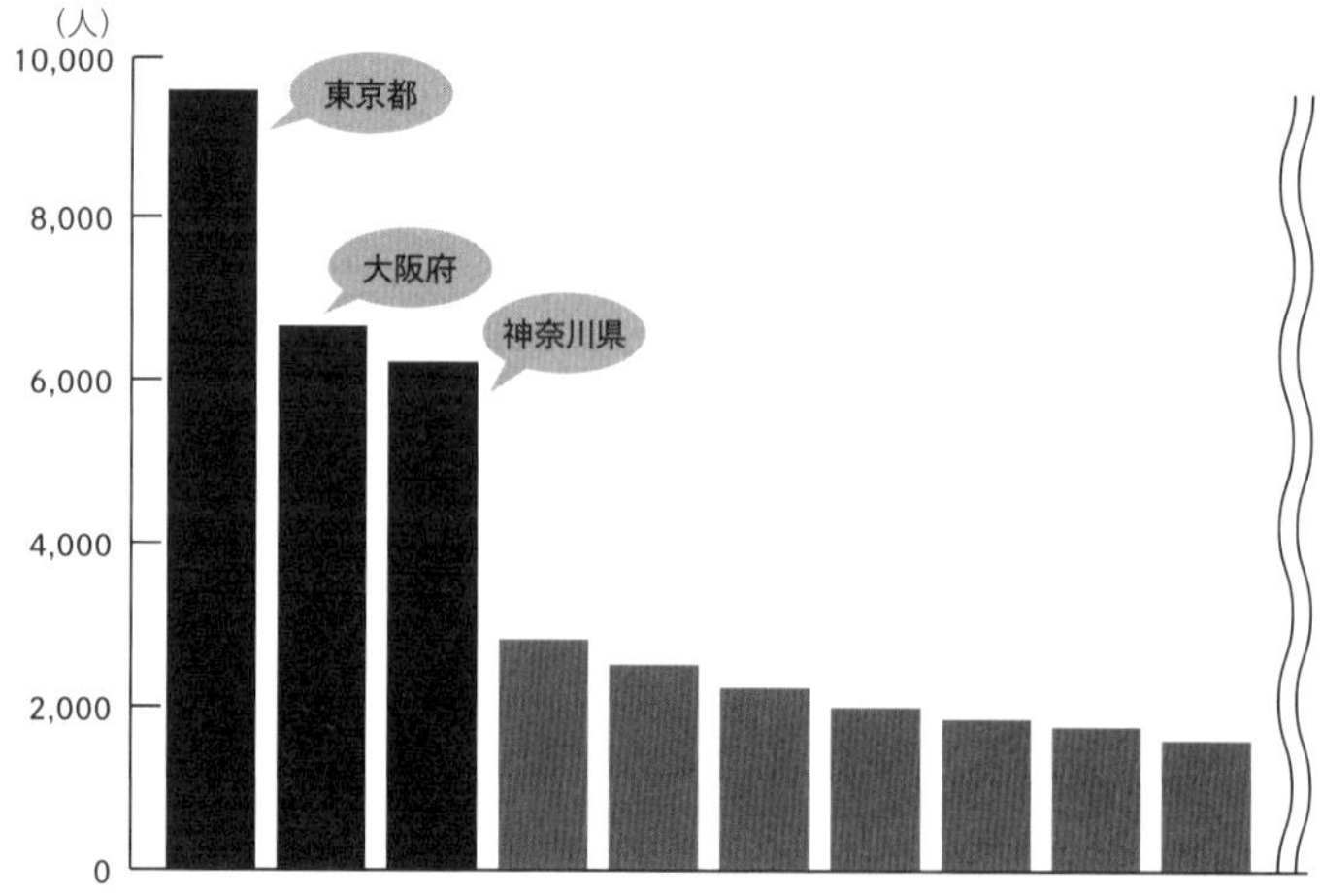

（総務省統計局「2015年国勢調査人口集計結果」「社会生活統計指標」及び国土地理院「全国都道府県市区町村別面積調」より作成）

目」の並び方に意味を持たせる方法があります。データ量の多い（少ない）順ではなく、データ項目そのものが持っている法則や規則性の順番に並べる方法です。

図6の棒グラフを見てください。先ほどと同じ都道府県別人口をデータに棒グラフを作成しました。ただし項目の並び方は、JISX0401にて定められている都道府県に割り振られたID（都道府県コード）順です。都道府県コードとは都道府県に付けられた数字で、北海道から始まり沖縄で終わります。北から南へ、東から西へ、各都道府県に順番に数字が割り振られています。

データは図3とまったく同じなのに、データ項目の並び順を変えるだけで見え方がまったく違う棒グラフが完成しました。巨大な都

図6 ▶ **都道府県別人口**

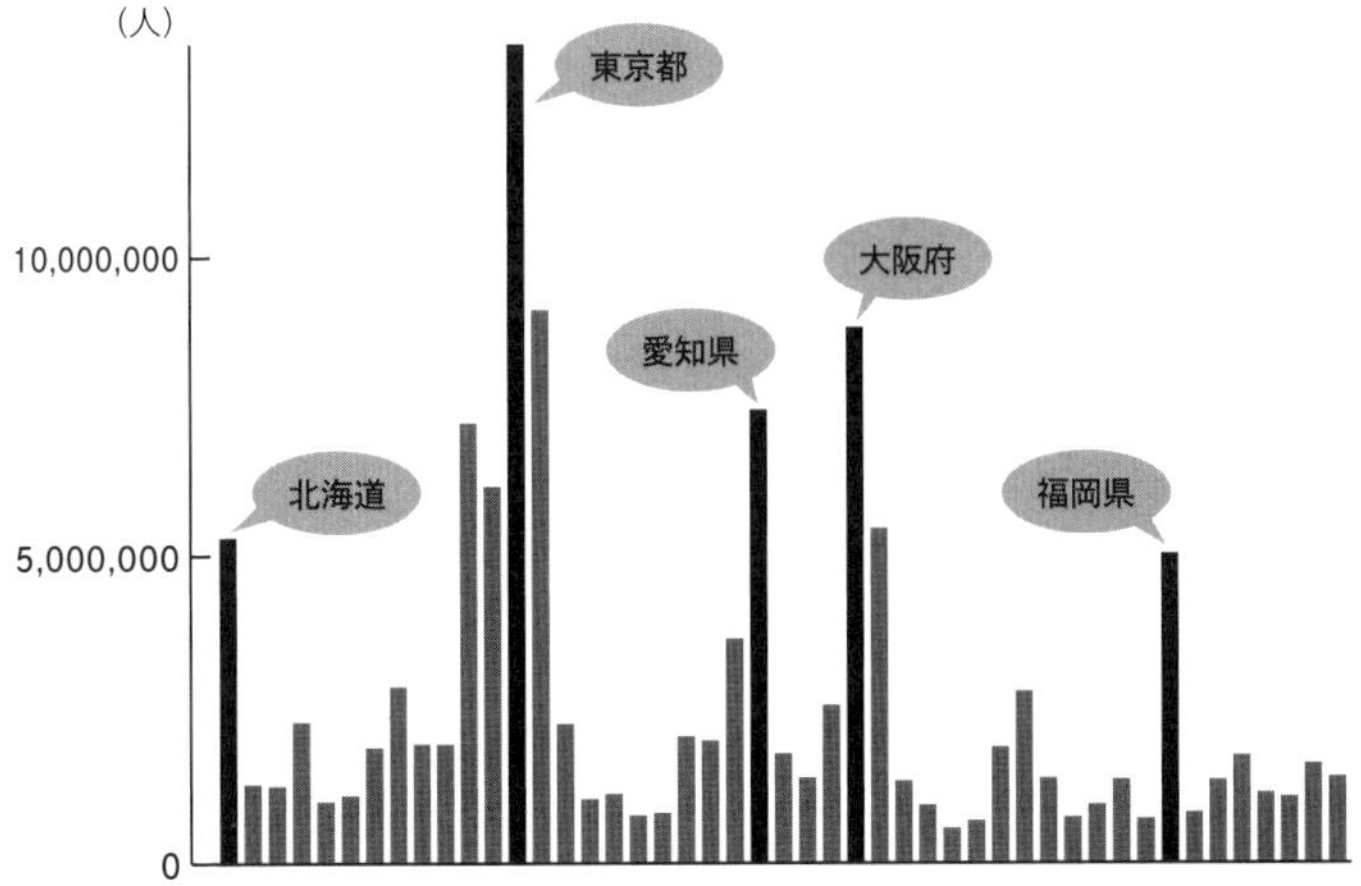

（総務省統計局「2015年国勢調査人口集計結果」より作成）

市（北海道、東京都、愛知県、大阪府、福岡県）が一定の間隔を空けて日本に数カ所あるとわかります。

データ項目の並び順はそのままで、図5のデータを使って可住地人口密度の棒グラフを作成したのが図7です。

図6と見比べてください。大きな気付きが2つあります。1つは東京都、神奈川県、大阪府の人口密度の高さです。図6では北海道、埼玉県、千葉県、愛知県、福岡県も人口が多かったですね。それはこの3都府県に比べて広い土地があるからです。良いか悪いかは別にして、人口が密集しているのはこの3都府県だとわかります。

もう1つは沖縄県の可住地人口密度の高さです。データ自体は図5と同じです。**都道府**

図7 ▶ **都道府県別可住地人口密度（人口÷可住地面積）**

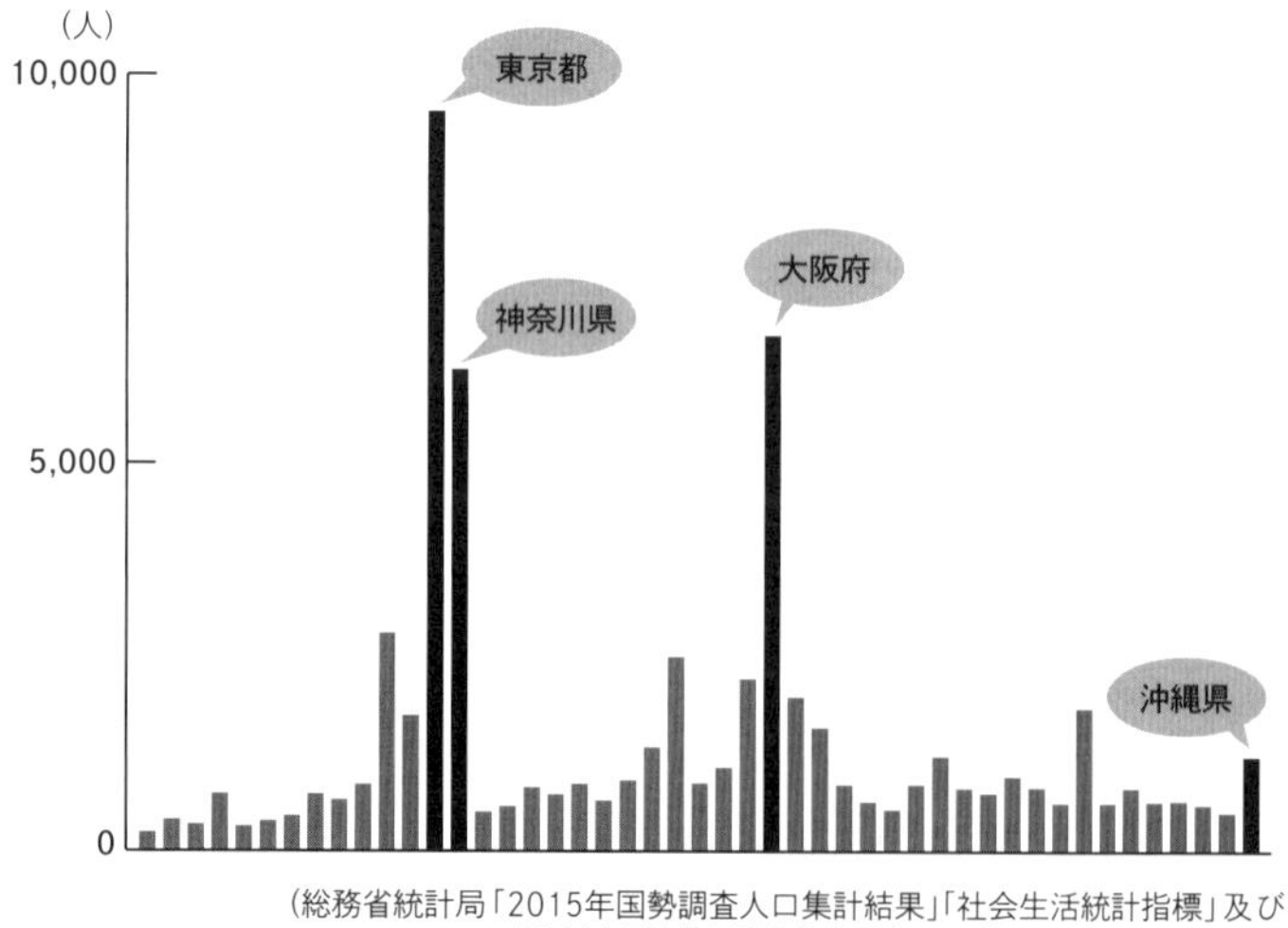

（総務省統計局「2015年国勢調査人口集計結果」「社会生活統計指標」及び国土地理院「全国都道府県市区町村別面積調」より作成）

県に割り振られたID（都道府県コード）順に並べれば、近隣他県との比較がしやすくなり、意外と人口が密集している沖縄県の表現に成功しました。

棒グラフの一番得意な表現方法は「比較」だと述べました。しかし、単純に「比較」するといっても、**どのようにデータ項目を並べるかで伝わり方は大きく変わります。棒グラフを作成する秘訣は、何を「比較」するためにデータ項目を並べるか、その順番にあると言っても過言ではありません。**

時系列データにも対応している棒グラフ

1日や1年といった「時間」をデータ項目に持つデータでも、棒グラフで表現できます。次ページ図8の棒グラフを見てください。はじめて実施された1920年から、以降は5年単位で実施されている国勢調査の結果による人口数を表す棒グラフです。

1920年から1990年ごろまで、途中に1945年の終戦直後という例外はあるにしろ、一貫して右肩に伸びているのがわかります。1990年以降は伸びがかなり緩やかになり、2010年には前回比ほぼ横ばいになっています。人口が戦前や高度経済成長期のようにもう増えない、というのがわかるグラフです。

注意点として、**時間をデータ項目にして棒グラフを作成する場合は、時間が経過していくように左から時間が古い順に、右に進むにつれて時間が新しくなるようデータ項目を並べる必要があります。**

この約束を守らずに、時間の概念を無視して数字の大きい順番にデータ項目を並べてしまうと、間違いなく「これってどう見ればいいの?」、「こういう見方で合ってる?」という反応が周囲から返ってくるので注意しましょう。

図8 ▶ **国勢調査実施年ごとの人口統計**

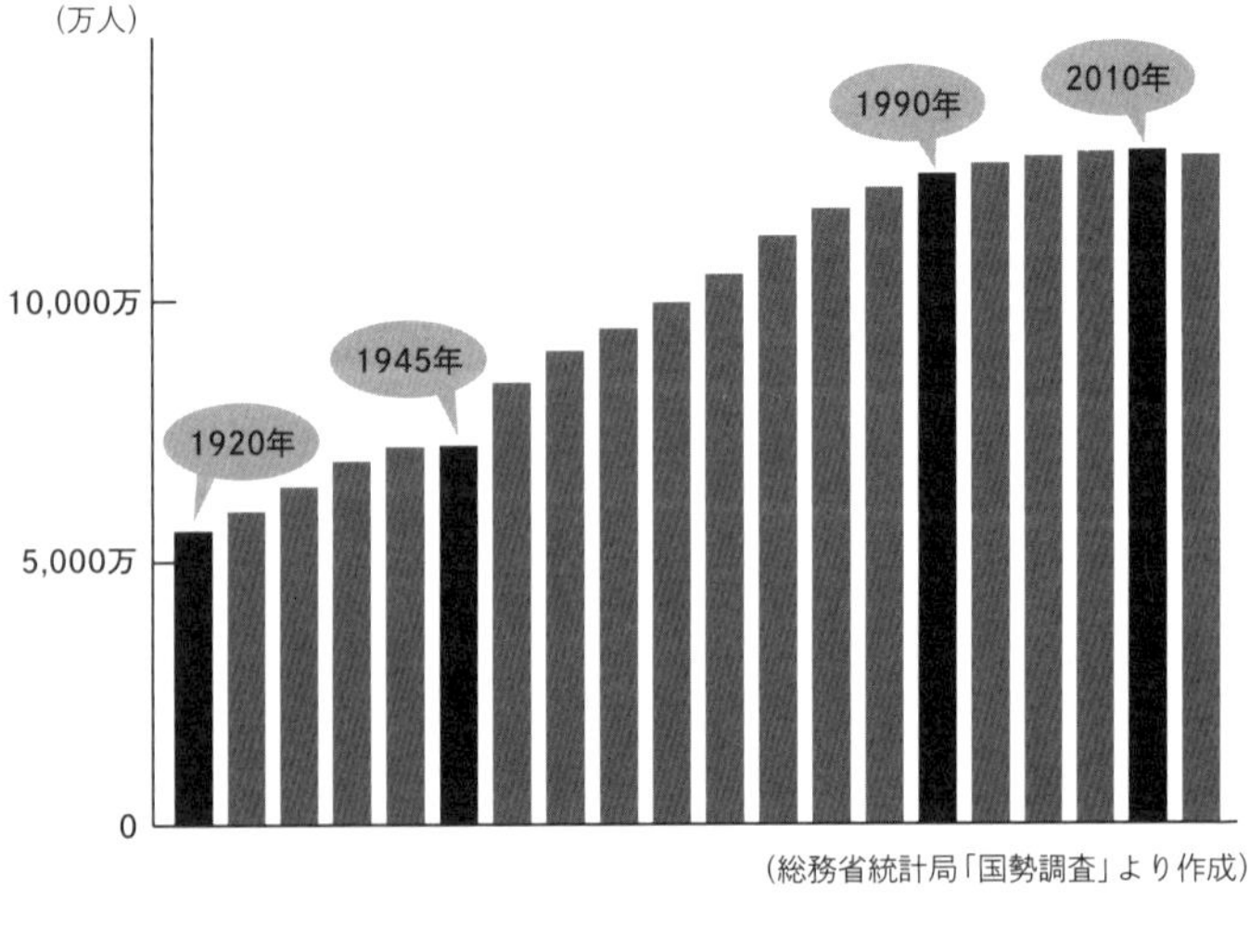

(総務省統計局「国勢調査」より作成)

棒グラフを作るときに意識しよう！

・棒グラフが一番得意な表現方法はデータの「比較」
・「高さ」を比べて項目の違いを感覚的につかめるのが棒グラフの特徴
・何を「比較」するためにデータ項目を並べるかを考えよう

「グラフ」の生みの親は誰なのか？

こんな便利な棒グラフを誰が考え出したのでしょうか。そして、いつごろの時代に発表されたのでしょうか。

ここまでわかりやすく、かつ誰もが知っている棒グラフを考え出した人物は、さぞかし頭が良かったに違いないとあなたは思われているかもしれません。しかし、実際はまったく違います（本人には失礼な言い方ですが……）。

統計データのグラフ化に挑んだ男：ウィリアム・プレイフェア

棒グラフを考え出したその人物の名前はウィリアム・プレイフェアです。１７５９年にスコットランドで生まれたプレイフェアが１７８６年に出版した「The Commercial and Political Atlas」（商業と政治の図解）の文中に、はじめて棒グラフが採用されました（図９）。

この本は、現代風に表現すると「図解でわかる！　統計データ」とでも言いましょうか。今まさに手にしている本書と同じように、ウィリアム・プレイフェアは統計データを用いたグラフ表現に挑みました。

　それまで貿易や財政に関する統計データは表に記載されるだけでしたが、ウィリアム・プレイフェアは数字を棒の長さで表現する方法を世界ではじめて公開しました。「見慣れないかもしれないけど、こっちのほうがパッと見てわかりやすいじゃん？（意訳）」というコメントを付けて発表された40個のグラフのうちの1つが本章で解説する棒グラフでした。

　つまり、**まだ棒グラフが誕生して200年程度しか経っていない**のです。

　大変な読書家でもあったフランスの国王ルイ16世は、この本を読んで「これいいじゃん、すげーわかりやすいじゃん」と言ったそうで

図9 ▶「The Commercial and Political Atlas」の表紙

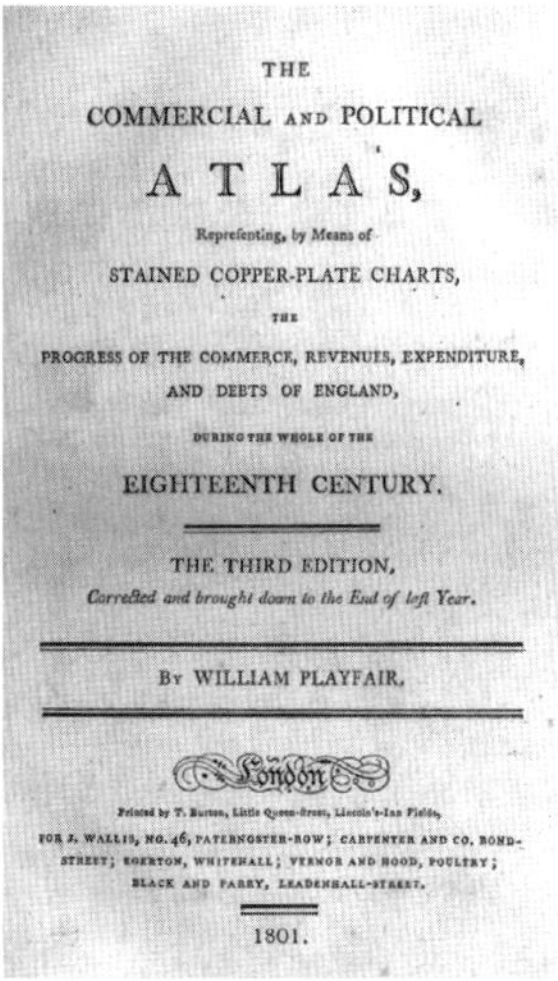

THE

COMMERCIAL AND POLITICAL

ATLAS,

Representing, by Means of

STAINED COPPER-PLATE CHARTS,

THE

PROGRESS OF THE COMMERCE, REVENUES, EXPENDITURE, AND DEBTS OF ENGLAND,

DURING THE WHOLE OF THE

EIGHTEENTH CENTURY.

THE THIRD EDITION,

Corrected and brought down to the End of last Year.

BY WILLIAM PLAYFAIR.

London

Printed by T. Burton, Little Queen-Street, Lincoln's-Inn Fields,

FOR J. WALLIS, NO. 46, PATERNOSTER-ROW; CARPENTER AND CO, BOND-STREET; EGERTON, WHITEHALL; VERNOR AND HOOD, POULTRY; BLACK AND PARRY, LEADENHALL-STREET.

1801.

す。ただし、ウィリアム・プレイフェア自身が書き残した記録に残っているだけで、自作自演説が濃厚だと言われています。

現在でこそウィリアム・プレイフェアは政治経済学者であり近代的なグラフの創案者と紹介されていますが、彼の生涯は「バクチ」に負けた敗者の歴史と言っても過言ではありません。何より彼の死は「地元新聞社の元編集長の死」として取り上げられたに過ぎず、多大すぎる功績が評価されるのは死後でした。

プレイフェアの人生について、そして棒グラフが誕生する背景について追ってみましょう。

ウィリアム・プレイフェアの波乱万丈な生涯

プレイフェアは、牧師の家の四男として生まれ、13歳で父親を亡くします。以降はプレイフェア家の長男であるジョン・プレイフェアの手によって育てられました。11歳年上のジョンはかなり優秀で、数学の教授を務めるだけでなく、教会でも仕事をこなし、後年はロンドン王立協会の会員にも選ばれています。ちなみに次男のジェームス・プレイフェアは建築家として成功しており、「華麗なるプレイフェア一族」と表現しても言い過ぎではありません。

そんな環境のもとで育ったウィリアム・プレイフェアは、自分が「何者」であるかを証明するかのように、さまざまな職業に就きます。しかし、どれも大成したと言えないまま逃げるように次の職を求めています。

まず、19歳になるとイングランド・バーミンガムへ行き、もともと機械いじりが好きだった影響もあってか、蒸気機関を改良したジェームズ・ワットの会社で製図師として働きはじめます。しかし安い給料に嫌気がさして23歳で独立します。20歳の頃に結婚した妻と子供を養えないからだと言われていますが、どこまで本当かは怪しいです。

独立してからは、イギリス・ロンドンで銀細工の店を開きます。「The Commercial and Political Atlas」は、ちょうどその頃に出版されています。しかし、事業は失敗に終わります。追われるかのように海を渡って、1787年にはフランスのパリに移住します。諸説ありますが、フランス人の人身売買に携わっていて、その一部の金銭を横領したから逃げるしかなかった、という小説顔負けの話もあります。

当時のフランスは、王政とそれに対峙する貴族、そして特権階級を敵視する民衆らの対立の真っただ中にありました。2年後の1789年7月14日にはバスティーユ襲撃を契機としてフランス全土に革命の波が押し寄せていきます。プレイフェアがバスティーユ襲撃に参加していたという話もあるぐらいです。お前スコットランド人やんけ！ と私ならツッコミを入れますが、何かイベントがあれば参加したくなる性分なのでしょうか。

やがて革命が恐怖（テロル）に堕ち、密告と内乱によるギロチンの嵐が吹き荒れる頃、自分も危ないと思ったのか今度はドイツ・フランクフルトに移住します。彼は１７９３年には再びイギリス・ロンドンに戻りますが、その後も何とかして一発当ててやろうと奮起し、作家、商人、投資ブローカー、土地投機家、銀行家、編集者、翻訳者とさまざまな職業に挑戦しては、運命の女神に睨まれたかのように失敗を繰り返します。ベンチャースピリッツは持っていても、ビジネスを成功に導く手腕は持っていなかったようです。

さらに、１８０５年46歳には詐欺罪で有罪判決。１８１６年57歳には恐喝未遂、１８１７年59歳には名誉毀損で再び有罪判決を受けています。起業家の一面を持ちながらも、犯罪を重ねるプレイフェアという人間がよくわかりませんね。１８２３年、ウィリアム・プレイフェアはその生涯をロンドンで終えます。グラフの発明家としてではなく、日刊紙の元編集者として知られる程度でした。

一方、手当たり次第に鉄砲を撃っていた頃の弾の1つに過ぎない1冊の本が、ヨーロッパ全土、特にフランスとドイツにジワジワと浸透していきました。ウィリアム・プレイフェアにはグラフ作りの才能が確かにあって「The Commercial and Political Atlas」以降に出版した本に掲載されたグラフは多くの人間を魅了しました。そして、１８００年以降はデータ表現の黄金時代が幕を開けます。本書で紹介する残りのグラフすべてがウィリアム・プレイフェアに直接関係するか、あるいは間接的に関わっていています。しかし、その評判もイギリスにまでは届いていなかったようです。その理由として「あの人は素行が悪いから近付かないほうが良い、という評判が立っていた」説が有力だと言われています。つまり今も昔も「何を言ったかより誰が言ったか」が大切なのです。

グラフの発明家としてイギリス国内で再評価されたのは死後80年、1900年以降です。死後評価された芸術家としては、ゴッホや宮沢賢治と双璧だと私は思っています。

世紀の大発明だった棒グラフ

ウィリアム・プレイフェアの記した「The Commercial and Political Atlas」で表現されていた棒グラフは、現代の私たちが見ても十分に理解できるほど高い完成度を誇ります。次ページ図10で描かれる棒グラフを見てください。縦軸にデータ項目である国名を、横軸に輸出入ポンド（量）を表しています。国別に2本の棒があり、下の棒が輸出、その上の棒が輸入を表しています。

このグラフから、ロシア（Russia）やアイルランド（Ireland）といった特定の国と取引量が多く、輸出入超過も一瞬でわかります。産業革命の中心地であるイギリスにおいては、貿易は国力を強化する極めて重要な手段であったため、国別の輸出入記録は、政治家にとっても貿易商にとっても大事なデータでした。

　縦に表現しているか、横に表現しているかという違いはありますが、私たちが普段から目にしている棒グラフと変わりありません。輸出入量というデータを棒の高さで表現し、かつデータ項目同士を「比較」させて、何が起きているかを明らかにしていました。さらに、データ項目が下に向かうほど棒が高くなっているのがわかります。**何を比較するためにデータ項目をどの順番に並べるべきかまでウィリアム・プレイフェアは考えていたようです。**

　棒グラフは200年前に誕生した時点ですでに完成していたのです。200年前に発表された棒グラフが、ほとんど修正される機会もなく現在を生きる私たちでも読み解けると

図10 ▶ スコットランドにおける国別の貿易データ

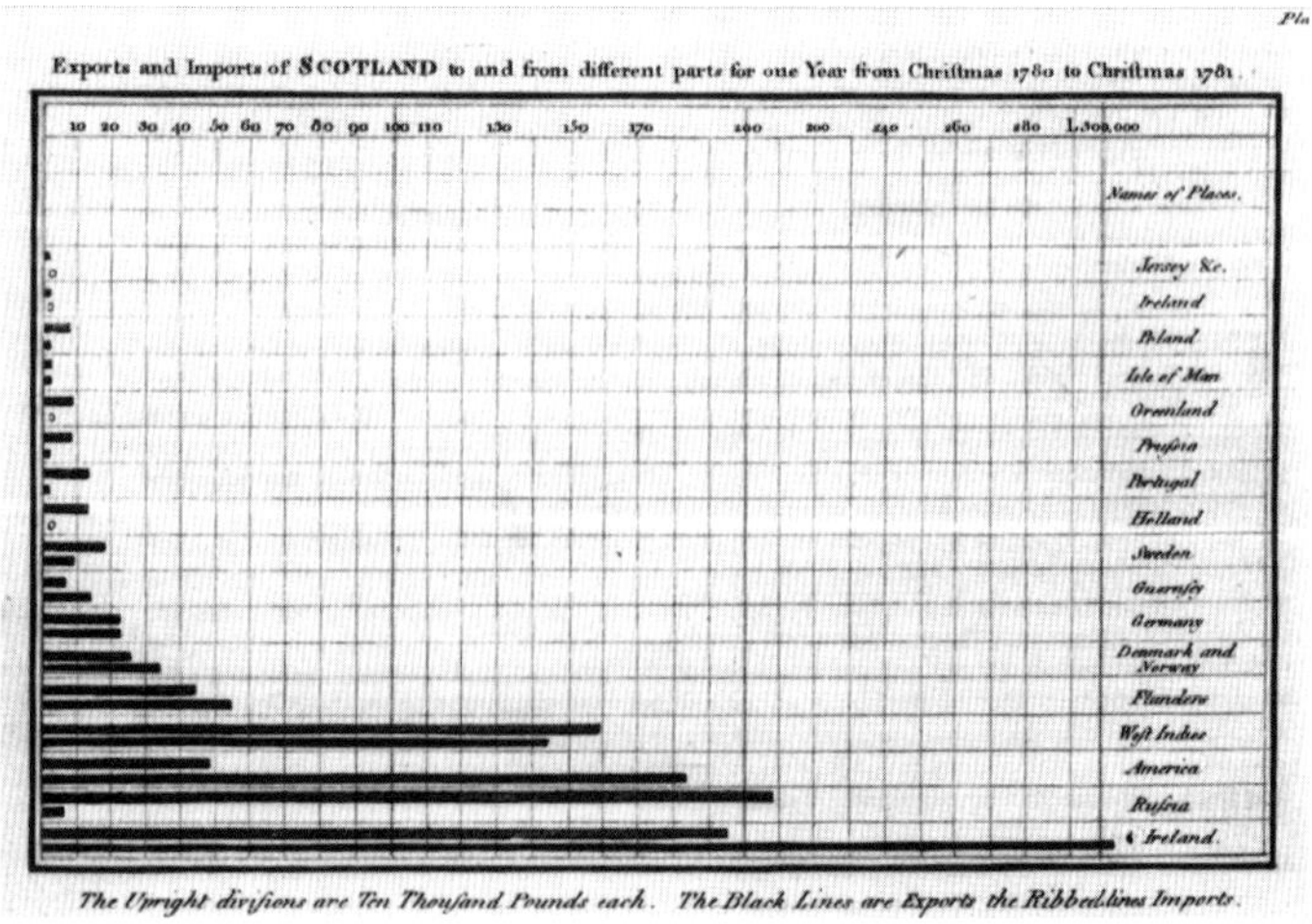

いうのは奇跡ではないでしょうか？　それほど、**棒グラフは「世界的な大発明」であり、誰もが簡単にすぐに使えるグラフである証拠**だと私は考えています。

棒グラフは年表にインスパイアされたおかげ？

なぜ、ここまで完成度の高い棒グラフを作成できたのか、何に影響を受けて棒グラフを思いついたのか、その背景は明確に解明されていません。一説には、イギリスの教育者だったジョセフ・プリーストリー（Joseph Priestley）が１７６５年に出版した「伝記年表」が影響を与えたのではないかと言われています。

この本には、歴史上の登場人物約２０００人分の生没年表が、活躍した時期、地域に応じて作成されています（次ページ図11）。プリーストリー自身の言葉を借りれば、「非常に不完全になりがちな言葉の介在なしに、ひと目見るだけで、即座にさまざまな見方を提示できる」この年表は、もともと前ウォリントン学院の教師時代に歴史の授業で壁に貼って使う教材として作成されました。

プレイフェア自身、この年表を見ていたようで「系列立てて時間を刻むチャートにインスパイアされた」と語っているそうです。偉人たちの活躍した期間が１つの表に描かれ、かつその生存

図11 ▶ ローマ時代における政治家・学者の生誕から死去までの期間を横棒で表現

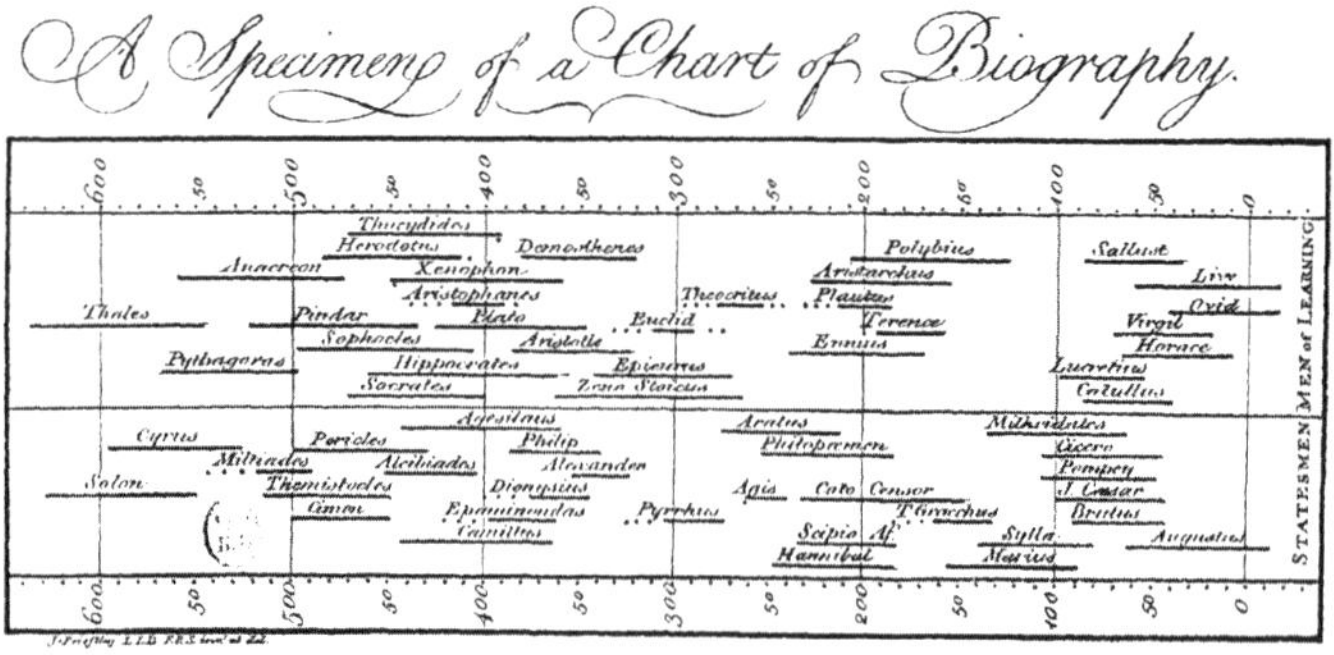

図12 ▶ 約3000年以上の歴史を持つ国家と商業の勃興と歴史をグラフで表現

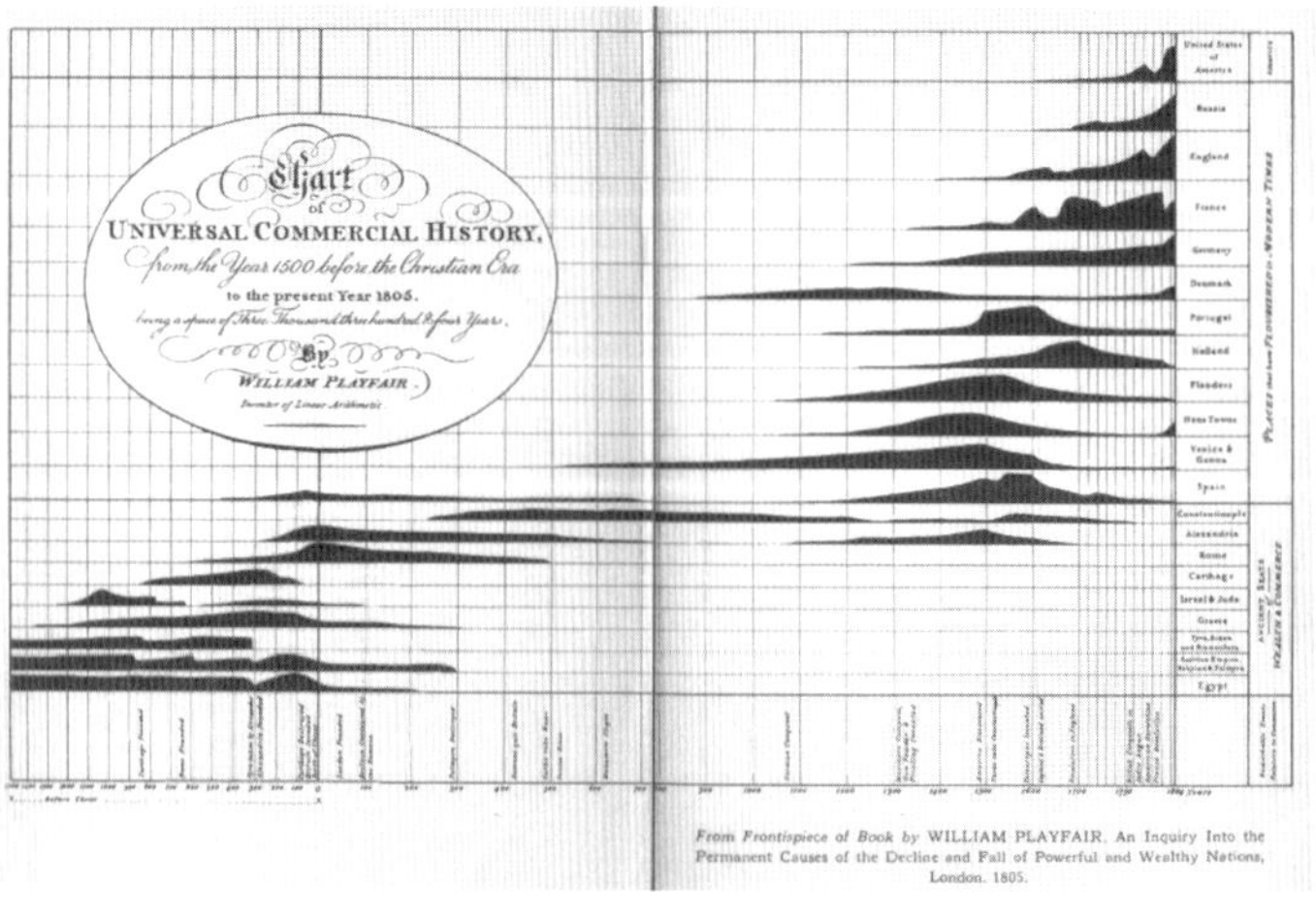

期間が線による長さで表現されれば、数字で見るより多くの気付きを得られそうです。ウィリアム・プレイフェアは年表を見て、データの数量に置き換えて表現できるとひらめいたのでしょう。「The Universal Commercial History」と題された図12のグラフを見てください。1805年にプレイフェアが刊行した「繁栄と衰退の要因研究」の中で、この年表図に影響を受けたとわかるグラフを公開しています。

縦軸に国名、横軸に時間軸を並べて長い繁栄の秘訣をこの本で探っています。横軸には、年表のように歴史上の重要な事象をコメントで記載しています。

ここまで似せて寄せたならばプリーストリーから「パクったよね?」と言われても仕方がないレベルです。しかし私は、ウィリアム・プレイフェアのこういうところが好きです。なぜなら、いろんな人の考えや意見を柔軟に取り入れ、自分なりに改良し、さらに良くしているからです。

グラフはデータを一瞬で伝えるために誕生した

ウィリアム・プレイフェアは「The Commercial and Political Atlas」の冒頭で次のように述べています。

as knowledge increases amongst mankind, and transactions multiply, it becomes more and more desirable to abbreviate and facilitate the mode of conveying information from one person to another, and from one individual to the many.

人類の間で知識が増え、取引が倍増するにつれて、ある人から見ず知らずの多くの他人に情報を伝達する方法は、簡略化して容易にすることがますます望まれています。

現代にも通じる話ではないでしょうか。

本書の冒頭でもふれたように、口頭で細かく数字を述べなくても、グラフは形で記憶するので覚えやすく、瞬時にデータの特徴を伝えられます。ウィリアム・プレイフェアは今から200年以上も前にこれを理解していたのです。言い換えると、ウィリアム・プレイフェアが取り組んだグラフという表現は、200年経ってもこの世に定着していないのです。もし浸透していれば、私がビジネスの現場で見づらいグラフに四苦八苦する機会はなかったからです。私は、本書をもってウィリアム・プレイフェアが切り開いた革命を200年越しに完結させたいと思っています。

棒グラフはこうして生まれた

- ウィリアム・プレイフェアによってデータを一瞬で伝える方法として生み出された
- 200年前に国別貿易データを棒の高さで表現したのがはじまり
- 生存した期間を棒の長さで表す伝記年表にヒントを得て生まれた可能性が指摘されている

第 3 章

折れ線グラフ

上下にカクカクと変化するグラフを見た記憶はありませんか？ 折れ線グラフは棒グラフと同じくらい、よく目にするグラフの1つです。折れ線グラフのキーワードは時間です。

時系列データなら折れ線グラフ

時系列データをグラフで表現するなら、ここで取り上げる折れ線グラフが一番使われていると言ってもいいでしょう。

ビジネスの現場では時系列データを使う機会がよくあります。私もよく折れ線グラフを作ります。前章で紹介した棒グラフと折れ線グラフ、この2つさえマスターすれば、間違いなくビジネスの現場で大いに役立つでしょう。

折れ線グラフを使えば「どの時点の傾きに着目するべきか？」がわかる

まずは、図1の折れ線グラフを見てください。1975年以降、一般刑法犯として検挙された少年（刑法犯少年）の数と、そのうち非行により検挙された経験が過去にあり再び検挙された少年（再非行少年）の数の推移を表す折れ線グラフです。

折れ線グラフには時間軸以外の1つのデータ項目につき1つの線が用意されます。図1の折れ線グラフでは刑法犯少年数、再非行少年数というデータ項目それぞれに1つの線が描かれています。あなたは2つの線の「推移」から、2003年以降に少年犯罪が年々減っていると把握できたのではないでしょうか。

なぜこのグラフを見ただけで、直感的にここまで理解できるのでしょうか？　折れ線グラフの見方を、順番に説明していきます。

各データは、人数とその人数が記録された年というデータ項目を持っています。例えば、38921というデータは刑法犯少年の人数というデータ項目と2015年というデータ項目を持っています。次に、データ項目ごとに、そのデータを横軸の「年」というデータ項目にそって左から右に向かって点を打ち込みます。棒グラフの章でも紹介しましたが、時

図1 ▶ 刑法犯少年数と再非行少年数の推移

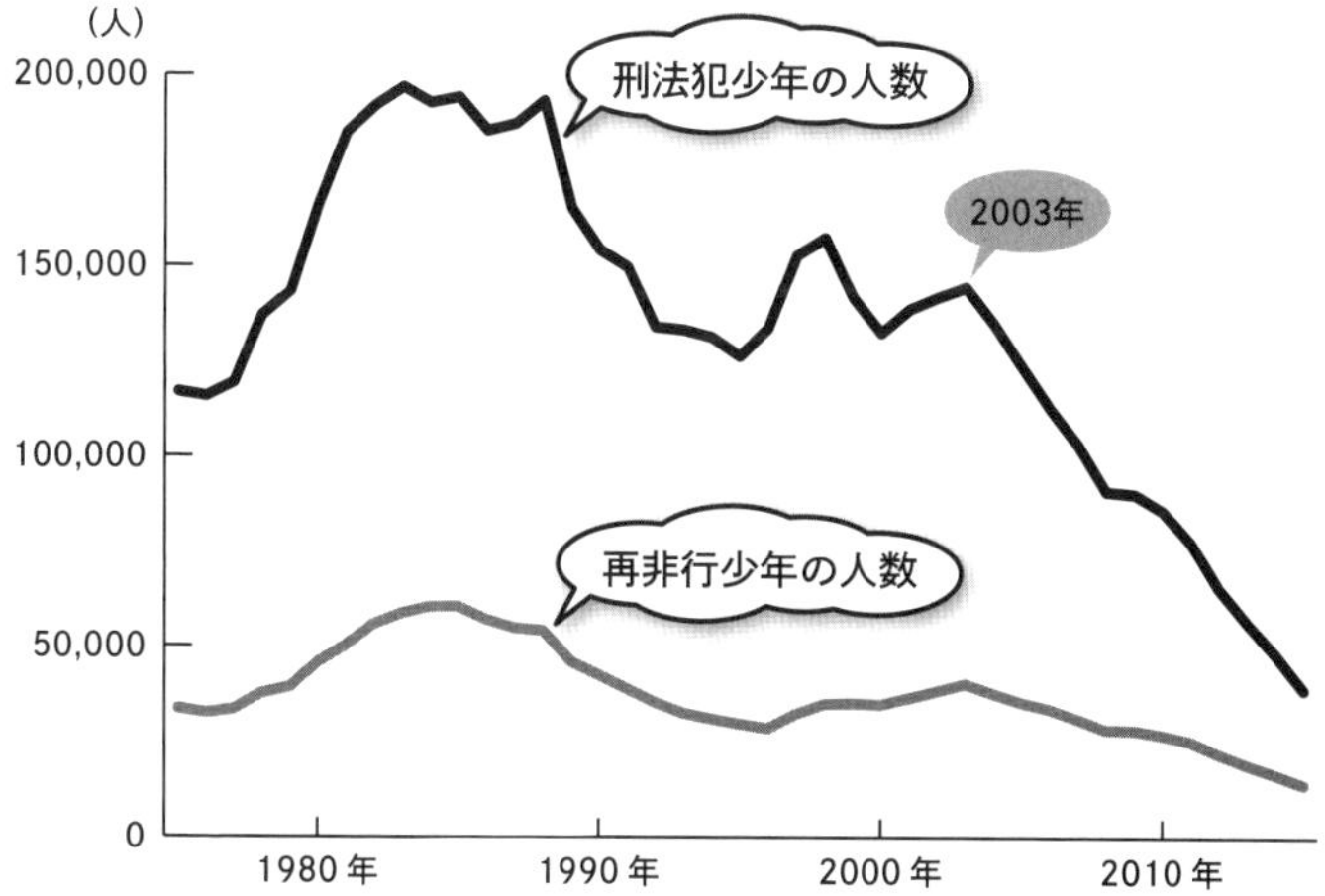

(警察庁「警察白書」より作成)

間軸は左から右にそってデータの推移を表現します。これは、グラフを作成する上での決まりごとのようなものです。こうして点を打ち込み終え、点と点を線で結びます（図2）。

最後に、これが一番大事です。**折れ線グラフは必ずデータ項目の複数の時点を描きます。**点を1つだけ描く折れ線グラフを目にする機会はないでしょう。

折れ線グラフでは、ある時点とある時点を左から右に線で結んで**「線の傾きが大きい（小さい）時点はどれだろう？」**、**「傾きの傾向が変化するのはどの時点だろう？」と考えます。**つまり**折れ線グラフが一番得意な表現方法はデータの「推移」**です。折れ線グラフを使えば、データの変化を最もわかりやすく図で表現できます。

図2 ▶ データとデータ項目から折れ線グラフの作成

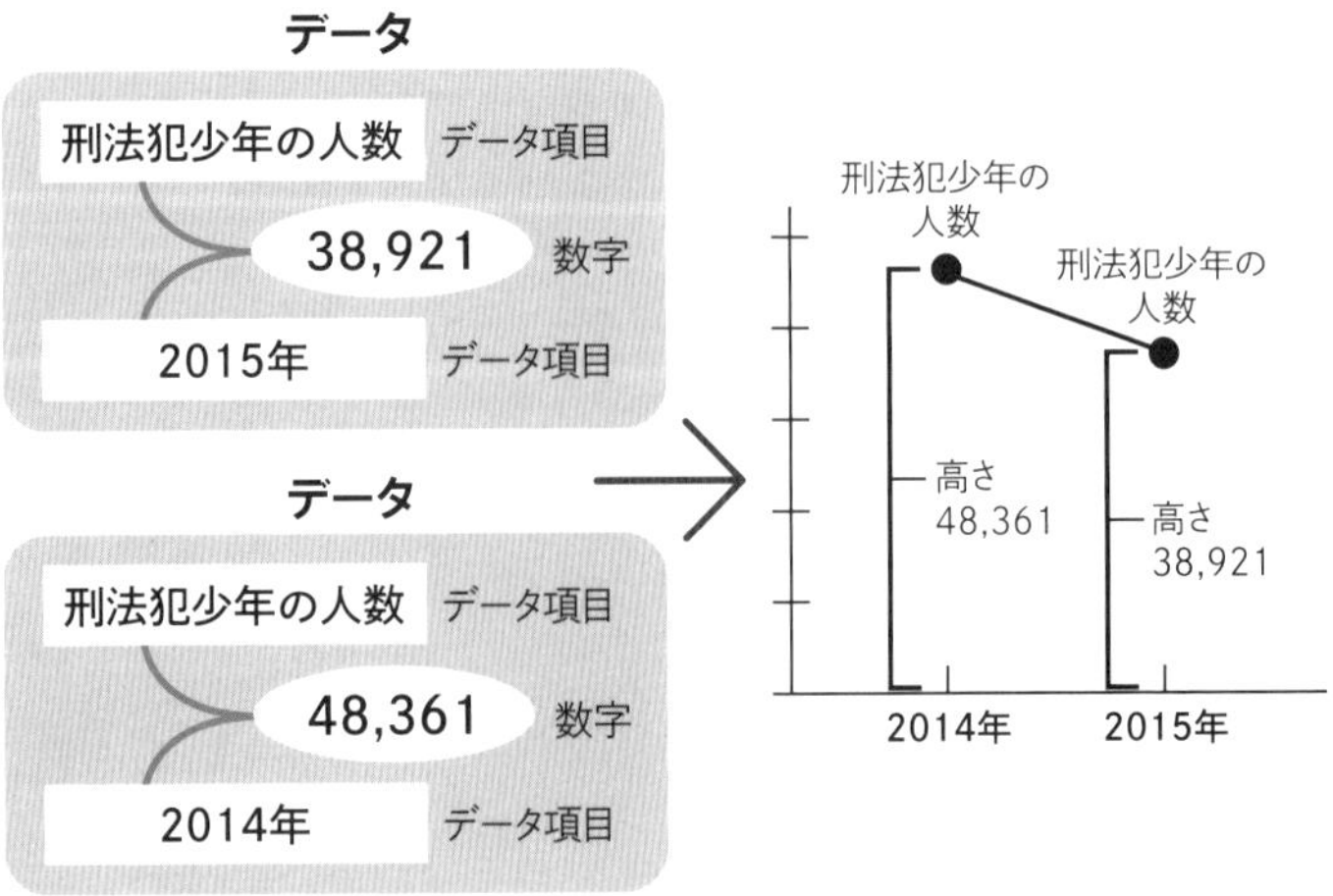

ある時点とある時点の間の「傾き」から変化を感覚的につかめるのが折れ線グラフの特徴です。だから、2003年以降に少年犯罪が年々減っていると直感的に理解できたのです。

誰もが一度は間違える「割合」の勘違い

話は少し脱線しますが、図1を見てみると、刑法犯少年数の減少傾向に比べて、再非行少年数の減少傾向は緩やかに見えます。そこで、刑法犯少年に占める再非行少年の割合を算出して折れ線グラフを作成しました（図3）。

図3のようにデータ項目が複数あって、かつ表現する単位が異なる場合は、**第2軸と呼ばれる右側の軸に目盛りを描きます。**ただし、

図3 ▶ 再非行少年の人数と、刑法犯少年の中に再非行少年が占める割合の推移

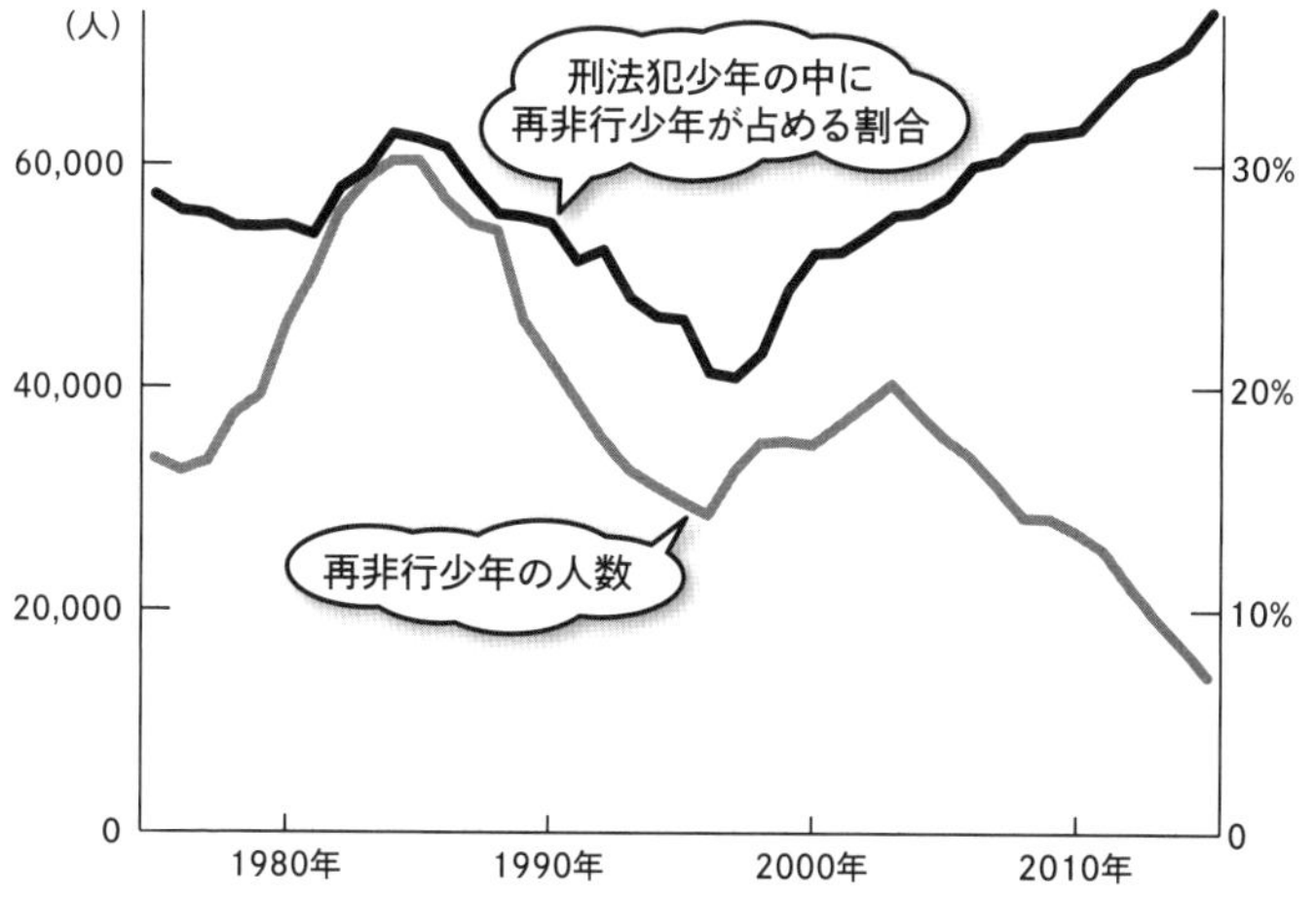

（警察庁「警察白書」より作成）

基本的には第1軸のみ、かつ軸は左側に描きます。なぜなら、左から右へ時点を並べるため、始まりの時点に第1軸の目盛りがあると、さらにわかりやすいからです。

2つの線の「推移」から、刑法犯少年数に占める再非行少年数の割合が年々上昇していると把握できたのではないでしょうか。つまり、はじめて検挙された少年の数は急激に減っていって、今後は再非行に走る少年とどのように向き合うかが課題となりそうです。

ところで、もしも図3の折れ線グラフが図4の折れ線グラフのように割合の推移のみ表現されていたら同じ結論にたどり着けるでしょうか。

1997年を起点に再非行少年の数自体が増えているように見えます。これが**割合の錯**

図4 ▶ **再非行少年数が刑法犯少年数に占める割合の推移**

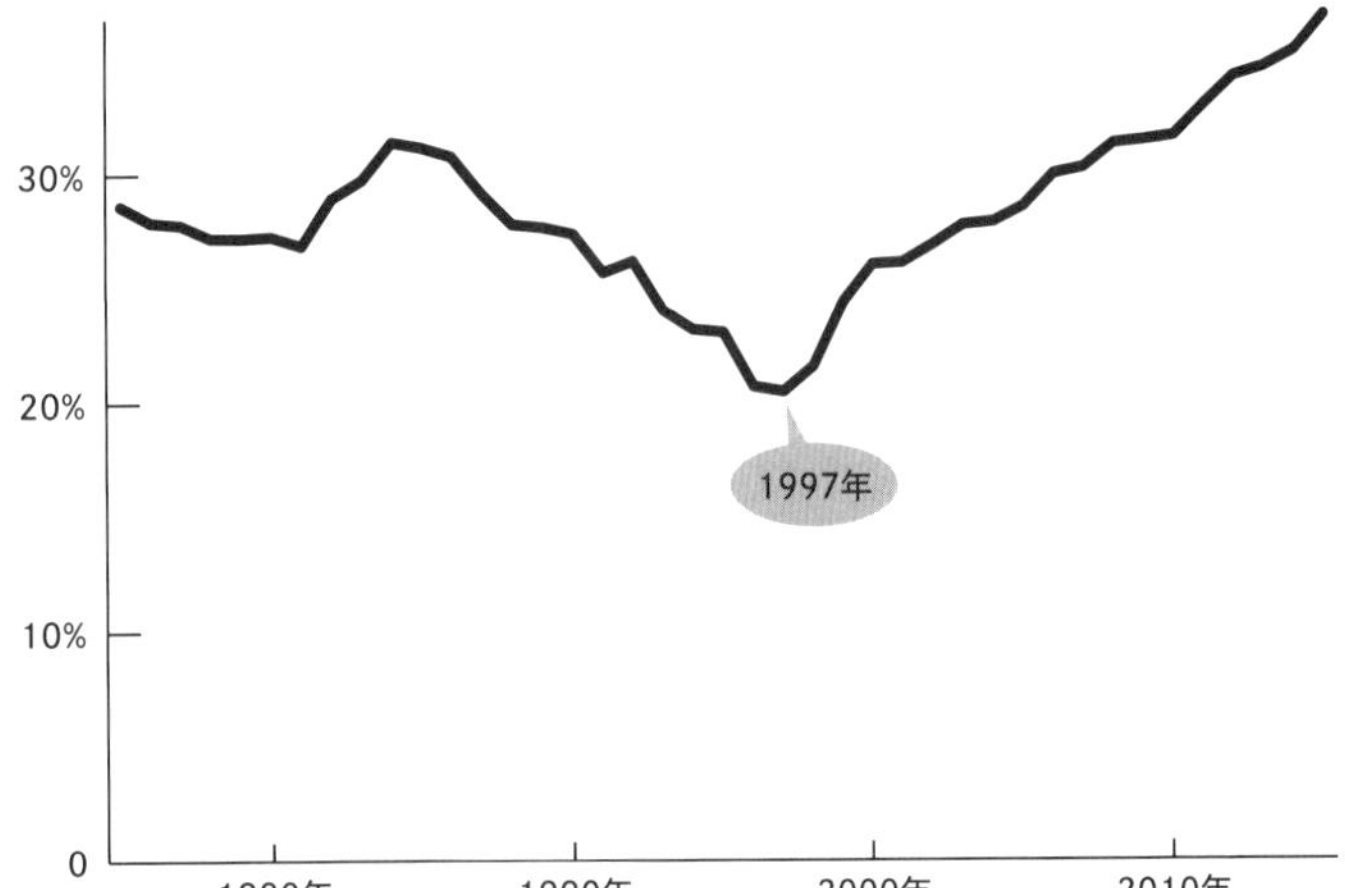

(警察庁「警察白書」より作成)

覚です。割合で表示されるデータの推移が高まっても、総数が減っているなら、実数で表現されるデータは実質横ばいか減少している可能性があります。「若者の○○離れ」と呼ばれる現象は、この錯覚でだいたい説明ができると私は思っています。若者の総数が減っているのですから、アルコール好きも旅行好きも車好きも時系列の推移で見れば減るのは当然です。

　では、刑法犯少年数と再非行少年数の数についても同じ錯覚だと言えるのでしょうか。同年齢層1000人あたりのそれぞれの数を算出して図5のような折れ線グラフを作成しました。

　1000人当たりで見た刑法犯少年と再非行少年の数は、2003年をピークに約10年

図5 ▶ 同年齢層1000人あたり刑法犯少年数と再非行少年数の推移

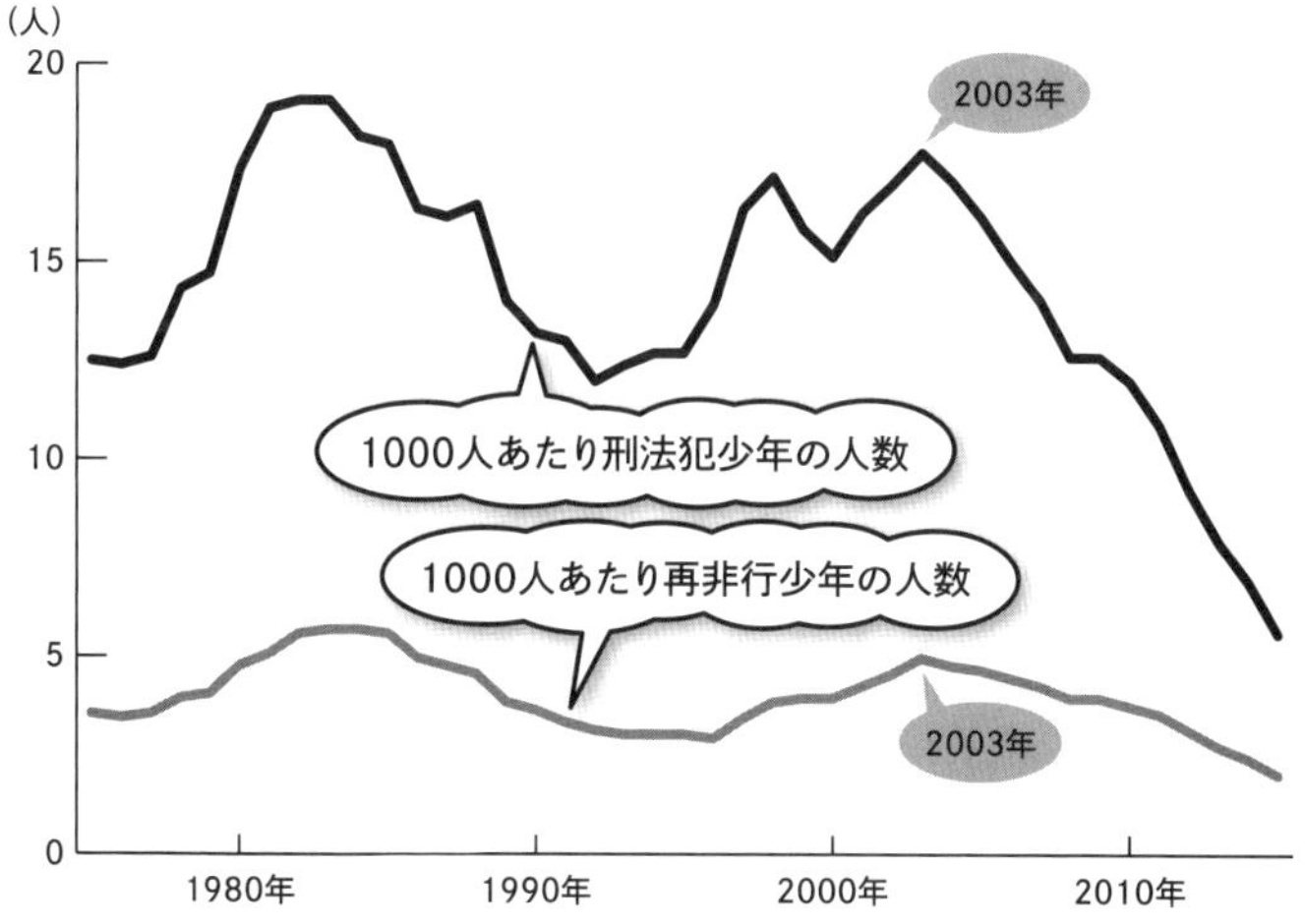

(警察庁「警察白書」より作成)

間で3分の1にまで減っていました。つまり、ここまで調べてこそ「若者の犯罪離れ」と言い切れるのです。

今回紹介した「割合」のように、元々あるデータを加工してグラフで表示する機会はあなたにもあるはずです。その場合、**グラフの誤読を招かないよう、割合を表現するなら総数もあわせて表現するなどの一手間が必要だ**と私は思っています。

折れ線グラフは推移の「傾向」に意味を持たせれば、何が言いたいのかがより伝わります。「傾向」とは、向かっていく方向という意味を持っています。

図6の折れ線グラフを見てください。東京と札幌の各観測所で計測した1900年1月

図6 ▶ 東京、札幌の各観測所別年間平均気温の推移

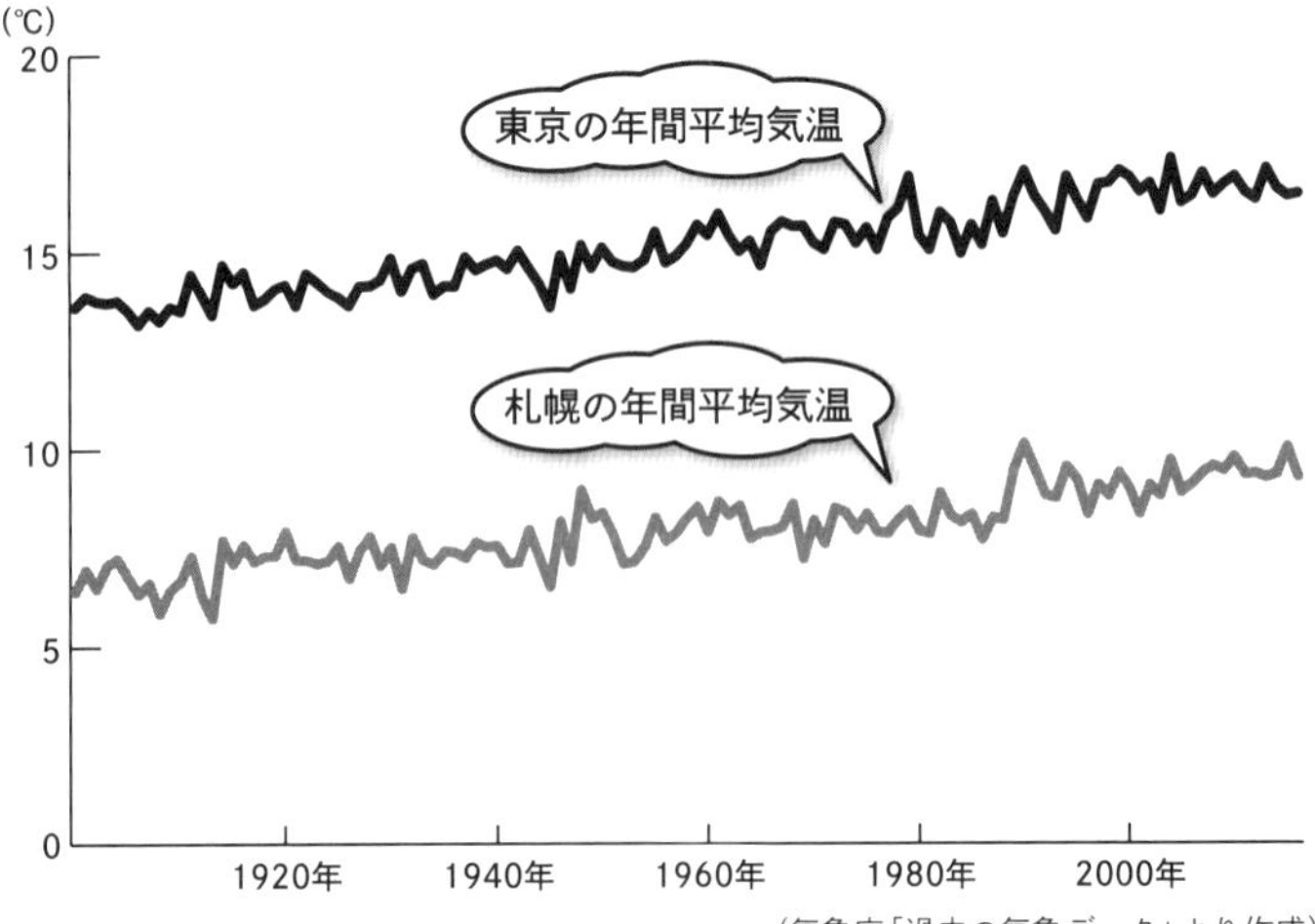

(気象庁「過去の気象データ」より作成)

から2016年12月までの月単位の平均気温を年単位の平均値に集計して、折れ線グラフを作成しました。

約100時点に渡る折れ線の推移は、ある時点を切り取って前後2年程度で比較すると、上がったり下がったりしていて、大きな変化がないように見えます。例えば札幌で1990年に平均気温が10・11度を記録しましたが、その2年前は8・18度、2年後は8・80度と単なる異常値のようにも見えます。しかし約100年分のデータの推移を追えば、明らかに平均気温が上昇しているとわかります。

棒グラフでも「傾向」はつかめます。しかし、年単位で見ると凸凹になってしまっていて、狭い範囲での比較に目が向きがちです。100時点ほど並べないと現れないような**長期の傾向の場合、年単位で棒を描くより、横に1本の線で描いたほうがわかりやすいのです。**1時点目から見て、線の角度が上がっているか下がっているかで傾向がわかるからです。

俯瞰して「推移」を表現すると全体の「傾向」をつかめるのが折れ線グラフを使うメリットだと言えるでしょう。

地球温暖化は進んでいる？ 折れ線グラフで見てみると…

東京も札幌も、この100年間でおよそ年間平均気温が約3度上がっているようです。これがいわゆる地球温暖化と呼ばれる現象なのでしょうか。もう少し詳しく調べてみるために、今度は月単位の平均最高気温、平均最低気温を見てみましょう

図7の折れ線グラフを見てください。東京の各観測所で計測した1900年1月から2016年12月までの月単位の平均最高気温、平均最低気温を年単位の平均値に集計し直して、折れ線グラフを作成しました。

東京の最高気温と最低気温の推移が、いずれも上昇しているとわかります。しかも、最高気温に比べて最低気温のほうがその傾きはやや急に見えます。

少しわかりづらいので、図8で折れ線グラフに補助線を加えてみました。この補助線は、傾向を表すために線の凸凹を慣らした直線として見てください。

ここでは詳しい計算についてふれませんが、この補助線の傾きの角度は最高気温より最低気温が大きく、約2倍も差が開いていました。

もしかして**日本は暖かくなっているのではなく、寒くなくなっているのではないか、という仮説**が浮かんできます。地球温暖化現象ではなく、地球「非」寒冷化現象です。続いて札幌の傾向

図7 ▶ 東京の観測所別年間平均最低気温・平均最高気温の推移

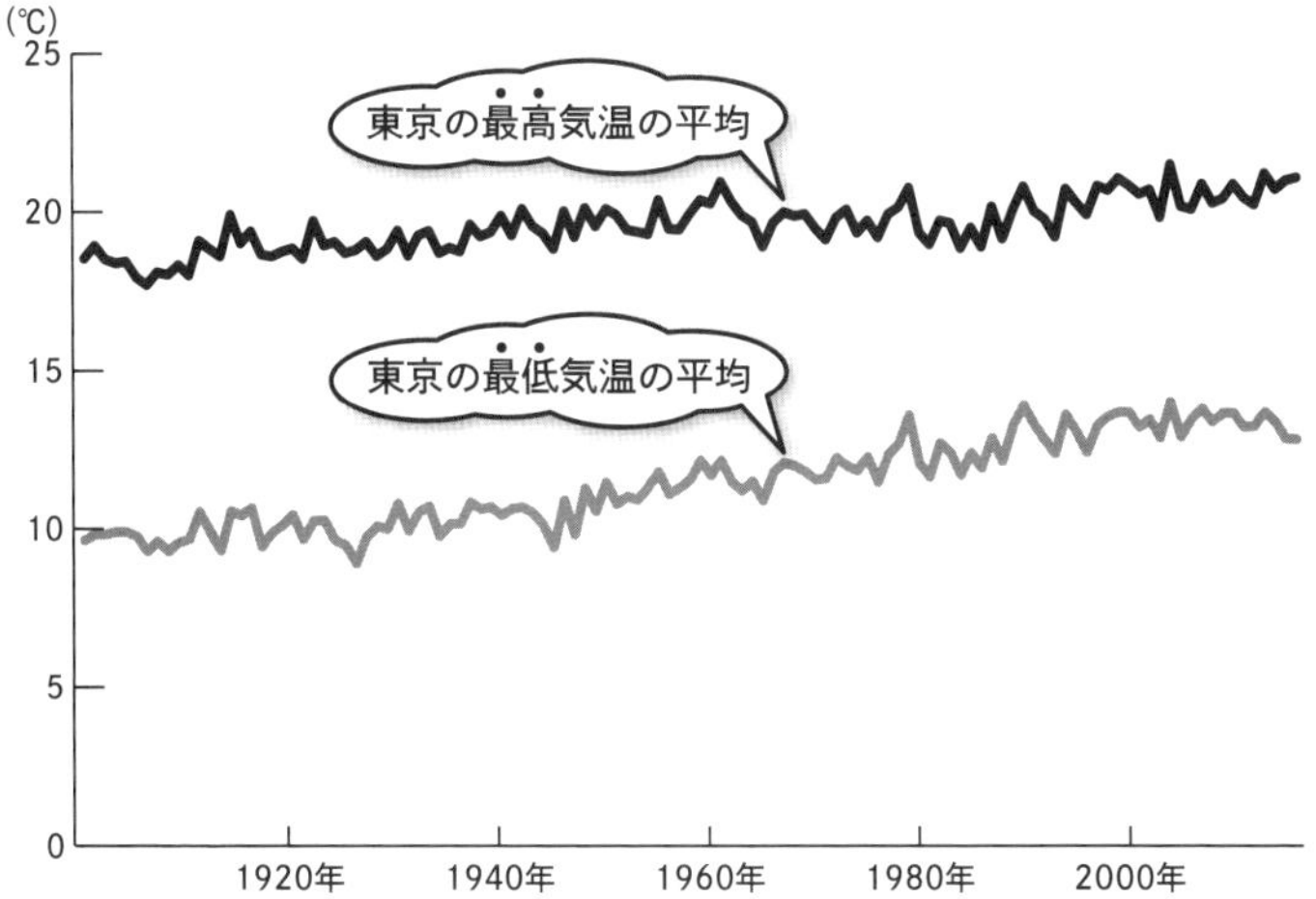

(気象庁「過去の気象データ」より作成)

図8 ▶ 東京の観測所別年間平均最低気温・平均最高気温の推移(補助線付き)

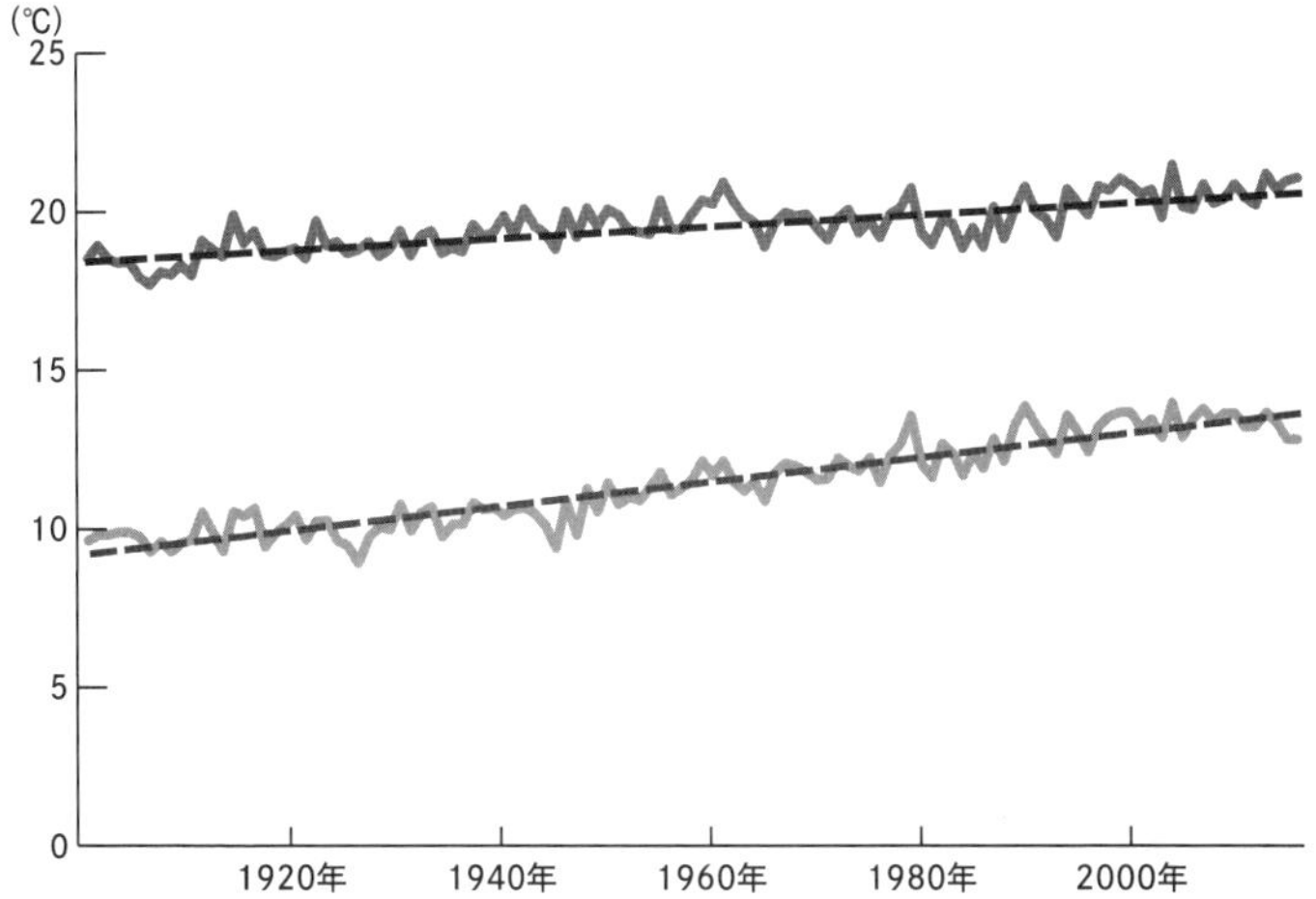

(気象庁「過去の気象データ」より作成)

を見てみましょう（図9）。

　札幌は東京より顕著な傾向が表われました。補助線は不要ですね。最低気温の推移は、この100年間あまりの間に約5度も上昇しています。先ほどの仮説である「日本は寒くなっている」説を裏付けるデータがまた1つ表われました。

　一般的に、地球は温度が上がるほど多くの赤外線を宇宙に放出して、温度を一定に保とうとするメカニズムが備わっていると言われています。しかし温室効果ガスが大気中で増えすぎたため、以前より赤外線が放出されておらず、気温が下がるメカニズムに変化が現われているのではないかと言われており、この現象こそ地球温暖化だと説明されています。

すなわち地球温暖化が進むと平均気温の上昇

図9 ▶ 札幌の観測所別年間平均最低気温・平均最高気温の推移

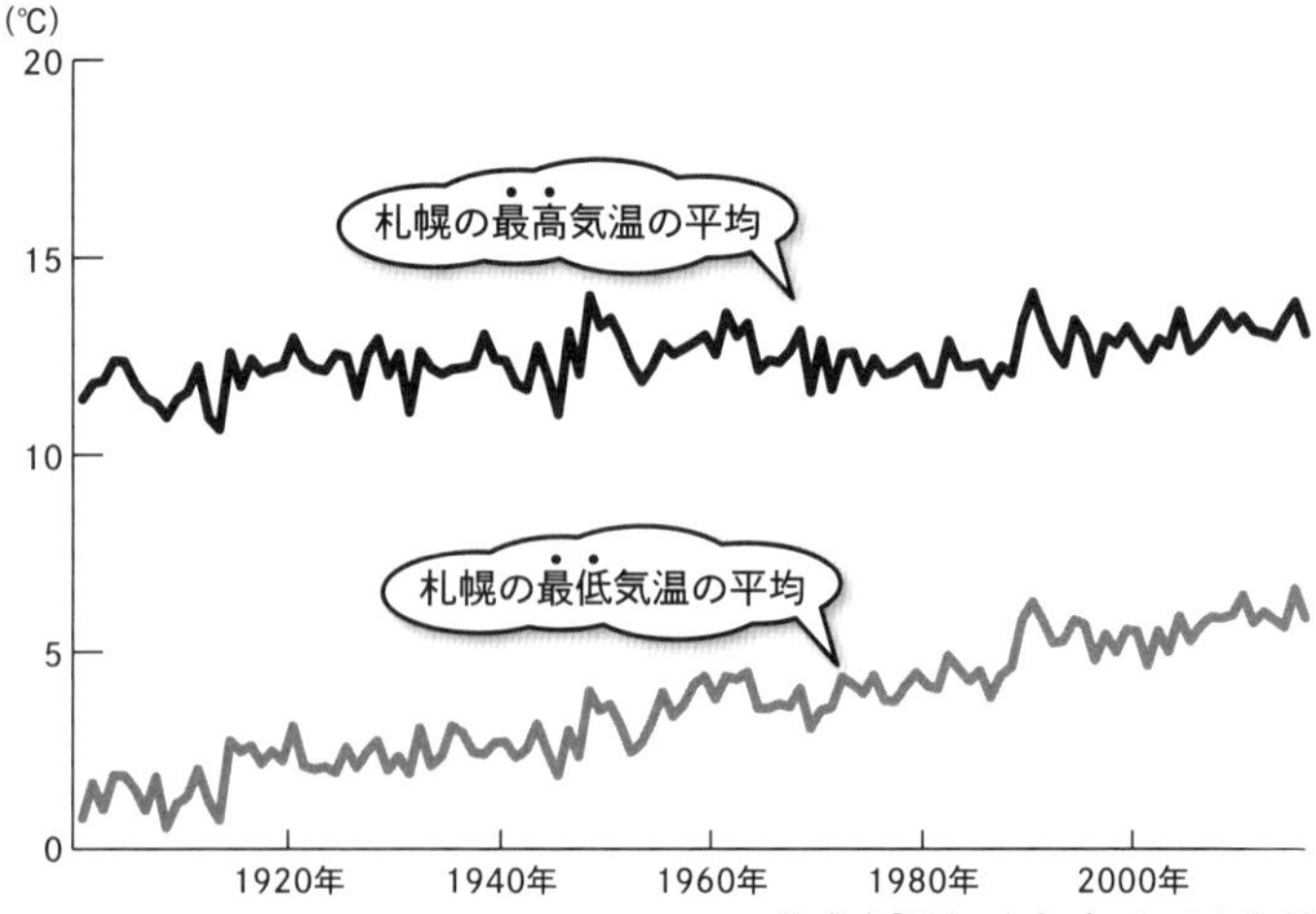

（気象庁「過去の気象データ」より作成）

ではなく最低気温の上昇が起こると考えれば、この起きている現象にも説明がつきます。もっともこのデータだけでそれを証明したとは言えませんし、詳細は専門家に譲らなければいけません。本章では、平均気温を最低気温と最高気温に分けて表示すると違った傾向が表われた事実だけでも覚えていてください。

これが統計データを使った分析の面白いところです。グラフにするだけでいろいろな気付きが得られます。

折れ線グラフを作るときに意識しよう!

- 折れ線グラフが一番得意な表現方法はデータの「推移」
- ある時点とある時点の間の「傾き」から変化を感覚的につかめるのが折れ線グラフの特徴
- 俯瞰して「推移」を表現すると全体の「傾向」がつかめるようになる

誰が「折れ線グラフ」を考え出したのか？

こんな便利な折れ線グラフを、いったい誰が考え出したのでしょうか。**その人物とは、実は棒グラフを発明したウィリアム・プレイフェアです。**

1786年に出版した「The Commercial and Political Atlas」（商業と政治の図解）の文中で、棒グラフと一緒に採用されました。それが折れ線グラフのはじまりです。この本の中では棒グラフは1つしか登場せず、それ以外はすべて折れ線グラフなのです。実際、本のサブタイトルが「the Progress of the Commerce, Revenues, Expenditure and Debts of England during the Whole of the Eighteenth Century」（18世紀全体におけるイングランドの商業、収入、支出および負債の進展）とある通り、イングランドと諸外国との貿易に関する統計情報の変化が中心に取り扱われているので、時系列データが大半を占めています。

ウィリアム・プレイフェアの人となりについては棒グラフの章でふれたので、本章ではなぜ「The Commercial and Political Atlas」という本が刊行されたのか、その時代背景と狙いについて述べていきます。

プレイフェア、奇をてらった本を刊行する

これまで書名に使用されているAtlasという単語を「図解」と訳してきました。しかし、**本が刊行された当時〝Atlas〟には「地図帳」という意味しかありませんでした。**この本の出版を境に、図解という意味を持つようになったのではないかと言われています。地図が1つもないのに〝Atlas〟という単語をなぜウィリアム・プレイフェアは使ったのでしょうか。諸説ありますが、最も有力なのは「奇をてらった」説です。

18世紀半ば、イギリスで商業出版が確立したと言われています。イギリスは世界各地で戦争を繰り広げていましたが、そのすべてが国外であり、国内では戦火を交えませんでした。産業革命の恩恵にあずかる資本家たちの「余暇」が商業出版の市場を生み出したと言えます。この時代に**書物が過去の歴史を書き留めて置くための図書から、自分の人生をより充実させるための読みものに変化しました。**だからこそ「The Commercial and Political Atlas」のようなビジネス書は刊行の機会を得たのです。

現代から見れば「統計データ」はビジネス書とは言い難いですが、18世紀半ば貿易立国として勃興しはじめたイギリスにとって、ウィリアム・プレイフェアが扱うイングランドと諸外国との貿易に関する統計データの解説は、政治家や貿易商にとって欠かせませんでした。まさに「ビジ

ネス書」だったのです。

ただし、ウィリアム・プレイフェアの書いた「The Commercial and Political Atlas」自体は貿易に関する統計データの解説にすぎず、はっきり言って目新しさに欠けました。と言うのも、約100年前の1690年にジョン・グラントとウィリアム・ペティによって刊行された「政治算術」(Political Arithmetic) において、統計データを用いて社会を把握し将来を予想する手法はすでに発表されていたからです。類似本も出ていたため、ただ統計データを用いるだけでは二番煎じどころか搾りカスもいいところでした。つまり余暇をより楽しむためのビジネス書は待ち望まれてはいましたが、ウィリアム・プレイフェアがあらためて統計データを解説する意義はありませんでした。

そこで**他の書籍と差別化を図るために、ウィリアム・プレイフェアはグラフを発明したと言われています。**つまりグラフを世の中に出す、それ自体が目的なのではなく、差別化の手段としてグラフが描かれたのです。「The Commercial and Political Atlas」の巻頭には、次のような一文があります。

as much information may be obtained in five minutes as would require whole days to imprint on the memory, in a lasting manner, by a table of figures
表なら1日かかってしまうのと同じ情報の量を、5分で得られるようにする

つまり池上彰のように難しい事柄をわかりやすく解説する点を心がけたビジネス書だったとも言えます。しかし、グラフを見慣れない人にとっては「変な図が載ってるな」で終わってしまいます。

そこでさらにウィリアム・プレイフェアは馴染みのある〝Atlas〟という単語を登場させます。いままで表と数字でしか表現できなかったデータが**地図と同じように見て理解できる**と訴えました。商業と政治という言葉とは一見して関係ない〝Atlas〟という単語を重ねて、「新しさ」も同時に訴えました。まさに「奇をてらった」わけです。

「時間の経過」という概念を表現した折れ線グラフ

ウィリアム・プレイフェアの記した「The Commercial and Political Atlas」で表現されていた折れ線グラフは、棒グラフ同様に現代の私たちが見ても十分に理解できるほど高い完成度を誇りま

す。つまり、200年前に折れ線グラフも完成しているのです。

図10の折れ線グラフを見てください。1700年から1782年の間のイングランドの年次の輸出入総量の推移を表しています。上側の折れ線が輸出の推移、下側の折れ線が輸入の推移を表しています。今まで見てきた折れ線グラフ同様、左から右に推移していますね。

輸出は常に輸入を上回っており、その時代をウィリアム・プレイフェアは「BALLANCE IN FAVOUR OF ENGLAND（イングランドの有利な状況）」と表現しています。

グラフでは1771年以降に輸出量が減少し、1781年には輸出入が逆転しています。その傾向を表現するため1770年以降は1

図10 ▶ イングランドにおける輸出入の推移

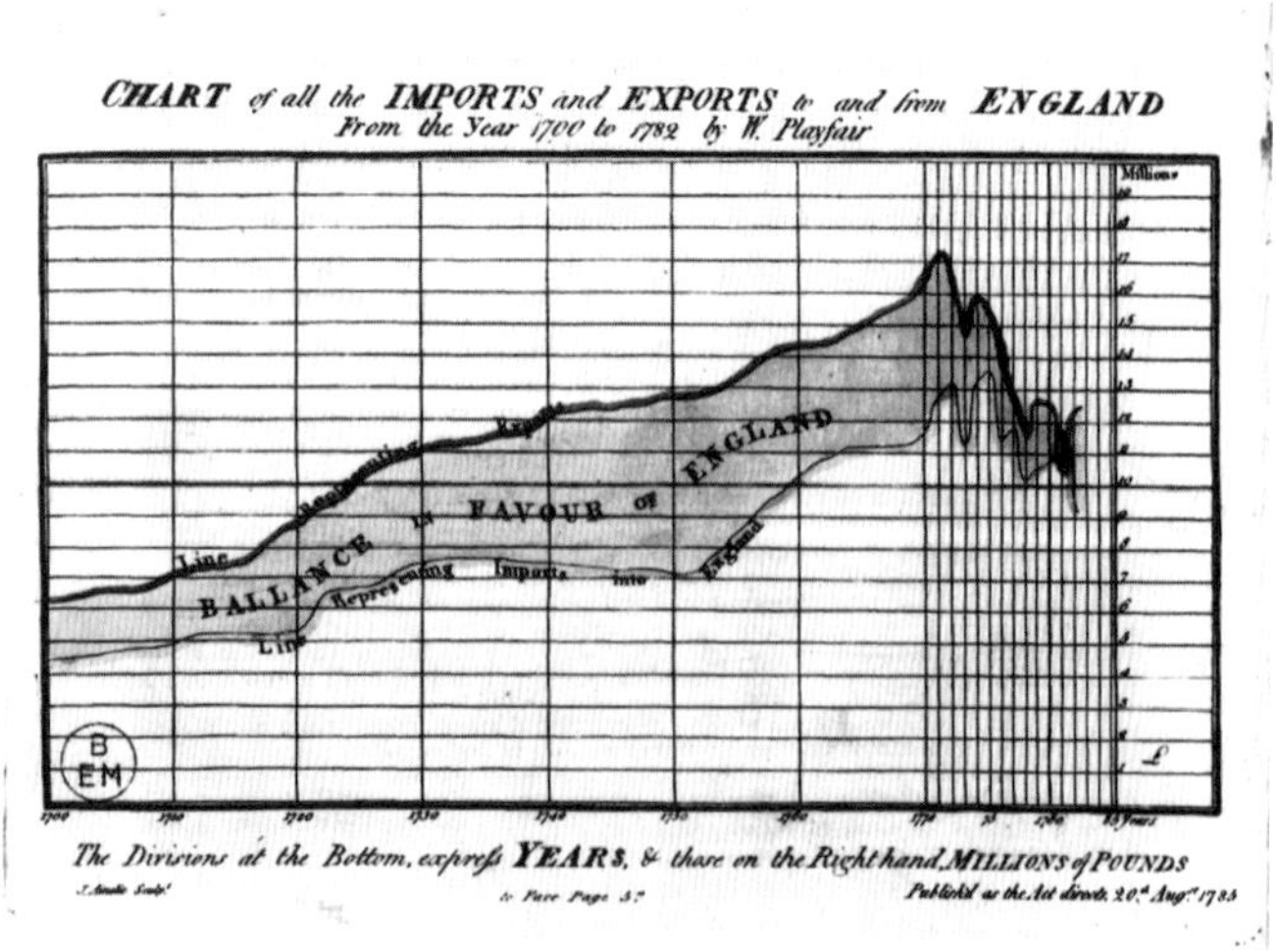

年単位で細かく線を描いて詳細な推移を表現しています。このような**時系列の急激な変化を表現したいため、ウィリアム・プレイフェアは折れ線グラフを開発したと言われています。**

折れ線グラフを作るときに意識するべきポイントとして「ある時点とある時点の間の傾きから変化を感覚的につかめるようにする」と述べましたが、**この折れ線グラフからは１７７１年以降にあった変化に注目すべきだというウィリアム・プレイフェアの声が聞こえてきそうですね。**

現在の折れ線グラフと違って、１７７０年代までは線がかなり滑らかに描かれています。およそ80地点区間（１７００年~１７８２年ごとの区間）を1つずつ線で結んでカクカクさせるより、大きな変化がないのであれば、こちらの見せ方がわかりやすくて良いかもしれません。**伝えたい部分だけに焦点を当て、それに見事に成功した折れ線グラフ**だと言えるでしょう。

「The Commercial and Political Atlas」には、最も完成度が高いと思われる1枚の折れ線グラフが描かれています。それが次ページ図11のグラフです。１６８８年の名誉革命から１７８３年のパリ条約締結翌年までの約１００年間のイギリスの債務状況を表しています。

ある地点ごとに線が引かれていますが、それは戦争の開始あるいは終了を表しています。戦争の開始によって折れ線が上昇し債務が膨らみ、戦争の終了とともに折れ線が下降し債務がしぼんでいるのがわかります。１７７５年のアメリカ独立戦争から１７８３年のパリ条約締結翌年までの約８年間、折れ線は最も急勾配を描いており、それまでの１７０２年アン女王戦争や１７５５

年フレンチ・インディアン戦争をはるかにしのぎます。戦争の規模が大きいほどその勾配は急になっているのです。

なぜ、このグラフの完成度が最も高いと言われるのか。それは、**地点と地点の距離が時間通りになっているから**です。例えば1714年ジョージ1世即位から1739年ジェンキンスの耳の戦争までの約25年分の距離と、1748年アーヘンの和約から1755年フレンチ・インディアン戦争までの約7年分の距離は、ちゃんと25対7で表せています。

ウィリアム・プレイフェアが作ったグラフには「時間」という概念が織り込まれ、**同じ増加量であっても、25年かけて描く傾きと、7年かけて描く傾きの意味は違うとわかってい**

図11 ▶ 国家債務の推移（革命からアメリカとの戦争の終結まで）

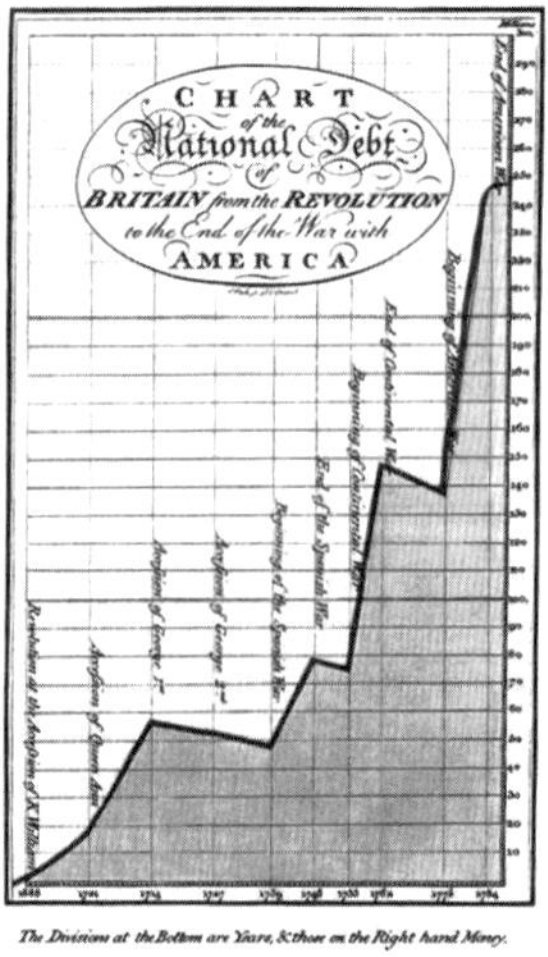

たのではないでしょうか。なぜなら、**折れ線グラフの特徴は「傾きによる変化の発見」**です。これをいい加減にすると、伝わりにくいグラフに仕上がってしまいます。

この書き方は折れ線グラフを作成する上で最も守らなければならないルールの1つであり、それを厳守できているからこそ、200年前に折れ線グラフは完成していると言われるようになったのです。

折れ線グラフはこうして生まれた

- 棒グラフと同じく、ウィリアム・プレイフェアによって生み出された
- イングランドにおける輸出入の推移を時系列に見て現れた変化を表現するために誕生した
- これまでの表現方法と差別化を図りたいという意図があった

第 4 章

円グラフ

実は「円グラフの使用は推奨されない」って知っていますか？ 知らなかったあなたは円グラフを多用して、いつの間にか分かりにくいグラフを作っているかもしれません。

実は使用が推奨されていない円グラフ

続いて円グラフについて解説します。棒グラフや折れ線グラフほどではありませんが、円グラフもビジネスの現場でよく使われるのではないでしょうか。

ですが、私は円グラフを使わないように気をつけています。データ分析のレポートでも円グラフが現れたら、何か他のグラフで表現し直すよう要請します。私の好みの話ではありません。科学技術系の論文や雑誌でも円グラフが使われる機会はあまりないと言われています。

このギャップの理由は何でしょうか。まずは円グラフの作り方を解説した後に、なぜ科学技術系の論文や雑誌では円グラフが推奨されていないか説明します。

円グラフを使えば「全体の内訳をどれくらい占めているか？」がわかる

まずは、図1の円グラフを見てください。平成27年度の農業総産出額総計の内訳を表す円グラフです。

円グラフは、1つのデータ項目につき、円の真ん中から線が引かれて扇形に分割され、円の中に1つの面が用意されます。次の円グラフでは「畜産」、「野菜」、「米」の主要な3つのデータ項目、いずれにも属さない「その他」、計4つのデータ項目に対して、それぞれに1つの面が描かれています。4つの面の内訳から、畜産が3分の1超、野菜を含めると半分超、米まで含めると4分の3超を占めたと把握できたのではないでしょうか。加えて、この3つが主要項目だと紹介されたのも納得できたでしょう。

なぜこのグラフを見ただけで、直感的にそこまで理解できたのでしょうか？　円グラフの見方を順番に説明していきます（次ページ図2）。

図1 ▶ 平成27年度農業総産出額の内訳

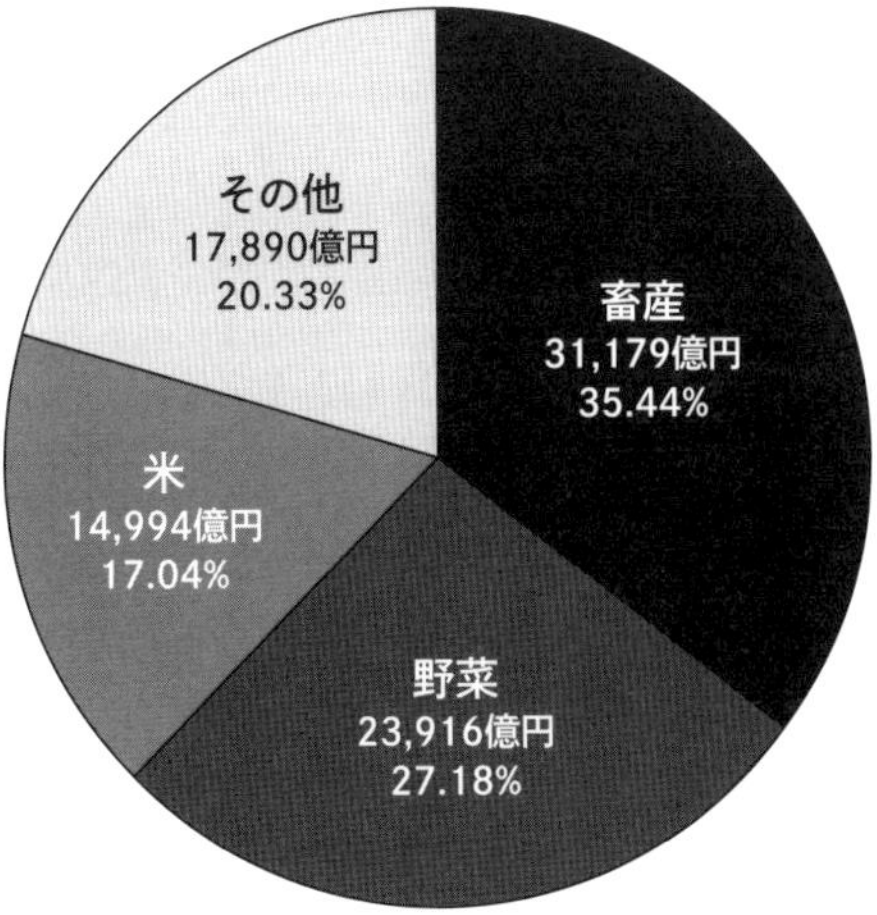

（農林水産省「農林水産統計」より作成）

各データは、農業別産出額というデータ項目を持っています。例えば３兆１１７９億というデータは畜産の産出額総計というデータ項目を持っています。次に、データ項目ごとに、そのデータを全データに対する割合で表現します。円の角度が３６０度ですから、３６０度を１００％として、その割合が円の内訳の何度を示すか、円の中心から線を引いて面を描きます。内訳が50％なら角度が１８０度、内訳が25％なら角度が90度を描きます。

1つの面のはじまりは時計で言う12時、円のちょうど真上です。そこから見て時計回りに、50％や25％の角度を描き、面を作ります。

ちなみに、今まで説明してきた棒グラフや折れ線グラフは、数量を表す目盛りが必要でし

図2 ▶ データとデータ項目から円グラフの作成

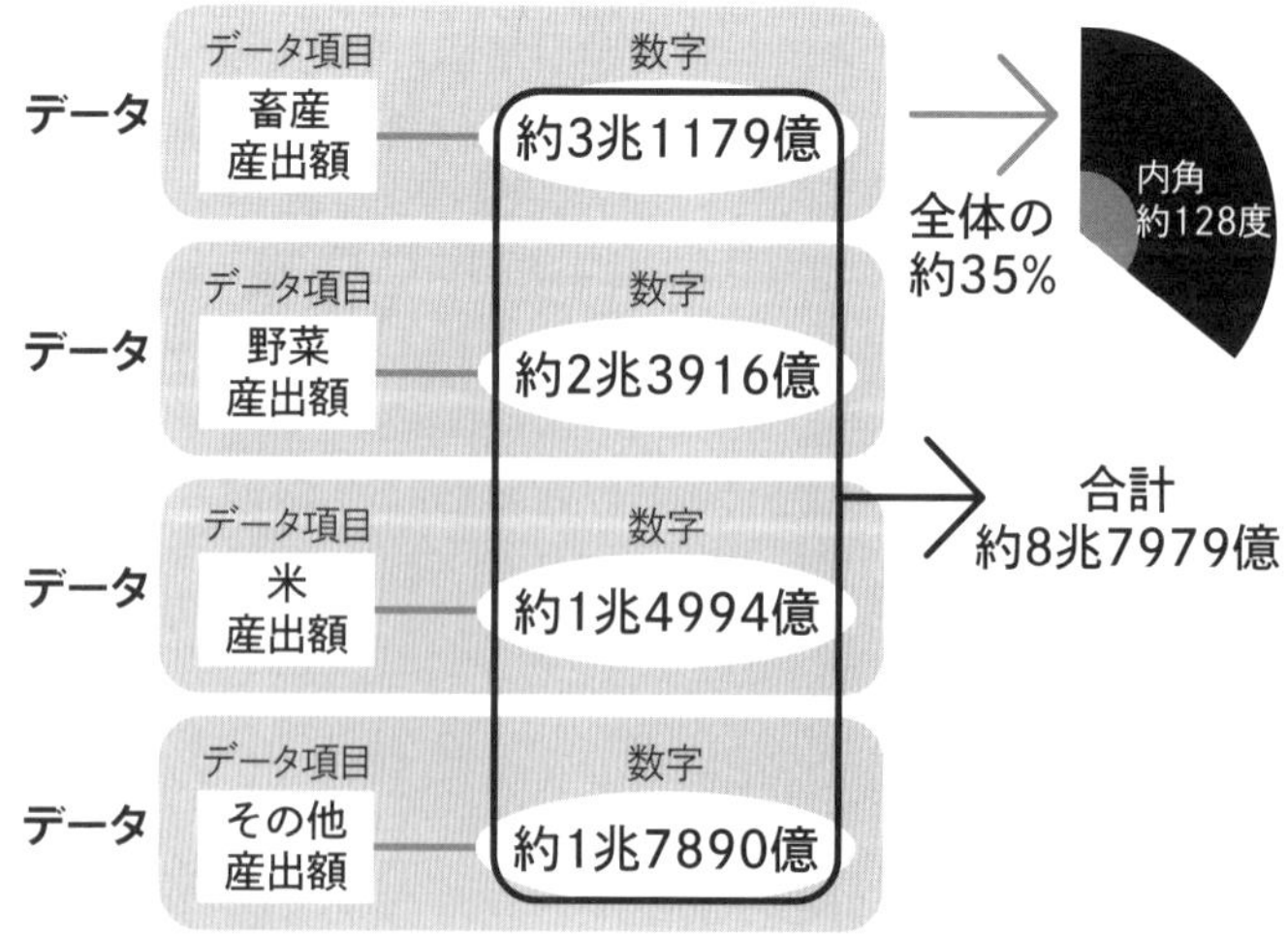

た。その目盛りがなければ、棒の高さがどれくらいか、折れ線がどこからどこへ推移しているかわかりませんでした。しかし円グラフはどれほどの量であっても表現するのは内訳なので、各データ項目は0％〜100％の割合で必ず表現できます。面の内角を見ればおよその内訳がわかるので、目盛りは不要です。

最後に、これが一番重要です。**円グラフは合算して必ず100％にならなければいけません。**それぞれのデータ項目を合算して100％にならないならば、それは全体を表していません。そんな円グラフを目にする機会はないでしょう。

円グラフは円の中心から12時方向に引いた線を起点にして、項目の内訳ごとに角度に置換して面を作り**「角度が大きい（小さい）項目はどれだろう？」**と考えます。つまり、**円グラフが「全体に対して占める割合が大きい（小さい）項目はどれだろう？」「一番得意な表現方法は、データ全体の「内訳」**です。円グラフを使えば、データ全体に占める比率を最もわかりやすく図で表現できます。円は全体を表す総数でありながら、部分の集合も表しているのです。

円の「角度」から内訳を感覚的につかめるのが円グラフの特徴です。だから、図1で畜産が3分の1超を占め、主要3項目が4分の3超を占めると直感的に理解できたのです。

円グラフは12時を基準に見せ方を考える

円グラフはデータ項目が並ぶ順番に意味を持たせれば、何が言いたいのかより伝わります。

図3の円グラフを見てください。2017年2月時点における季節調整後の年齢階級別完全失業者数を集計して、円グラフを作成しました。15歳から10歳ごとに6つのデータ項目があるので、6つの面が描かれています。

時計の12時を指すはじまりの時点から、15〜24歳、25〜34歳、35〜44歳と、データ項目の順番に「目的」を持たせて並べています。失業者全体に対して、年代ごとの失業者数がそれぞれ何万人いるかを表す円グラフであれば、

図3 ▶ 平成29年2月年齢階級別完全失業者数の内訳

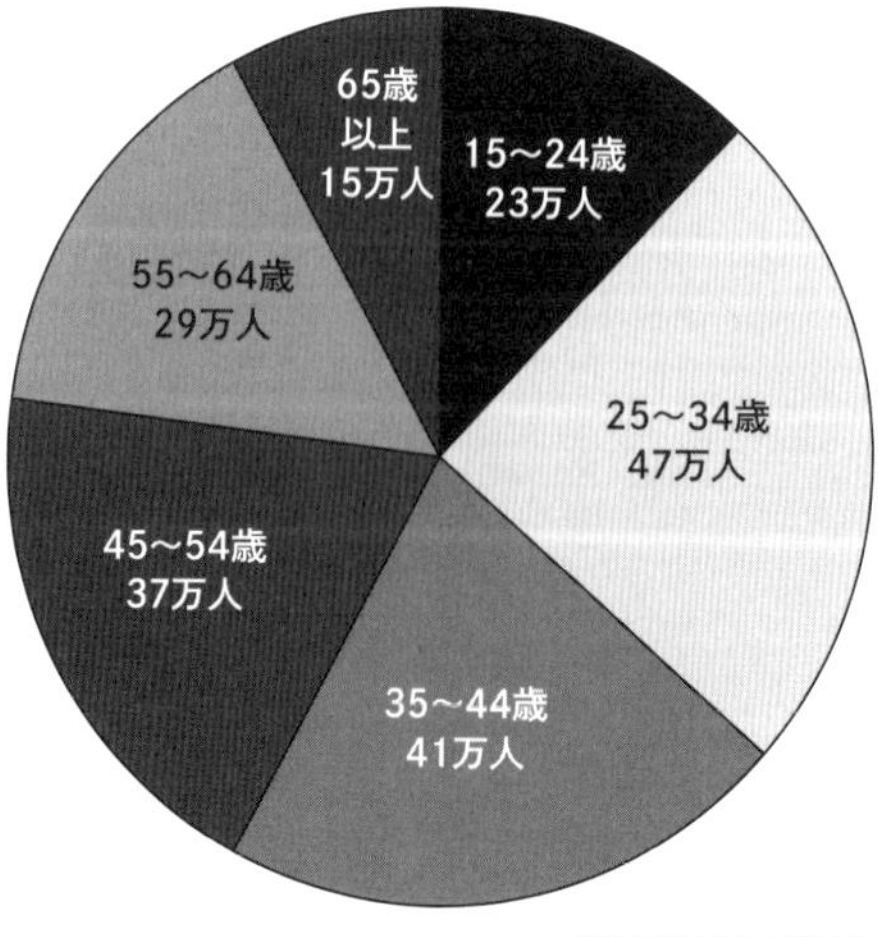

（総務省統計局「労働力調査」より作成）

このような表現方法が最適でしょう。

一方で、失業者数が多い年代を図3から読み取れたでしょうか。もしも全体の中で失業者数が最も多い年代はどの層かを表したいのであれば、データ項目の並びを大きい順に変えて、図4のような円グラフを表現するべきです。

図4なら、失業者数の約半分は25～44歳で占められるとわかります。**私たちは12時を指すはじまりの地点を基準にして円グラフを読み解くのに慣れていますから、おそらく図3では失業者数が最も多い年代はどの年代かを読み解くのは難しいでしょう。**つまり円グラフはデータ項目の並び方次第で印象が変わりやすいのです。

ちなみに、このような横断面データは棒グ

図4 ▶ 平成29年2月年齢階級別完全失業者数の内訳

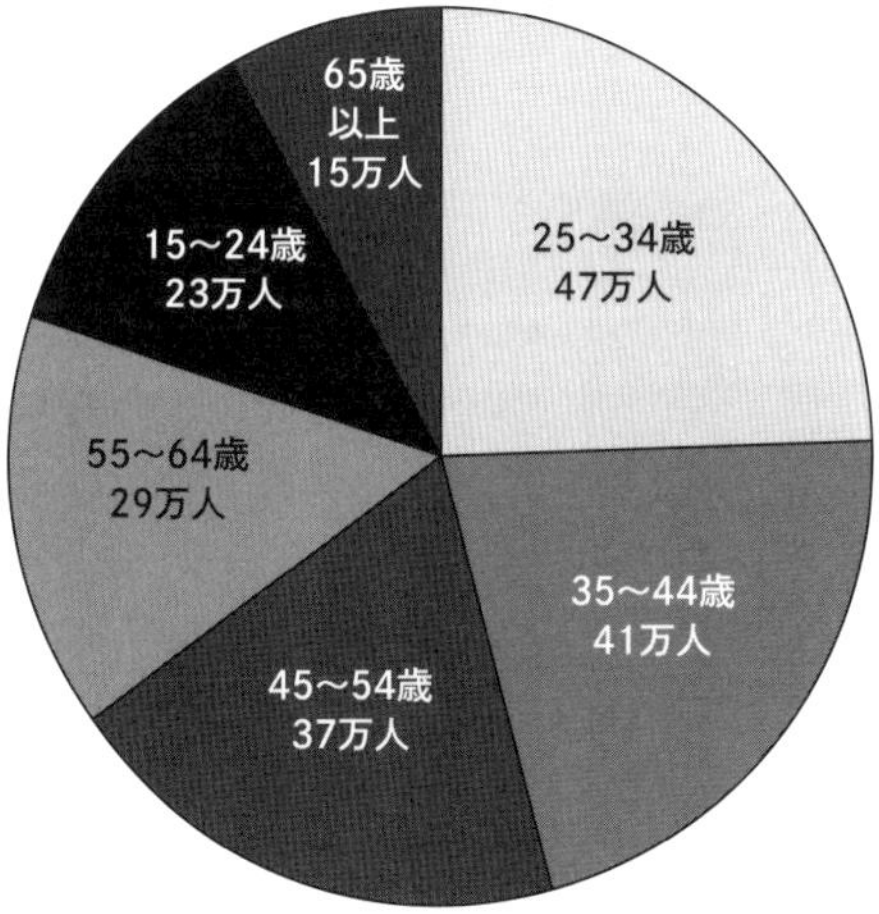

（総務省統計局「労働力調査」より作成）

ラフでも表現できるはずだ、とあなたは思われたはずです。まったくその通りです。試しに同じデータで図5の棒グラフを作成しました。

図4と項目の並び順も同じにしています。各年齢階層別の失業者数はわかります。**では、この棒グラフを見て、どのデータ項目を足し合わせれば全体の半分を占めるか答えられるでしょうか。**

思わず黙り込み、頭の中で計算するはずです。それではグラフとは呼べません。直感的ではありません。ウィリアム・プレイフェアの目指した池上彰的わかりやすさには、ほど遠いのです。全体を占める部分、内訳を表すのにこそ円グラフが最適なのです。

図5 ▶ 平成29年2月年齢階級別完全失業者数

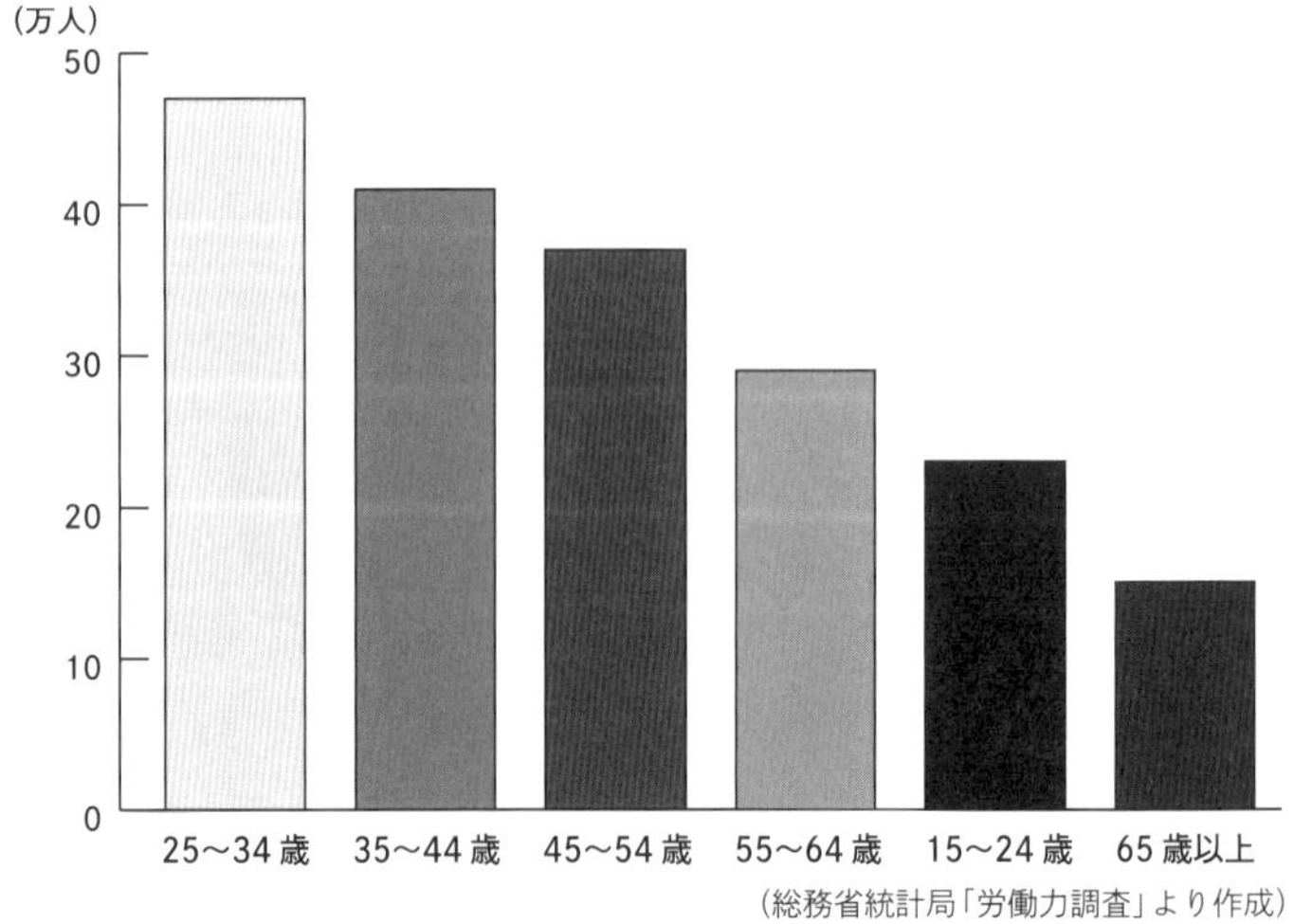

（総務省統計局「労働力調査」より作成）

就業者数は3次産業だらけ！ 独占量の表現に最適な円グラフ

全体を占める内訳の傾向を表す以外に、円グラフには違う見せ方があります。

図6の円グラフを見てください。先ほどは失業者数のデータを用いたので、今度は2016年の平均就業者数のデータを用いて円グラフを作成しました。1次産業（農林漁業）、2次産業（建築製造業）、3次産業（その他産業）それぞれに集計し、3つの面で構成されます。

第1次、第2次産業を合わせて25％に届く程度です。圧倒的に第3次産業が多いとわかります。それは、第3次産業が最初に来るように並び替えなくてもわかります。つまり全

図6 ▶ 2016年平均　主な産業別就業者数の内訳

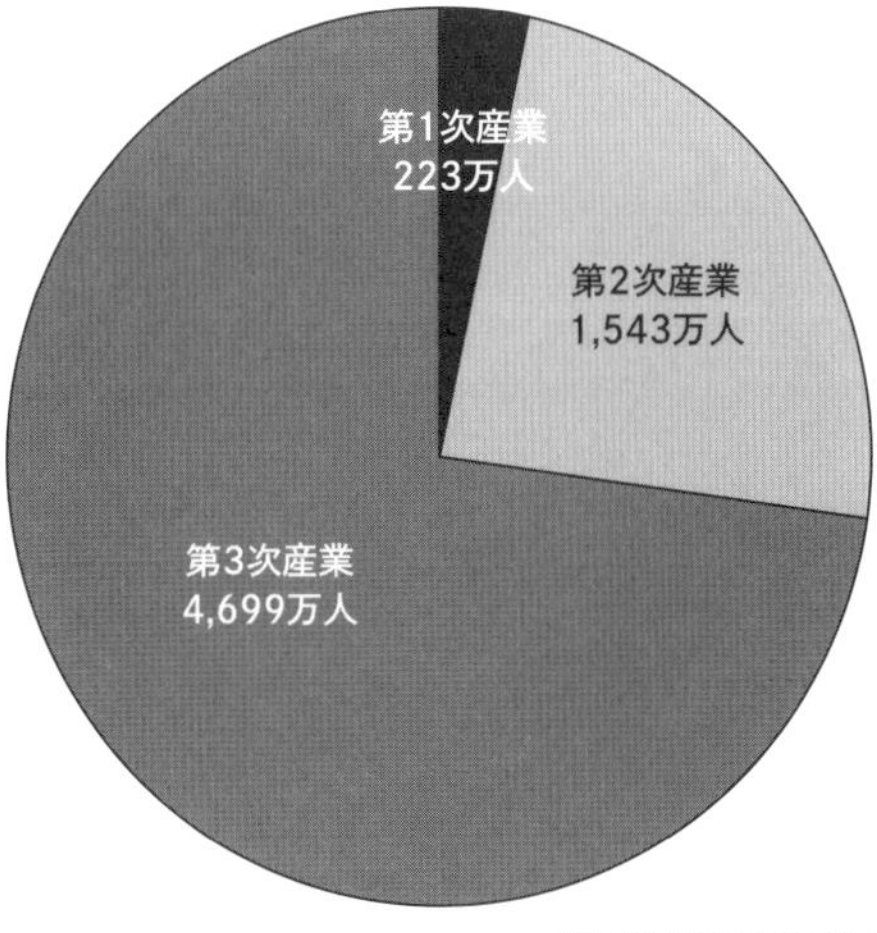

（総務省統計局「労働力調査」より作成）

体の中で特定の項目が圧倒的に占める場合、円グラフでその独占量を表せるのです。

　どこかのデータ項目の割合が極めて高い場合は、特定の領域にデータが偏っているとわかりますし、逆に各項目がまんべんなく分かれている場合は、どこにも偏っていないとわかります。その意味において円グラフは、**特定のデータ項目への「偏り」を表すのに適している**と言ってもいいかもしれません。

データ項目が多いなら「その他」にまとめる

　円グラフは必ず合算して100%の面を描かなければいけません。もし、特定のデータ項目を表示しない場合、足して100%にな

図7 ▶ 2016年平均　第3次産業就業者数の内訳

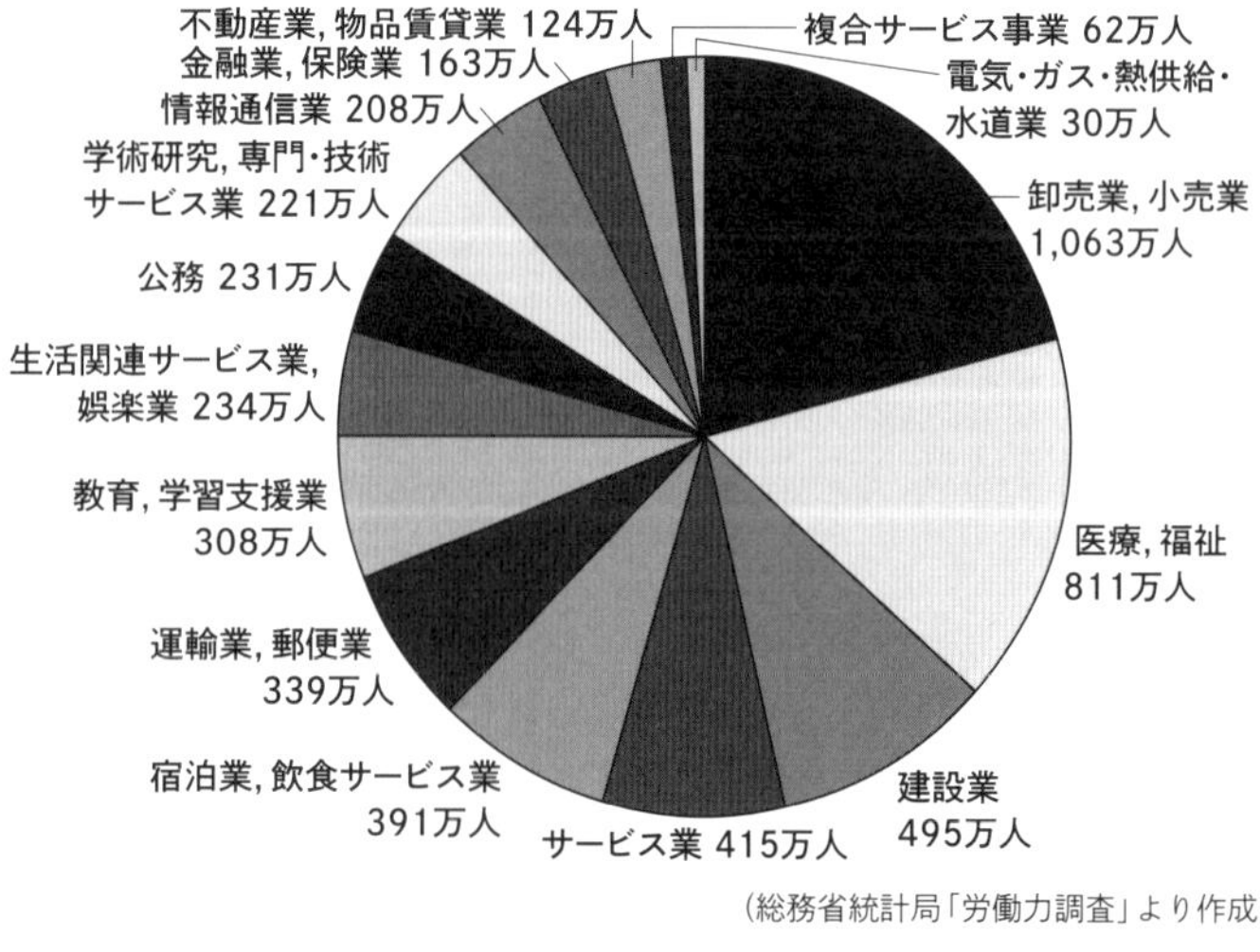

（総務省統計局「労働力調査」より作成）

りません。だったら、そのデータ項目を除いて100%として計算すれば良いじゃないかとあなたは思われるかもしれません。しかし、それでは総数と言えるのかという疑問が浮かびます。

それでは、図7の円グラフを見てください。図6で表した産業別就業者数のうち、占める割合の高かった第3次産業の内訳の業種を円グラフで作成しました。合計で14業種あるので、14個の面で構成されます。就業者数が大きい順にデータ項目を並べています。

このように項目のすべてを表現すると、かえって見づらい円グラフに仕上がります。卸・小売業、医療・福祉、建設業で半分を占めるとわかりますが、データ項目の数が多すぎてすべてを表現しきれていません。

このような場合は、**表現しきれないデータ項目を「その他」として集約します。**

「円グラフで表現できる項目の上限は何個?」については、しばしば論争が起きています。円グラフで表現すると「全体に対して占める内訳の確認」や「内訳同士の比較」ができるようになりますが、せいぜい8個程度が限界ではないかと私は思っています。

次ページの図8では、業種7個＋「その他」で合わせて8個を表現してみました。図7と比べて、かなり見やすくなっています。

ちなみに**「その他」を設ける場合は、合算した内訳の割合が他の項目より大きかったとしても最後、左上に位置するよう表現しなければいけません。**表現しきれない小さい項目を足し合わせ

図8 ▶ 2016年平均　第3次産業就業者数の内訳

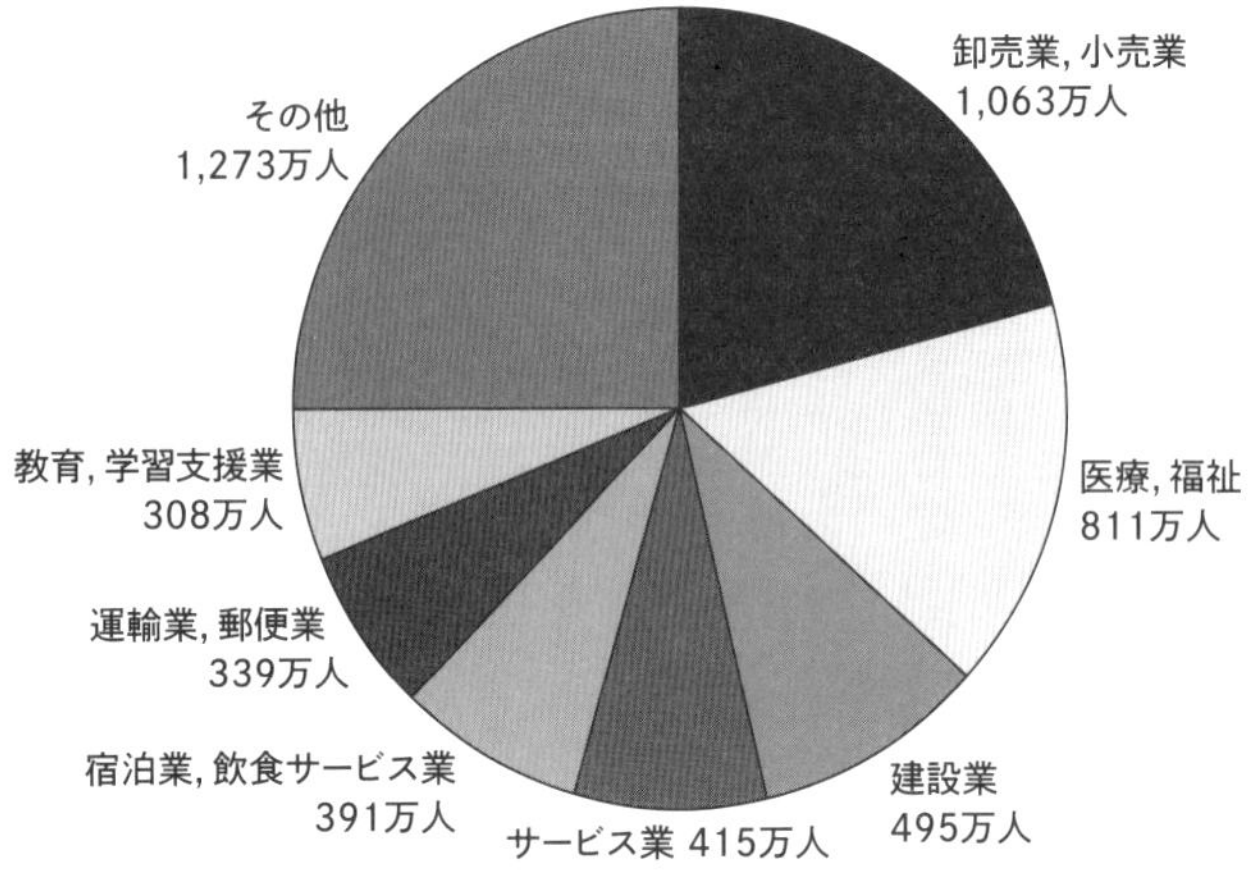

（総務省統計局「労働力調査」より作成）

図9 ▶ 求職理由別完全失業者数の内訳

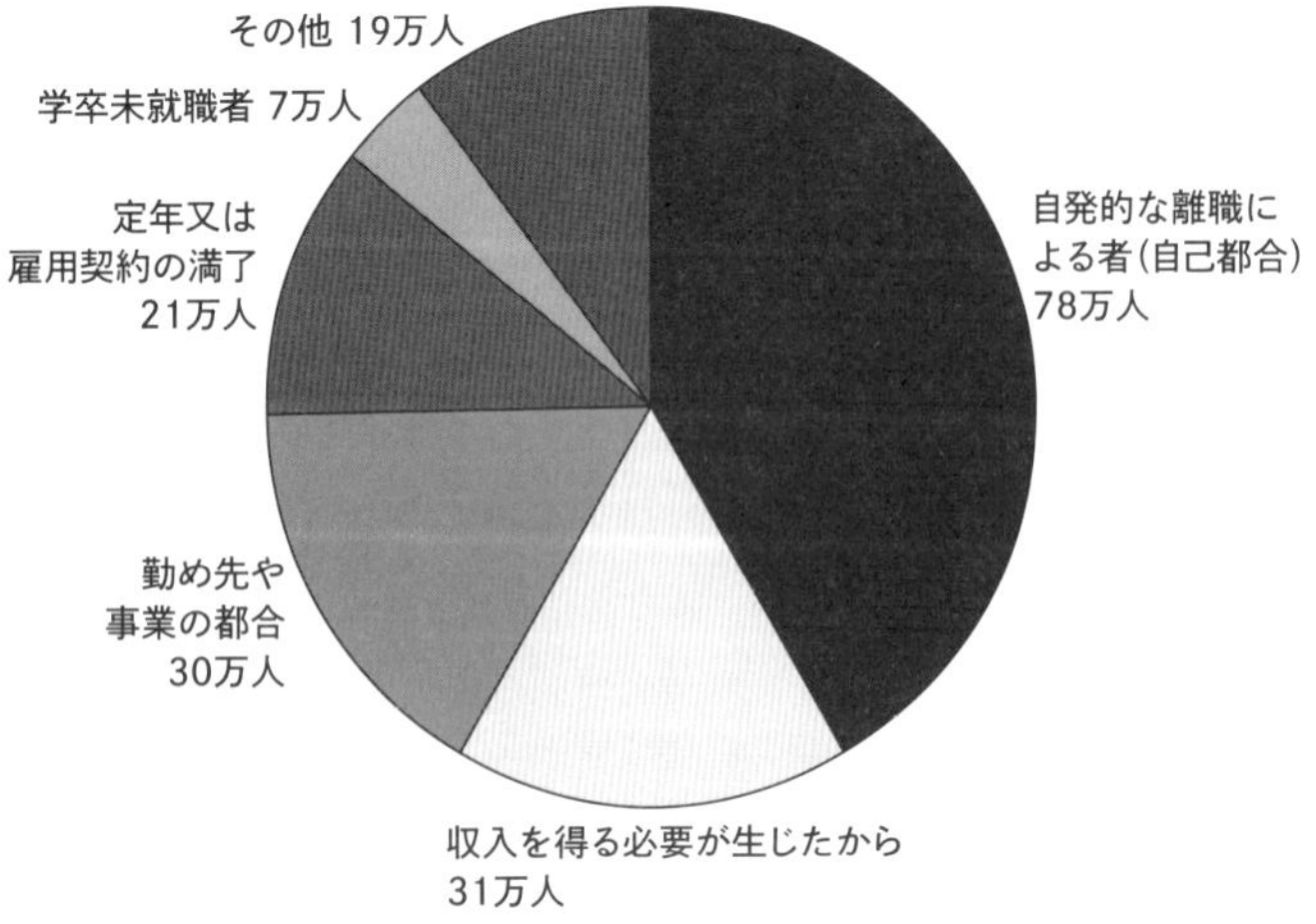

（総務省統計局「労働力調査」より作成）

て、便宜上「その他」というデータ項目を作ったに過ぎないからです。しかし図8は、「その他」を他のデータ項目と比べると医療・福祉よりも大きいので、全然その他じゃねーじゃん！　というツッコミが飛んできそうです。「その他」としてまとめる場合、他のデータ項目と比べて1つくらいは量が多くても構いませんが、やはり**全体の10%〜15%に留めるのが望ましい**でしょう。

図9の円グラフを見てください。図4で紹介した年齢階級別の完全失業者数を求職理由別に内訳を円グラフで作成してみました。

「その他」の数は「学卒未就職者」より多いですね。しかし、他のデータ項目よりは占める割合が小さいです。「その他」を使うなら、このぐらいの集約が望ましいでしょう。

円グラフを作るときに意識しよう！

- 円グラフが一番得意な表現方法はデータ全体の「内訳」
- 円の「角度」から内訳を感覚的につかめるのが円グラフの特徴
- 特定のデータ項目への「偏り」を表すにも円グラフを適している

そもそも「円グラフ」は作ってはいけない！

ここまで円グラフを紹介してきましたが、**実は円グラフはデータ表現に用いてはならないと言われています。**大勢の人が円グラフを使っていますが、表現形態として多くのデメリットを抱えています。私自身もビジネスデータ分析において、円グラフを使おう！　と考える機会はまずありません。

円グラフの使用に反対する理由として、次の2つを挙げます。

・総量がわからないので違う円グラフの内訳と比較できない
・時系列データを用いた時間経過による内訳の推移を表現できない

それぞれ詳しく解説していきます。

総量がわからないので違う円グラフの内訳と比較できない

円グラフは、**総量がわからないので違う円グラフの内訳と比較できない**という大きなデメリットを抱えています。

次ページ図10の円グラフを見てください。平成27年都道府県別ウメ収穫量を算出して円グラフを作成しました。

ウメと言えば関西のフルーツ王国・和歌山が有名です。日本国内で収穫されたウメの半分以上が和歌山県産だと、この円グラフからわかります。次に、平成27年産都道府県別柿収穫量を算出して次ページ図11の円グラフを作成しました。

知っている人は知っているでしょう。和歌山県は柿の生産地としても有名です。NHK大河ドラマ「真田丸」で一躍有名になった和歌山県・九度山町で採れた味良し形良し香り良しの富有柿、みなさんも一度ご賞味ください。

さて、この2つの円グラフを比較して、和歌山県での収穫量はウメと柿のどちらが多いかわかるでしょうか。収穫量の比率（市場シェア）で見比べれば圧倒的にウメです。しかし、**総量が表示されていないので「これだけのデータではどちらとも言えない」というのが正解**です。

それぞれの総量は、ウメの出荷量が8.4万t、柿の出荷量が24・2万tで、約3倍の差が開いています。8.4万t×71・91％＝約6万tと、24・2万t×20・87％＝約5万tですから、和歌山県で収穫量が多いのはウメです。割合で見れば約3倍以上の差があるのに実数で見ればほぼ同じ。これが円グラフの恐ろしさです。

図10 ▶ **都道府県別ウメ収穫量の内訳**

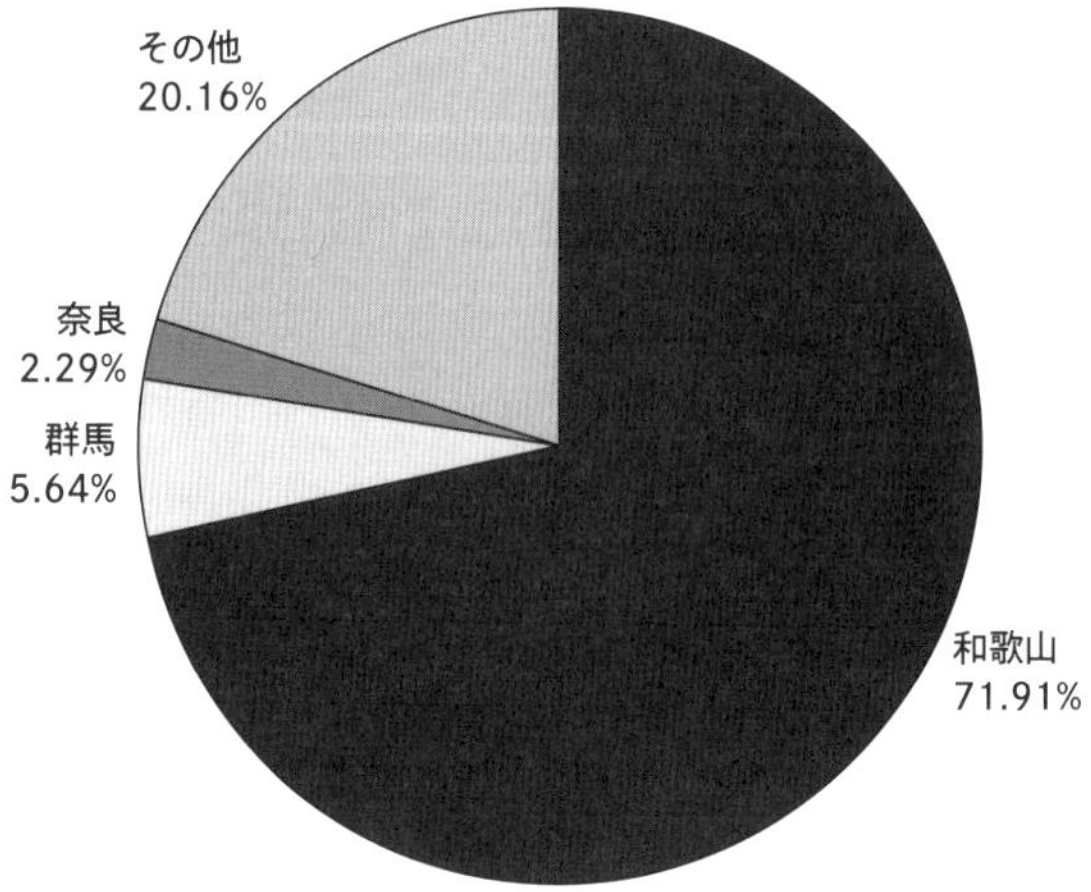

（農林水産省「作物統計」より作成）

図11 ▶ **都道府県別柿収穫量の内訳**

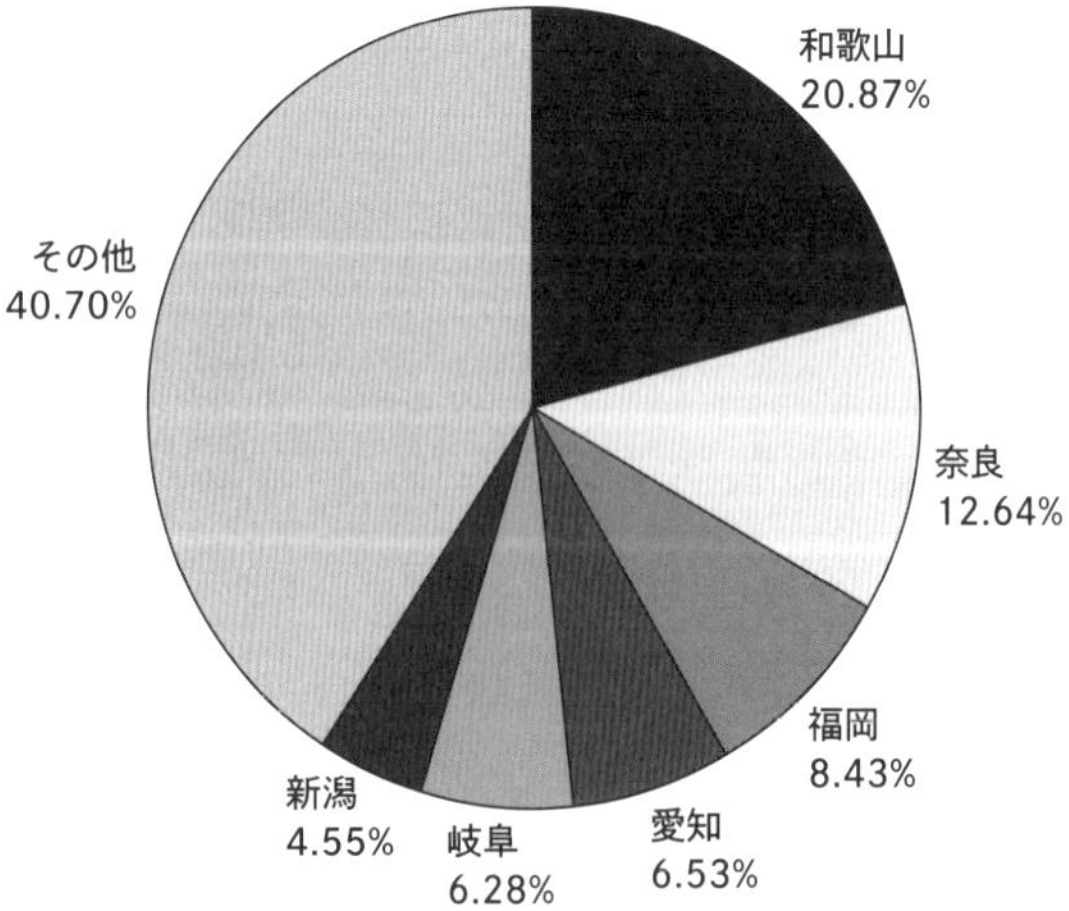

（農林水産省「作物統計」より作成）

円の大きさ（面積）で総量を表現しようとする意見もありますが、かなり難しいと言わざるえません。この例の場合、1対3の大きさで円グラフを作るのは、半径を1対約1.73の距離で描く必要があります。そこまで正確な円グラフを描いたとして、直感で「これは約3倍だね」と見抜けるでしょうか。おそらく無理でしょう。

時系列データを用いた時間経過による内訳の数意を表現できない

円グラフは、**時系列データを用いた時間経過による内訳の推移を表現できない**という大きなデメリットを抱えています。

図12の円グラフを見てください。図6で表

図12 ▶ 1955年産業別就業者数の内訳

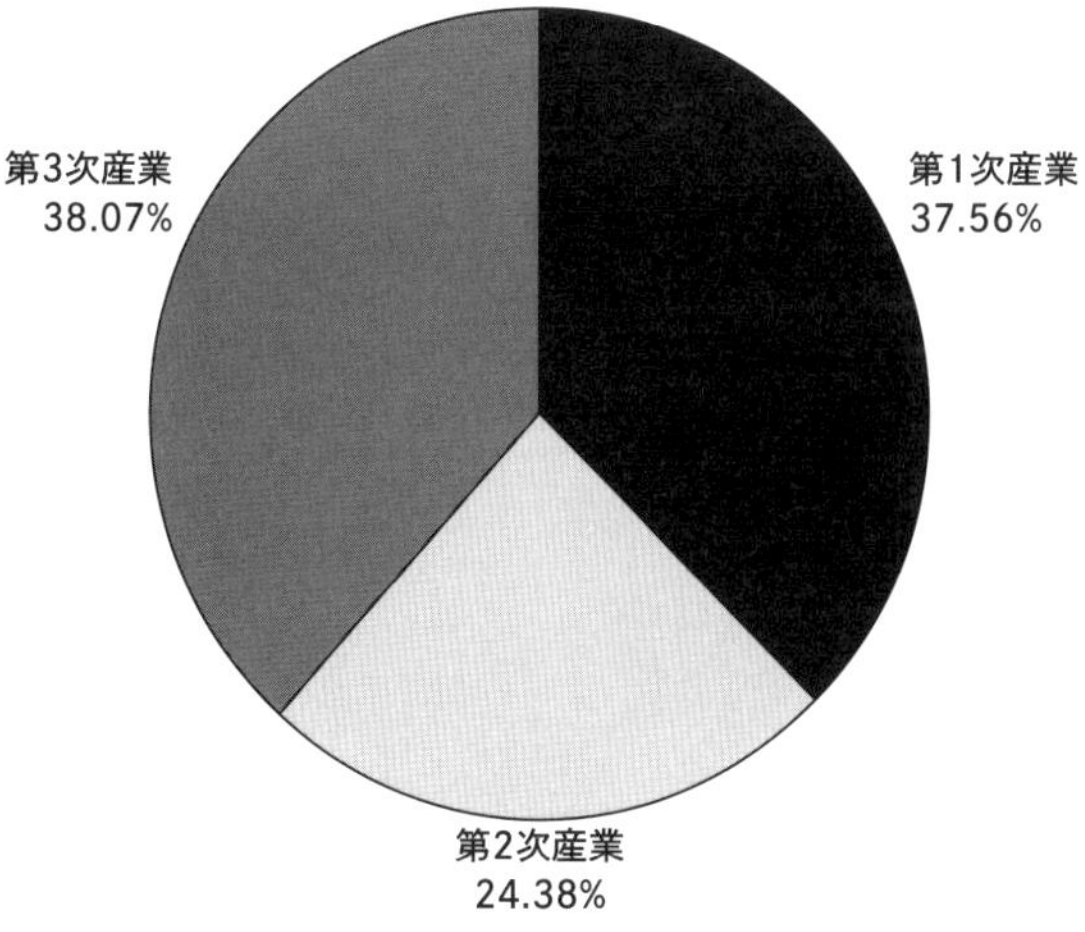

（総務省「労働力調査」及び独立行政法人労働政策研究・研修機構より作成）

した「２０１６年平均主な産業別就業者数」では第３次産業が大半を占めていますが、第３次産業自体が第１次産業や第２次産業の割合を超えたのはいつなのでしょうか。それは今から約60年前の１９５５年にまで戻る必要があります。その当時の各産業別の就業者数を集計して円グラフを作成しました。

　第１次産業と第３次産業がおよそ同じ比率を示しています。以降、60年かけて第３次産業は約70％強まで比率を高めるのです。

　では、第２次産業が第１次産業の割合を超えるのはいつでしょうか。１９５５年時点では第２次産業の比率が約25％と低いようです。実は、第２次産業が第１次産業の割合を超えるのはこの１９５５年からたった６年しか経っていない１９６１年なのです。

図13 ▶ **1961年産業別就業者数の内訳**

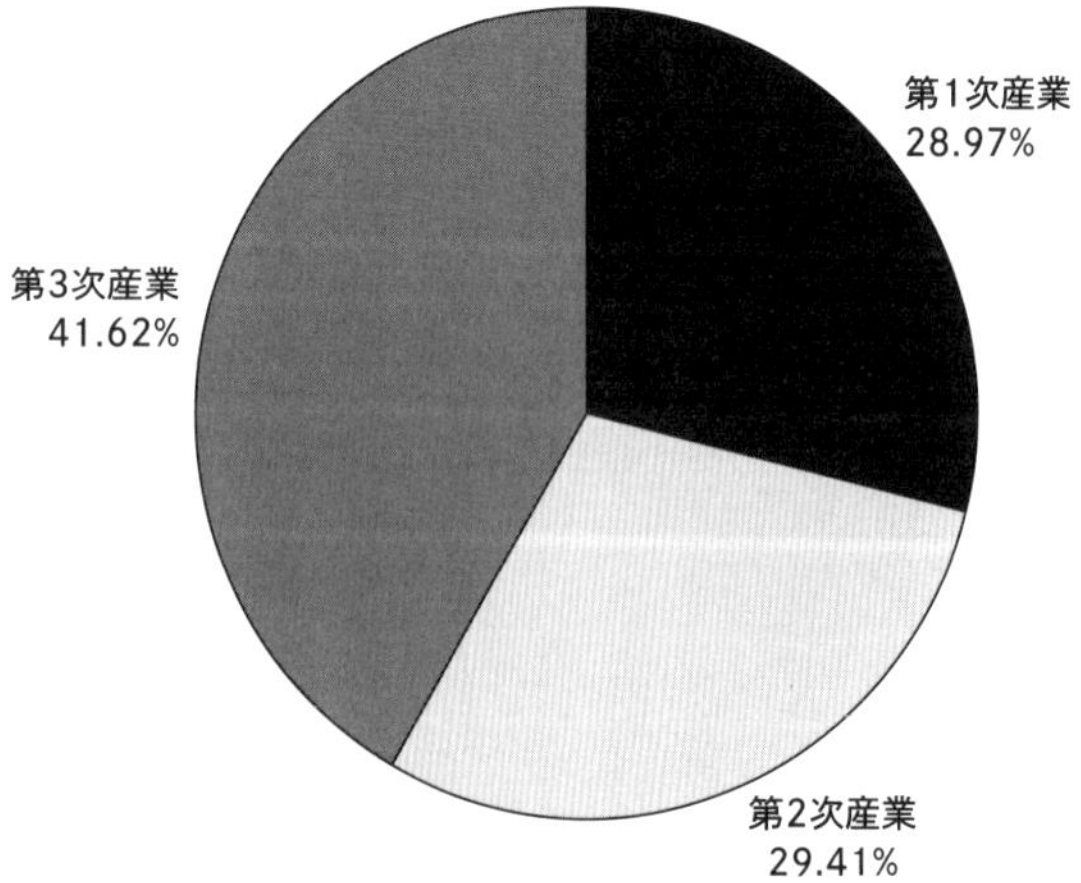

（総務省「労働力調査」及び独立行政法人労働政策研究・研修機構より作成）

図13の円グラフを見てください。当時の各産業別の就業者数を集計して円グラフを作成しました。

それにしても、本当に知りたいのは「時間が経過するにつれて内訳はどのように変化していくのか」という点なのに、円グラフが横断面データにのみ対応しているせいで、年ごとのデータを1年ずつ切り出して表現しなければなりません。なんと面倒なのでしょうか！

そうなると円グラフの守備範囲って意外と狭くね？　というツッコミがどこからともなく聞こえてきそうです。実際にこうした理由で、科学技術系の世界で円グラフはあまり使われません。言い換えれば、正確性が厳密に問われる領域において、円グラフを使って気付きを得るのは非効率だと烙印を押されているのです。しかし、そうなると「割合を表現する方法がないじゃないか！」とあなたは疑問に思われるはずです。実は2つのデメリットを解消するグラフの表現方法があります。それは、第8章で紹介します。

誰がグラフ表現的に誤った「円グラフ」を考え出したのか？

円グラフの発明は失敗だと評価する人もいるぐらいで、私もそう考えている1人です。こんな実用に耐えないグラフを、いったい誰が考え出したのでしょうか。

実はこれもまた、ウィリアム・プレイフェアです。後世に残るグラフをウィリアム・プレイフェアが考え出した功績は本当に素晴らしいのですが、すべてが成功とは言えませんでした。

割合の視覚化に挑んだウィリアム・プレイフェア

円グラフのデビューは、棒グラフや折れ線グラフと同時ではありません。1801年に出版した「The Statistical Breviary」（統計簡要）という本に初登場しています。ウィリアム・プレイフェアは「The Statistical Breviary」の冒頭で次のように述べています。

that making an appeal to the eye when proportion and magnitude are concerned, is the best and readiest method of conveying a distinct idea.
割合や大きさを視覚に訴えるのはアイディアを明確に伝える最良の方法です。

ウィリアム・プレイフェアはこの本でヨーロッパの地理や人口、貿易統計のデータを用いてさまざまなグラフ表現に挑んでいます。**円グラフは彼の挑戦の結果、誕生したグラフ**です。

図14のグラフを見てください。オスマン帝国時代における領土面積比を表現しています。**まさに「割合」を視覚で訴えている**のです。アジアが下半分、ヨーロッパが右上半分、アフ

図14 ▶ オスマン帝国時代における領土面積比（国土がどの大陸にまで広がっているかが円グラフで示されている）

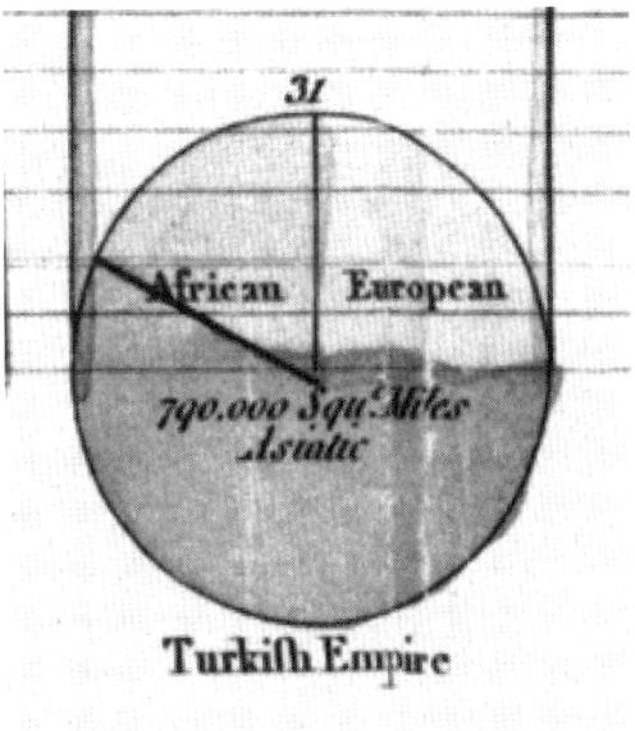

リカが左半分で構成されていて、見せ方は現在の円グラフとまったく変わりありません。この円グラフを見れば「内訳」がわかります。

ウィリアム・プレイフェアはこの本で、円を使ったデータ表現を試行錯誤していたようです。「The Statistical Breviary」ではこの図14の他にも、ベン図（複数のものの集まりの関係や範囲を視覚的に図式化した図。円で表現されることが多い）や円の大きさで総量を表したグラフ（円で表現された面積図の一種）が登場します。

図15は、ヨーロッパ主要国の面積（円）と人口（左棒）と税収（右棒）を面積の大きい順に表現しています。さらに人口と税収を線で紐付けて、どちらが高いかを一目でわかるようにしています。

図15 ▶ ヨーロッパ主要国の人口と税収を示す統計図

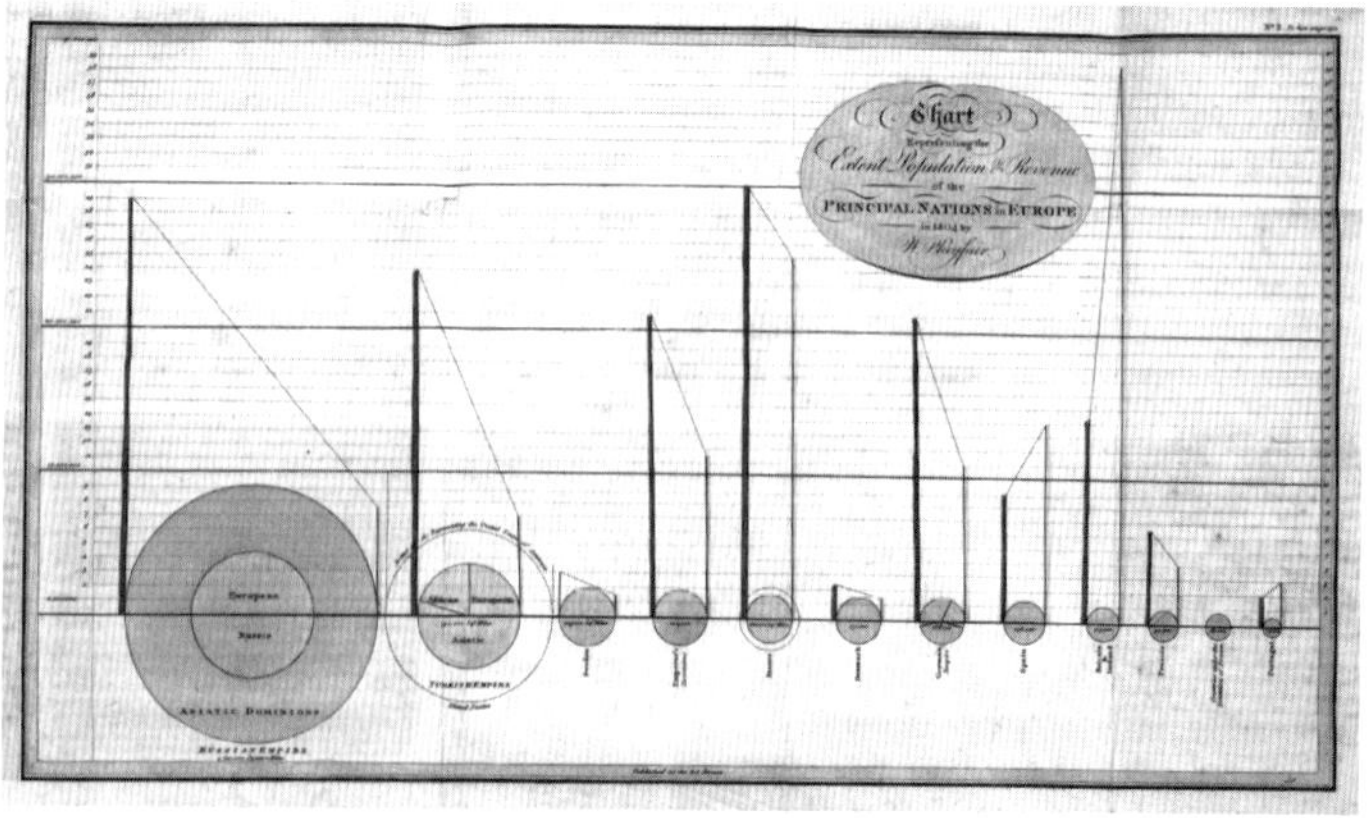

円の大きさが面積の大きさを表しています。ウィリアム・プレイフェアは「割合や大きさを視覚に訴える」方法の発見を目的に、いろいろ試行錯誤していたのですが、**まさか円を使った表現自体がグラフに適さないとは思わなかったでしょう。**

ウィリアム・プレイフェアは、なぜ円を使うのを思いついたのか、なぜ円にそこまでこだわったのかは文献を遡っても定かではないのですが、**四角（棒グラフ）や線（折れ線グラフ）だけでは表現方法の種類に欠けると考えた**のではないか、と言われています。

最初は円グラフの大きさで総量を表していた

前節の「総量がわからないので違う円グラフの内訳と比較できない」の項で、円の大きさが総量を表していないので円グラフの内訳同士は比較できないと説明しました。実は、**円グラフを発明した当初、ウィリアム・プレイフェアは内訳の表現より円の大きさでの総量の表現にこだわっていたようです。**円グラフを使って内訳を表現する方法は、どちらかと言えばメインで描かれていないのです。

次ページ図16のグラフを見てください。左上のイギリスの首都であるロンドンから右下のスコットランドの首都であるエディンバラまで、その都市に住む人口を円のサイズで表現したグラフがあります。

「第2章 棒グラフ」を読み終えたあなたであれば「これだったら棒グラフで表現できるじゃん」と思われたでしょう。私もそう感じます。ウィリアム・プレイフェアが試行錯誤した1つの痕跡として記憶に留めておく程度で良いでしょう。

「The Statistical Breviary」の中でさまざまな円グラフの使い方を紹介したおかげで、この本の出版以降、円グラフが世界中に広がっていきます。ただし、円の大きさで総量を表現する方法はさすがに不便だったのか、ほとんど広がりませんでした。**代わりに、円の大きさは変えずにデータを表現する方法が広がります。**それがやがて、円の中に線を入れて内

図16 ▶ **各首都の人口を円の大きさで表現したグラフ（左上のロンドンが一番大きく表現されている）**

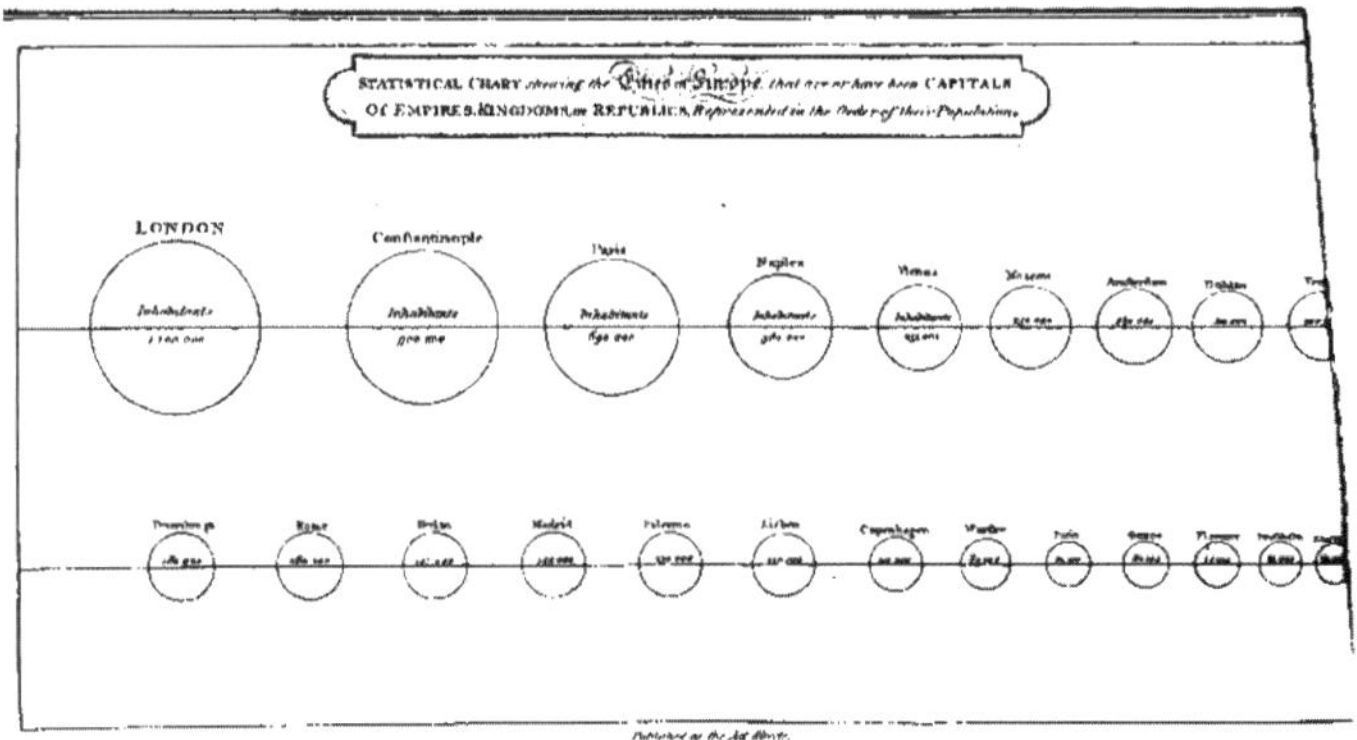

訳を表現する現在の円グラフにつながります。

ちなみに、今までの棒グラフや折れ線グラフと違い、円グラフは国によって名前が違います。フランスではカマンベール・グラフと呼び、ドイツやイタリアではケーキ・グラフと呼び、中国では餅図と呼びます。「食べ物ばっかりやん！」というツッコミがありそうです。日本ではなぜ食べ物の名前がつかなかったのでしょうか。不思議ですね。

グラフ表現的に誤った「円グラフ」はどのようにして世界中に広まったのか？

ウィリアム・プレイフェアが紹介した円グラフ自体が進化して、円の形をしたさまざまなグラフが派生的に生まれていきます。

代表的な例としては、アンドレ・ミシェル・ゲリーというフランス人が作成した次ページ図17のグラフが有名です。彼は、季節ごとに記録した風向きの変化を表すデータや、1日あたりの出生数と死亡数を1時間ごとに記録したデータを鶏頭図（今で言うレーダーチャートの前身のような円グラフを発展させた図）で表現したグラフを1829年に発表しています。ゲリーの作った図は、円の大きさは固定で、円の周囲に高さを表す半弧の棒をくっつけて、その高さでデータを表現しています。

図17 ▶ 出生数や死亡数、風向の変化など社会生活のデータを表現した鶏頭図

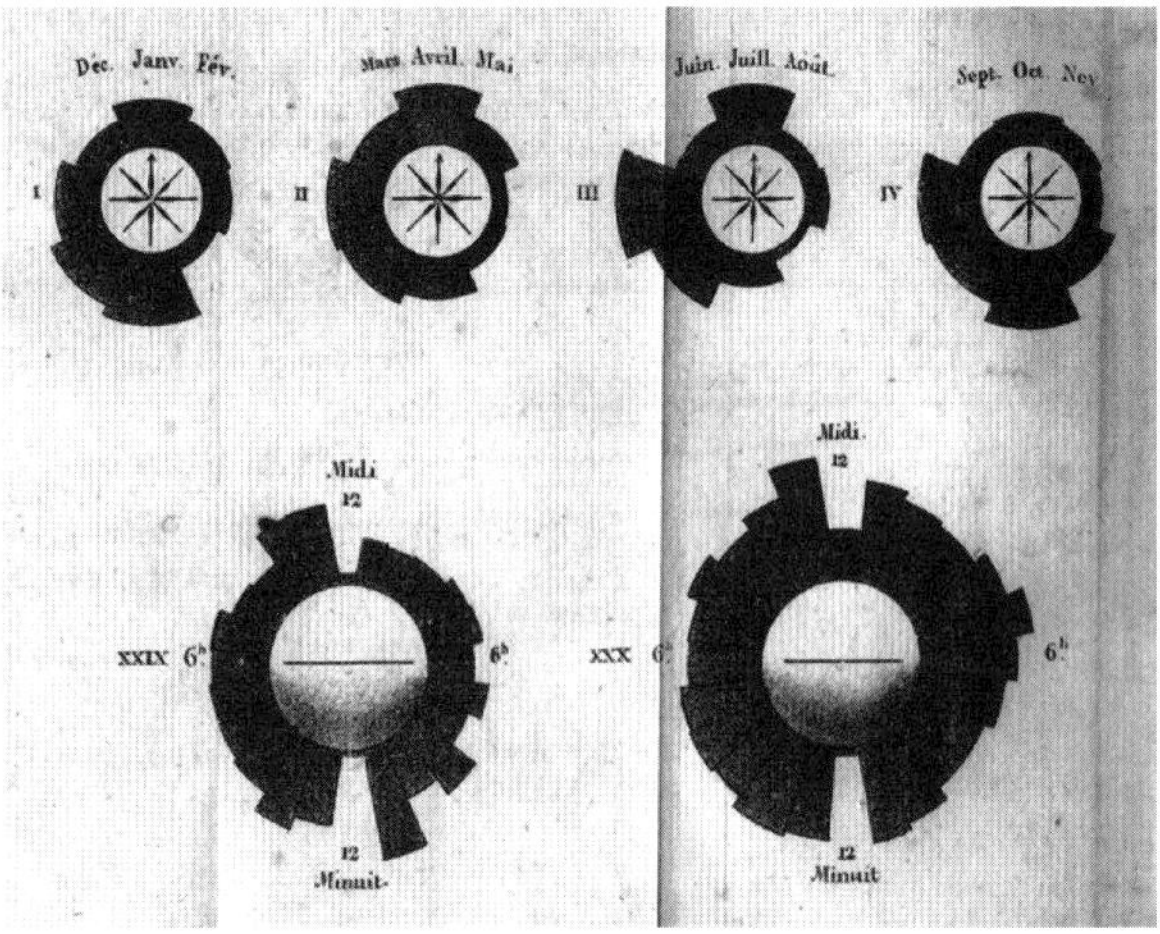

図18 ▶ 各方位の風向きや風速の頻度を表した風配図

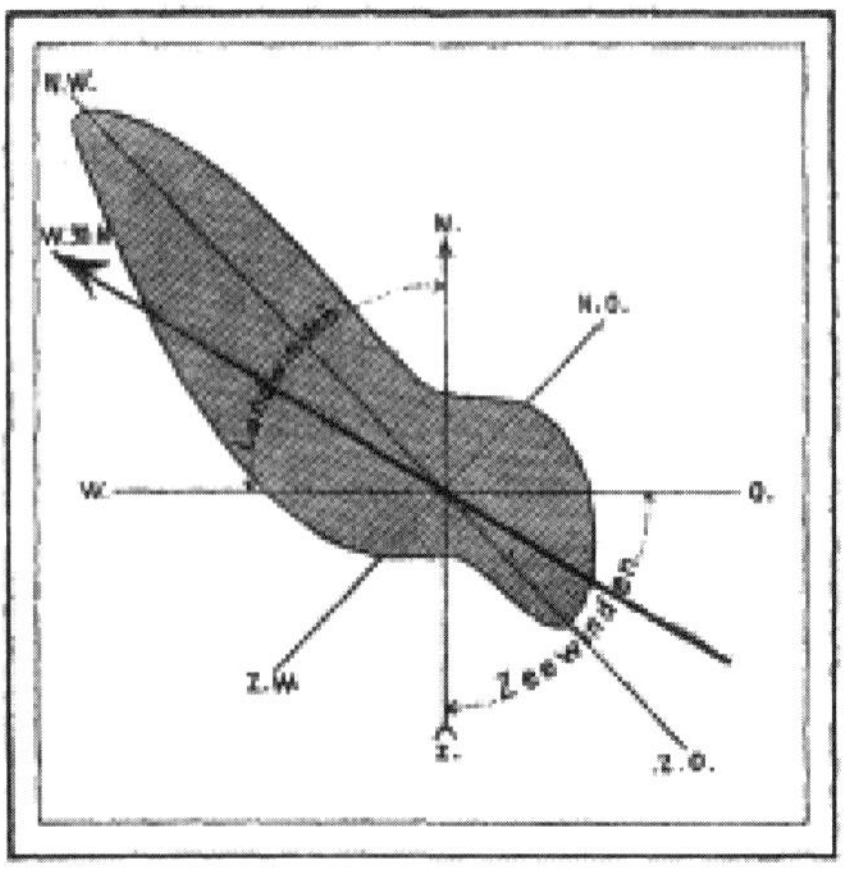

他にレオン・ラレーヌというフランス人は、ゲリーの天気・天候を表す鶏頭図を参考に風配図（ある地点のある期間における各方位の風向および風速の頻度を表した図）を1843年に発表しています（図18）。

風配図という言葉は、建築関係者以外はあまり聞き馴染みがないでしょう。建物を建築する際に利用されており、例えば風力発電用の風車を建てる場合に年間を通じた風向きと風力を知るために用いられます。その他に空港の滑走路、臭気が漏れる可能性がある屠殺場を建設する場合など、さまざまな建設現場に用いられ役立っています。

白衣の天使・ナイチンゲールが作った円グラフ

フランスを中心にヨーロッパ大陸に円の形をしたグラフが広まっていくと、やがてイギリスに逆輸入されます。フローレンス・ナイチンゲールが作成したクリミア戦争の負傷兵たちの死亡原因を表すグラフが有名です。

ナイチンゲールといえば、ほとんどの日本人は「白衣の天使」と思い浮かべるでしょうが、実は出身国でのイギリスでは統計学者の顔の方が有名です。イギリス統計学会の会員でもありました。

図19のグラフを見てください。ナイチンゲールが従軍したクリミア戦争において、負傷兵たちの死亡原因の大半が病院内の感染症だった事実を訴えるために作成されました。右側は病院内に衛生委員会ができる前の月ごとの死因内訳、左側のグラフはできて以降の月ごとの死因内訳を表しています。外側から死因を「不衛生」、「その他」、「戦闘による負傷」で分けています。

もともとナイチンゲール自身が劣悪な衛生環境での看護に強い不満を訴えていました。その声を聞いたヴィクトリア女王が軍部に対する圧力を強めた結果、衛生委員会が誕生したという経緯があります。**つまり、その感謝を表すために「衛生環境を良くすれば、こんなに死亡数が減りましたよ！」とアピールし**

図19 ▶ クリミア戦争の負傷兵たちの死亡原因

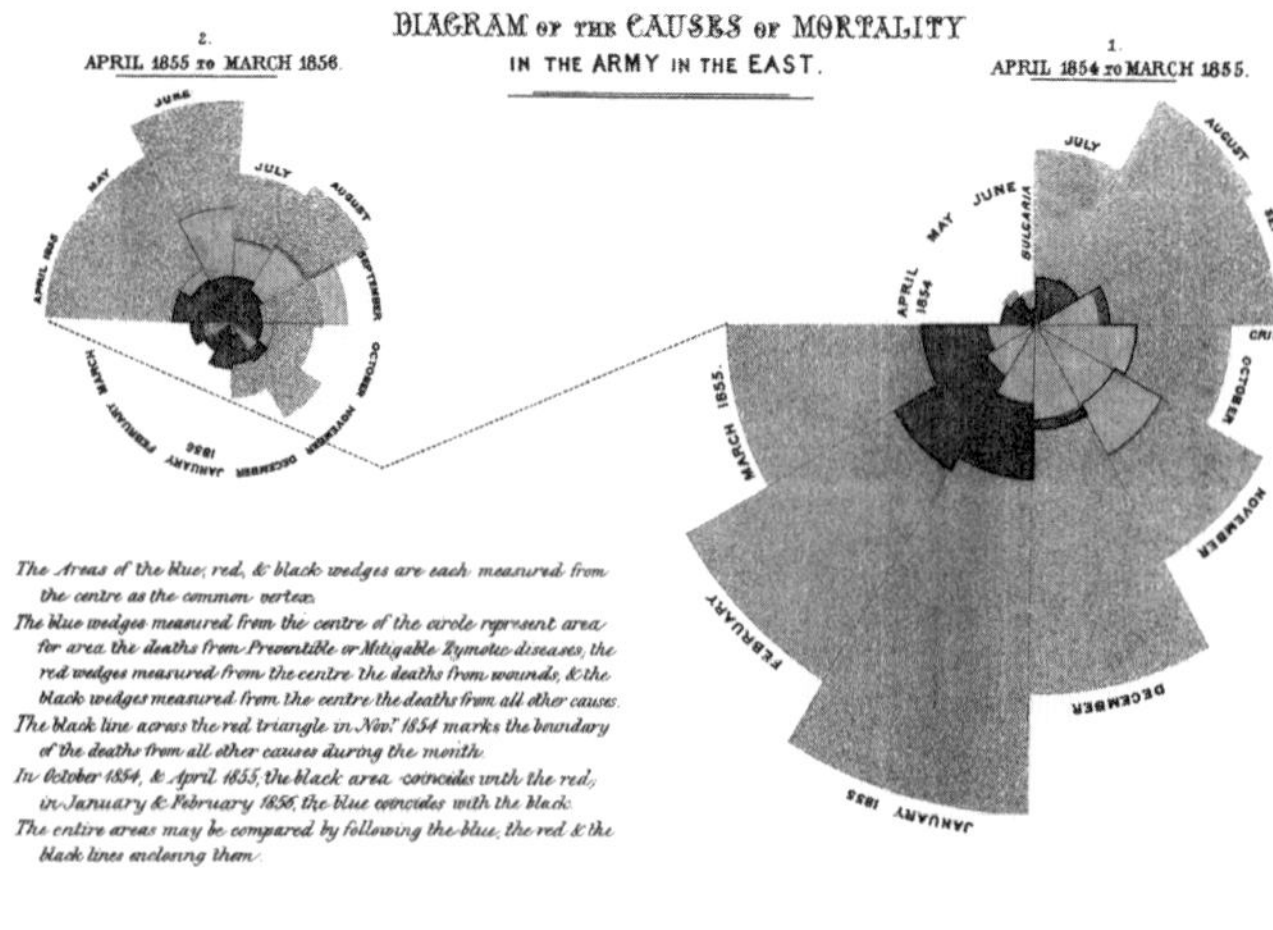

ているのです。

そのアピールは「イギリス陸軍の保健と能率と病院管理に関する覚書」というレポートとして完成しました。さらには簡易版として「イギリス陸軍の死亡率」というタイトルで書籍化され、大きな反響を呼びました。図19は、そのレポートの中にあるグラフの1つです。

厳密に言えば円グラフではありません。この図は角度で見るのではなく、半径の長さで見るからです。円は12個で区分されていて、1つが1ヶ月あたりの死亡人数を表しています。つまり棒グラフで表現できるのに、あえて円グラフを使っているのです。**視界に入るのは孤に描かれた円の面積ですから、外側になるほど量が大きいような錯覚を覚えます。**このグラフをみたイギリスの政治家たちは「衛生環境の大切さに気付いた」と述懐していますが、実際そうなるようにグラフが作られているのです。

ナイチンゲールは意図せずこのグラフを作成したのではないか？　と言われていますが、おそらく戦略的に作成したと私は思います。死因の表現を「戦闘による負傷」が最も小さくなる位置に置いたり、このグラフ自体も衛生環境改善を応援してくれた人々に対する「感謝」が裏テーマとしてあったりして、偶然にしては出来過ぎです。だからといってナイチンゲールの成果に傷が付くというわけでもありません。彼女はグラフを使って世の中を動かしたという事実に変わりはないからです。

円グラフはこうして生まれた

- 棒グラフや折れ線グラフと同じくウィリアム・プレイフェアによって生み出された
- 割合や大きさを四角や線以外で表現する方法を探す中で誕生した
- ナイチンゲールが作った円グラフは最も有名なグラフの1つ

第 5 章

レーダーチャート

知っている人は知っているけど、あまり馴染みのないのがレーダーチャートです。レーダーチャートは使い方を覚えるととても便利です！　その理由を解説していきます。

複数のグラフの良い所取りしたレーダーチャート

続いてレーダーチャートについて解説します。チャート（chart）とはデータを視覚的に表示する表現方法の一般総称を指します。例えば、海外では棒グラフを「bar graph」とも「bar chart」とも言います。

なぜこのレーダーチャートだけは「グラフ」と呼ばれていないのかはわかっていません。そもそも海外では「レーダーチャート」という呼称は浸透しておらず、スパイダーチャートあるいはスターチャート、中国では雷達図という呼称の方が浸透しています。円グラフと同じで、各国のルールに準拠するようです。

あまり見覚えのないグラフかもしれませんが、レーダーチャートの使い方・作り方を覚えると、データの表現に幅が出てきます。何個も棒グラフを作らずに済む可能性もあると私は思います。ここで少し難易度の高いグラフを、しっかりとマスターしていきましょう。

レーダーチャートを使えば「特定のデータ項目に偏っていないか？」がわかる

まずは、図1のレーダーチャートを見てください。日本国内にある7つの主要な国際空港（新千歳、成田、羽田、中部、関西、福岡、那覇）を対象に、2015年に日本へ訪問した外国人のうち韓国人と中国人の数を集計し、レーダーチャートで表現しています。

レーダーチャートは、1つのデータ項目につき1つの線が用意されます。次のグラフでは韓国人の入国者数、中国人の入国者数それぞれに1つの線が用意されます。

あなたは六角形の中に描かれている2つの線をそれぞれ「比較」し、**主要な国際空港にまんべんなく降り立っているわけではないよ**

図1 ▶ 2015年主要国際空港別入国外国人数

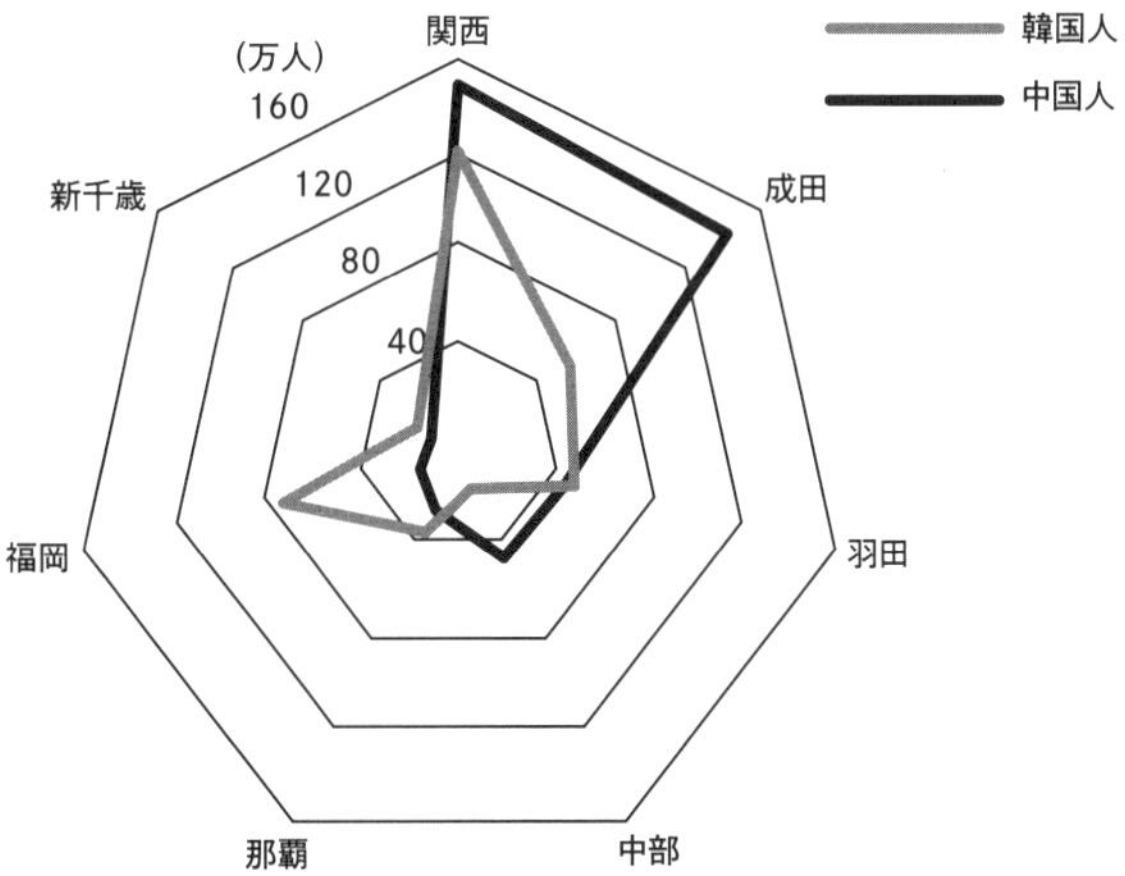

（法務省「出入国管理統計」より作成）

うだと気付いたのではないでしょうか。6つの空港を比べると、関西国際空港が韓国人・中国人いずれも最も入国者数が多い空港のようです。大阪人である私からすれば非常に意外な結果でした。2位はそれぞれ別で、韓国人は福岡空港、中国人は成田空港に降り立っている点にも気付いたのではないでしょうか。この違いは、主要空港から国際便がどれだけ出ているかだけでなく、都市間の距離も影響しているかもしれません。福岡空港が2位を占めるのは韓国からの圧倒的な「近さ」が要因ではないでしょうか。

では、なぜこのグラフを見ただけで、直感的にそこまで理解できたのでしょうか？　レーダーチャートの見方を、順番に解説していきます。

図2 ▶ **データとデータ項目からグラフの作成**

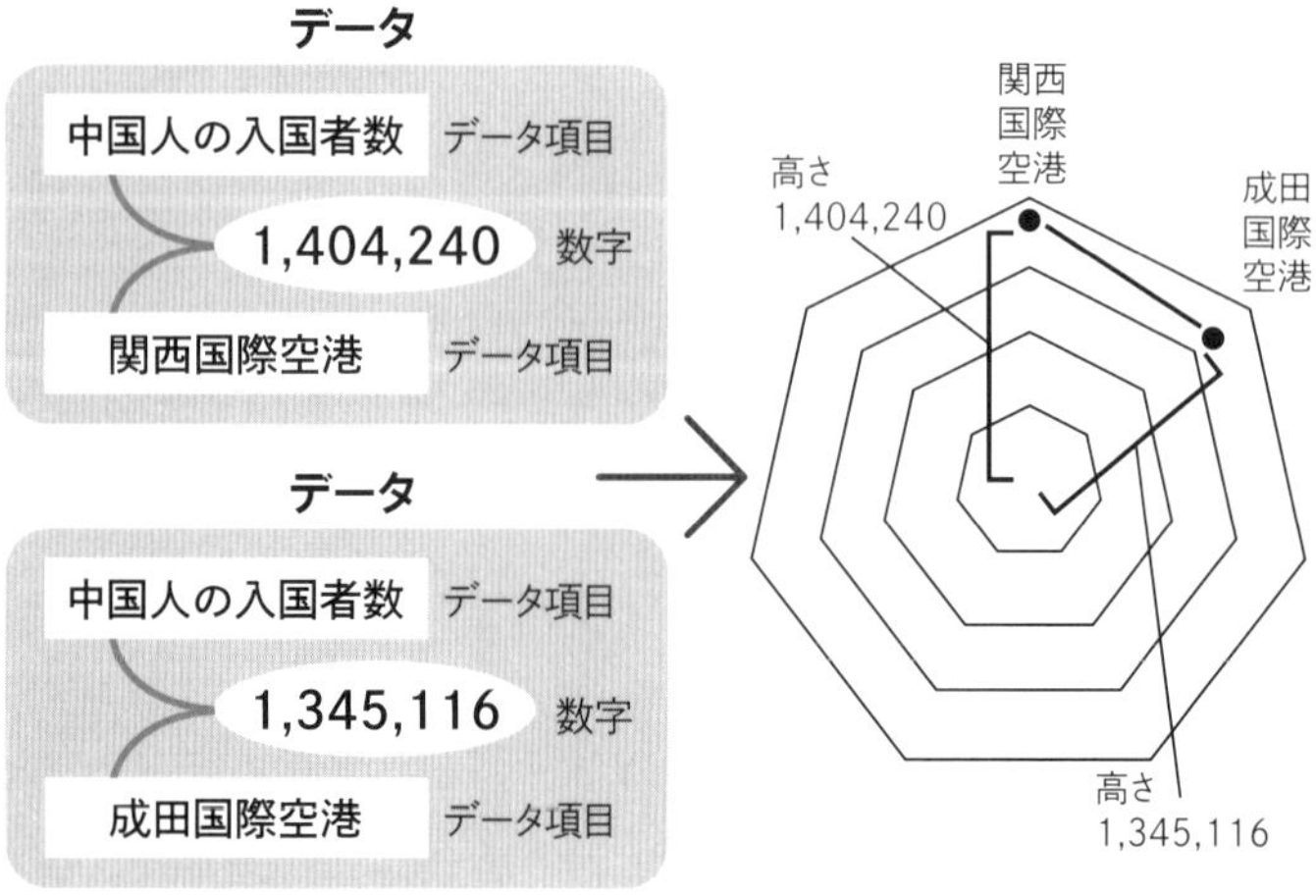

図2を見てください。各データは、各国際空港における入国者数と出国元の外国名というデータ項目を持っています。例えば、約140万というデータは関西国際空港における中国からの入国者数というデータ項目を持っています。次に、その数量を円の中心から円弧に描かれている空港名（項目）に向けて距離を測って、点を打ち込みます。そして、点と点を線で結びます。最後に、これが一番大事です。**レーダーチャートは必ず複数の点を打ち込みます。**目安としては5つ以上が望ましいと言われています。点が2つか3つだけ描かれて線で結ばれるレーダーチャートはあるかもしれませんが、あまり目にする機会はないでしょう。

そもそも**レーダーチャートとは棒グラフと折れ線グラフと円グラフをミックスさせたようなグラフ**です。基本は折れ線グラフのように1つのデータ項目につき1本の線が用意されます。しかし、左から右に横へ折れ線が表示されるわけではなく、円の中を線が一周するように描かれています。

これが棒グラフであれば、どのように描かれたでしょうか？　次の棒グラフを見てください。図1とまったく同じデータを使用しています。

入国者数が空港別に棒の高さで描かれています。このグラフなら「関西の人気ぶり」は伝わります。しかし、**主要な国際空港にそれぞれ同じくらいの外国人が降り立っているわけではない**点にグラフを見てすぐ気付けるでしょうか。各空港が独立して棒として描かれているので、まず特定の空港同士の比較に目が向いてしまうでしょう。全体を俯瞰して見てバランスが取れていないと訴えるためには、棒グラフだけでは説明が必要です。

レーダーチャートは棒グラフを横並びに描くのではなく、棒の起点を円の中心に置き、棒の頂点を線で結びます。あるいは、図3が最初から図4のような折れ線グラフと考えても良いかもしれません。

図4の折れ線グラフは図1とまったく同じデータを使用しています。

始点である一番左端のデータ項目である関西国際空港を時計で言う12時、円のちょうど真上に位置付けて、終点である一番右端のデ

図3 ▶ 2015年主要国際空港別入国外国人数

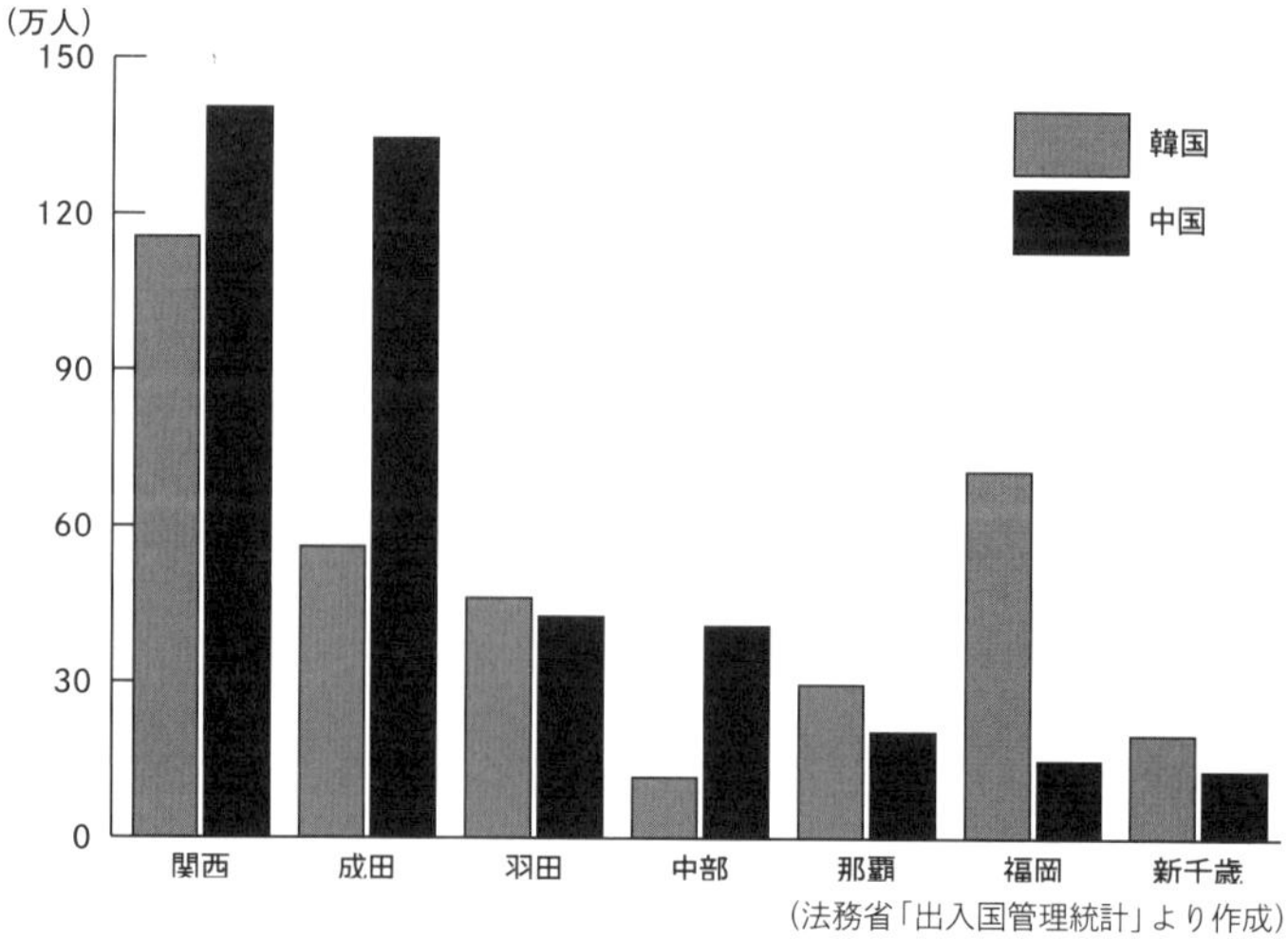

(法務省「出入国管理統計」より作成)

ータ項目である新千歳国際空港まで続く折れ線をグイッと飴細工のように捻じ曲げて、始点と終点を結び付けて360度の円にしたグラフがレーダーチャートです。

円の中心から数えて、数が大きければ円の外側に、数が小さければ円の内側に折れ線が向かいます。それを見て**「レーダーチャートは円の中にまんべんなく面を描けているだろうか？」と考えます。**線で結ばれてできた面の滑らかさを頭の中で思い描きながら、図1のように特定の項目に偏っていないかを確認します。つまり**レーダーチャートが一番得意な表現方法は、複数あるデータ項目の「比較」**です。**全体と部分を同時に比較している**のです。レーダーチャートを使えば、データ項目同士を「比較」したり、全体のデータ項目と

図4 ▶ 2015年主要国際空港別入国外国人数

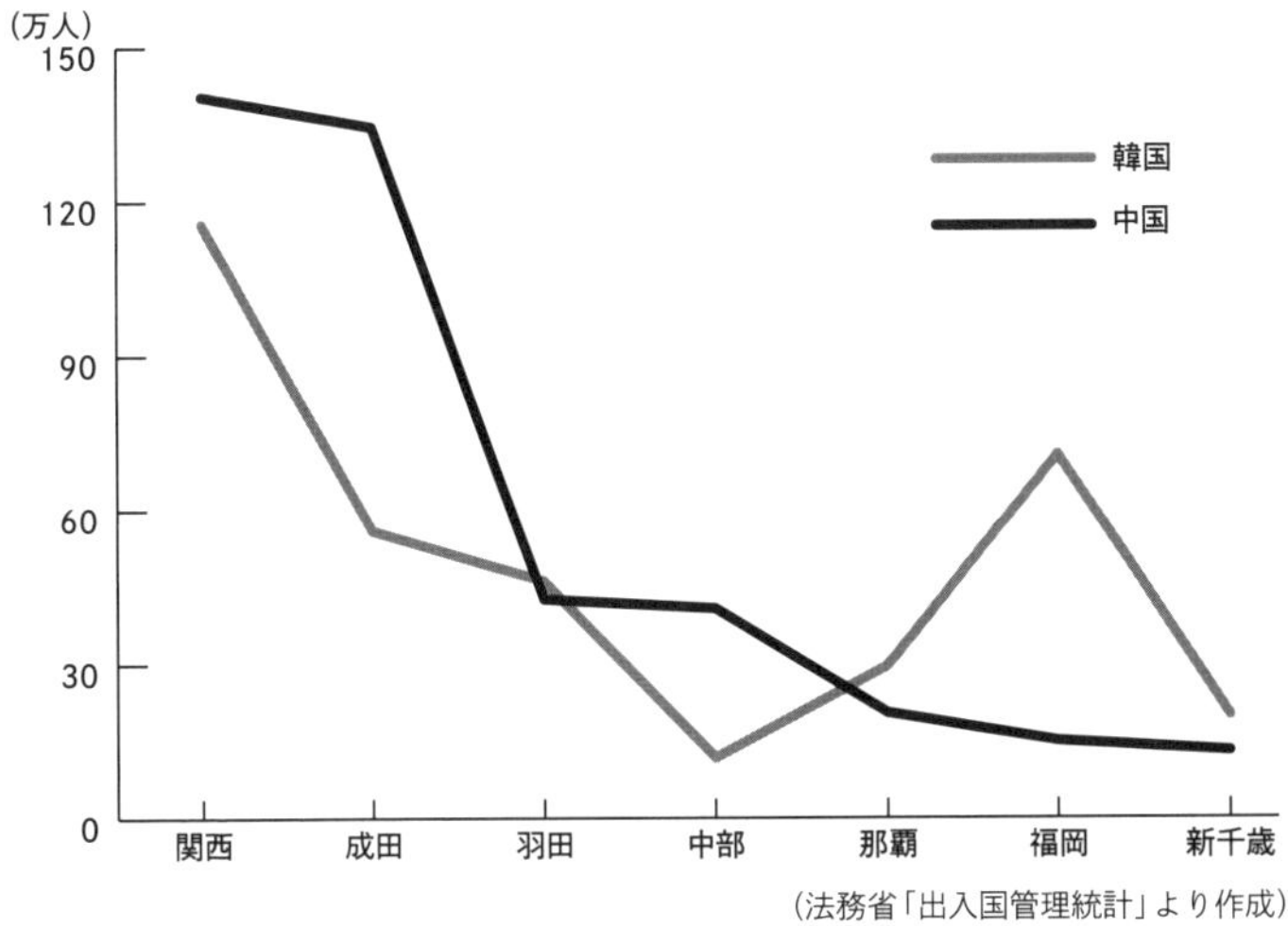

(法務省「出入国管理統計」より作成)

特定のデータ項目を「比較」したり、データ項目に現れる特徴を最もわかりやすく表現できるのです。

線で結ばれた面の「大きさ」、「滑らかさ」を比べて、データの大小を感覚的につかめるのがレーダーチャートの特徴です。だから、図1を見て主要な国際空港にまんべんなく降り立っているわけではないと直感的に理解できたのです。

レーダーチャートで表現する全国都道府県「力」

レーダーチャートは、特定のデータ項目にのみ現れた傾向を比較したいのか、データ項目同士を比較したいのか、このどちらを強調したいかを決めれば、何が言いたいのかより伝わります。

図5のレーダーチャートを見てください。私の独断と偏見で、47都道府県の経済・医療・住環境・治安・文化を測る8つの指標を選択し、都道府県の持っている「力」を集計して、レーダーチャートを作成しました。

1人あたり県民所得(2013年)、1人あたり国内銀行預金残高(2015年)は「経済」力。人口10万人あたり医者数(2014年)、人口10万人あたり病院数(2014年)を「医療」力。1住宅あたり敷地面積(2013年)、人口10万人あたりコンビニ数(2013年)を「住環境」

力。検挙率（刑法犯検挙件数÷総刑法犯認知件数と同義。2015年）を「治安」力。人口100万人あたり図書館数（2011年）を「文化」力とそれぞれ定義しています。全国平均を「100」として、各都道府県のデータがどれくらいか集計しました。

私の住む大阪はどうなっているでしょうか。線が1つの場合、線ではなく面で表現しても良いでしょう。次ページ図6のレーダーチャートを見てください。この見せ方が、より**「円全体で見た面の滑らかさ」**を表現できていると言えます。

大阪府の経済力や医療力は全国平均以上です。しかし、住環境力や治安力、文化力は全国平均以下という結果でした。

全国平均を表す100を基準で全体を見る

図5 ▶ 大阪府の都道府県力（全国平均が100）

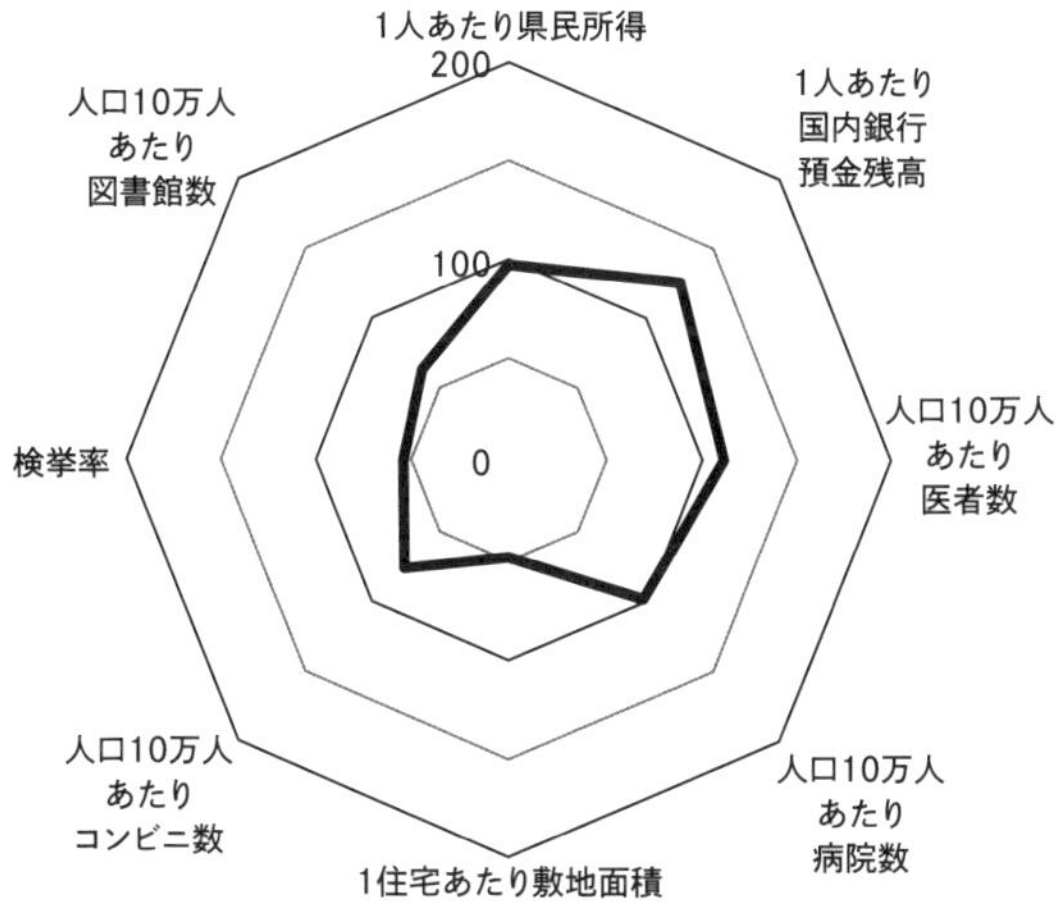

（総務省統計局「社会生活統計指標」を中心に作成）

と、八角形の左側が大きくくぼんでいるとわかります。**100という基準になる「線」とレーダーチャートの「面」の両方を見比べれば、特定のデータ項目でのみ起きている特徴を明らかに**してくれます。

　八角形の左側が大きくくぼんでいる要因の1つでもある治安力（検挙率）は全国最低の成績です。大阪は2015年の窃盗犯の認知件数だけでも約11万件と2位の埼玉県の約5.6万件を2倍以上引き離す圧倒的破壊力を持ち合わせています。しかし検挙件数は約1.2万件と他都道府県と変わりないため、これが検挙率を下げる要因となっています。

　ところで、このデータ項目を棒グラフで表現すると、どのように見えるでしょうか？　図7の棒グラフを見てください。図5とまった

図6 ▶ **大阪府の都道府県力（全国平均が100）**

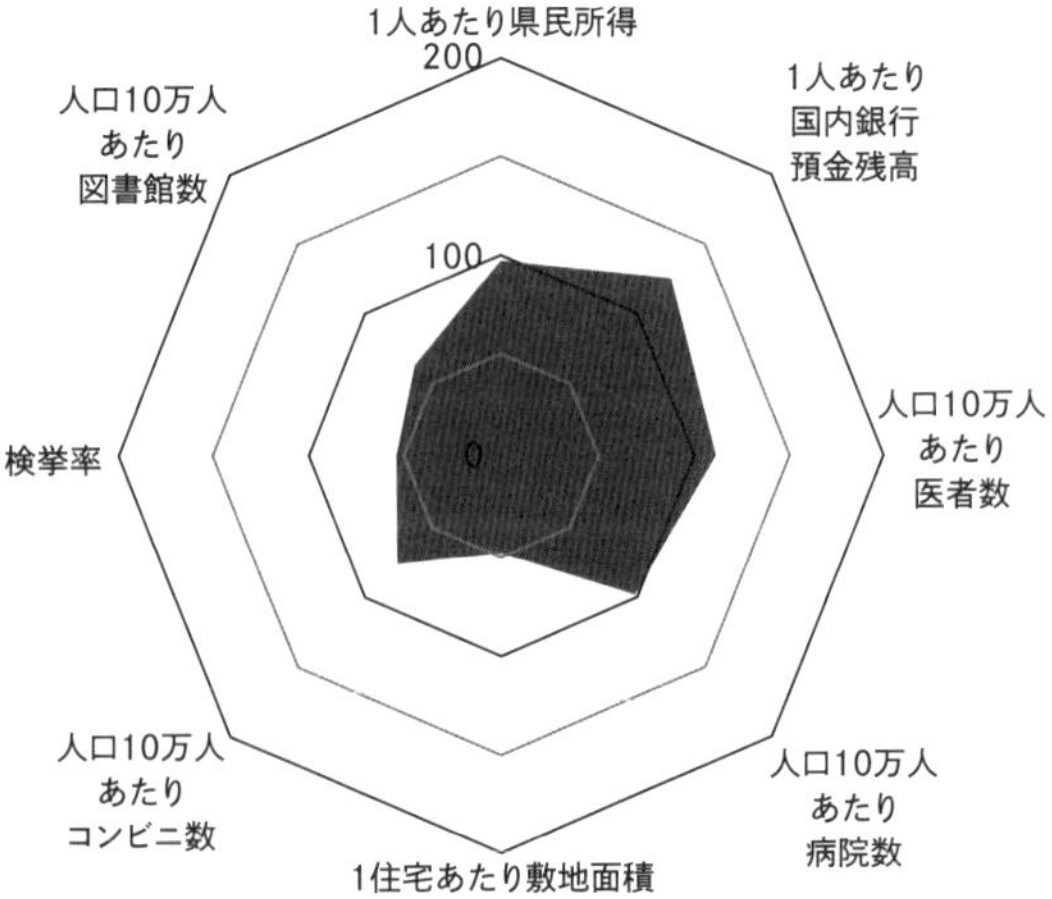

（総務省統計局「社会生活統計指標」を中心に作成）

く同じデータを使用しています。

棒グラフで表現すると、どうしてもデータ項目の比較に目が向きがちです。それ自体は間違っていません。しかし、ここで一番に表現したいのは8つの指標を並べて表現される「都道府県の総合力」であって、各個別のデータ項目の比較ではありません。**レーダーチャートで表現するとすべてのデータ項目を合わせて何らかの1つの意味を成すのに対して、棒グラフで表現すると各データ項目がそれぞれ意味を成す**のです。

つまり**棒グラフとレーダーチャートは同じ「比較」を得意としていますが、データ項目同士の比較を行う棒グラフと、データ項目全体と特定のデータ項目の比較を行うレーダーチャート、それぞれ役割がまったく違う**のです。

図7 ▶ 大阪府の都道府県力（全国平均が100）

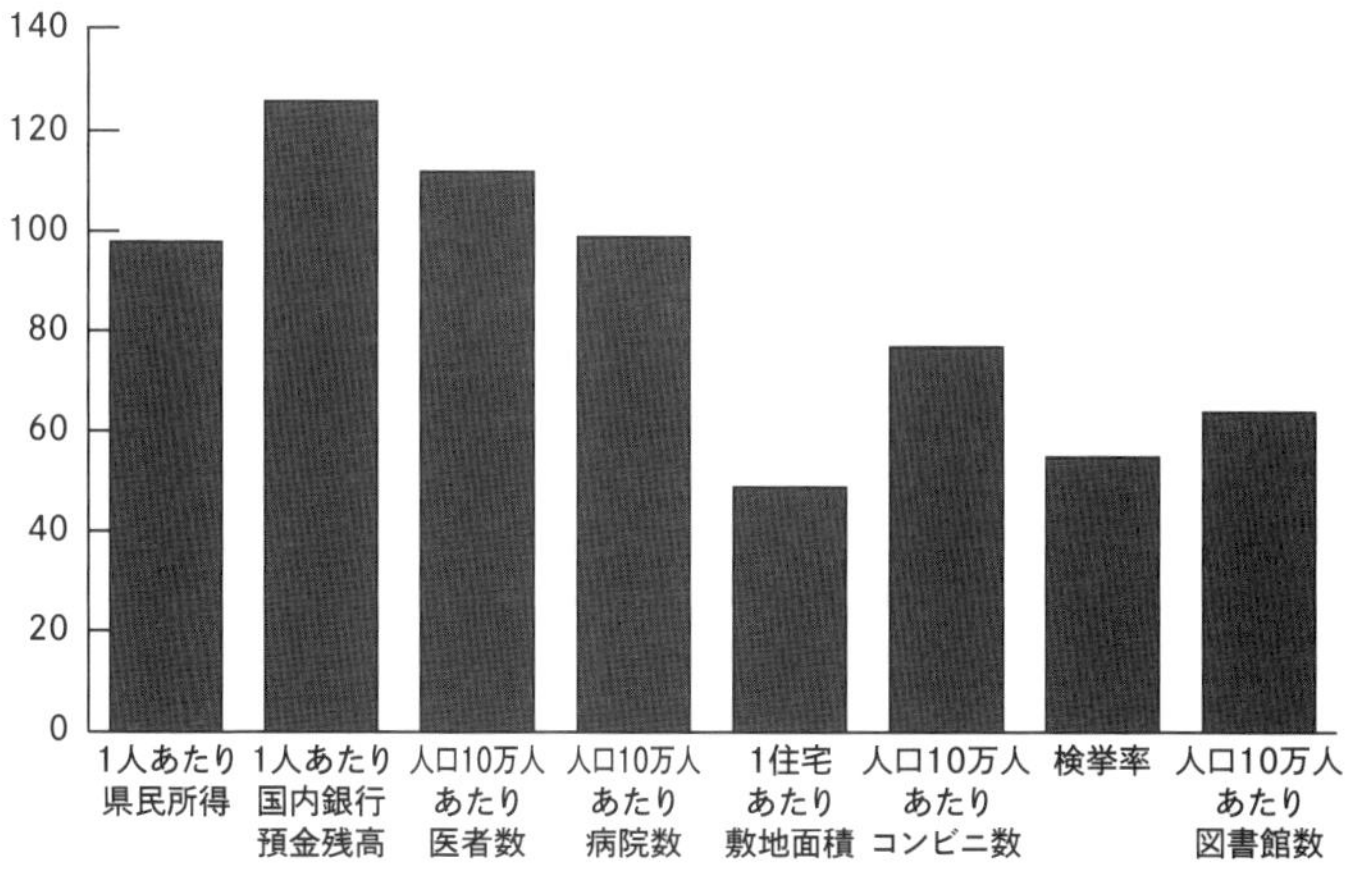

（総務省統計局「社会生活統計指標」を中心に作成）

全国都道府県「力」1位は東京都、2位は意外にも…？

ちなみに、各点の合計が最も高かった都道府県はどこでしょうか。それは東京都です。図8のレーダーチャートを見てください。

経済力を表す「1人当たり国内銀行預金残高」が大きく振り切れ、なんと303をたたき出しました。全国平均の3倍ですから、総合でも1位を獲得するわけです。あくまで私の独断で作成した都道府県「力」ですが、ここまで差が出るとは思ってもいませんでした。確かに日本の首都ですし、富裕層の割合も他都道府県に比べれば高いでしょう。その人たちの存在が平均を押し上げていると考えるべきです。病院数、敷地面積、検挙率は平均以

図8 ▶ **東京都の都道府県力（全国平均が100）**

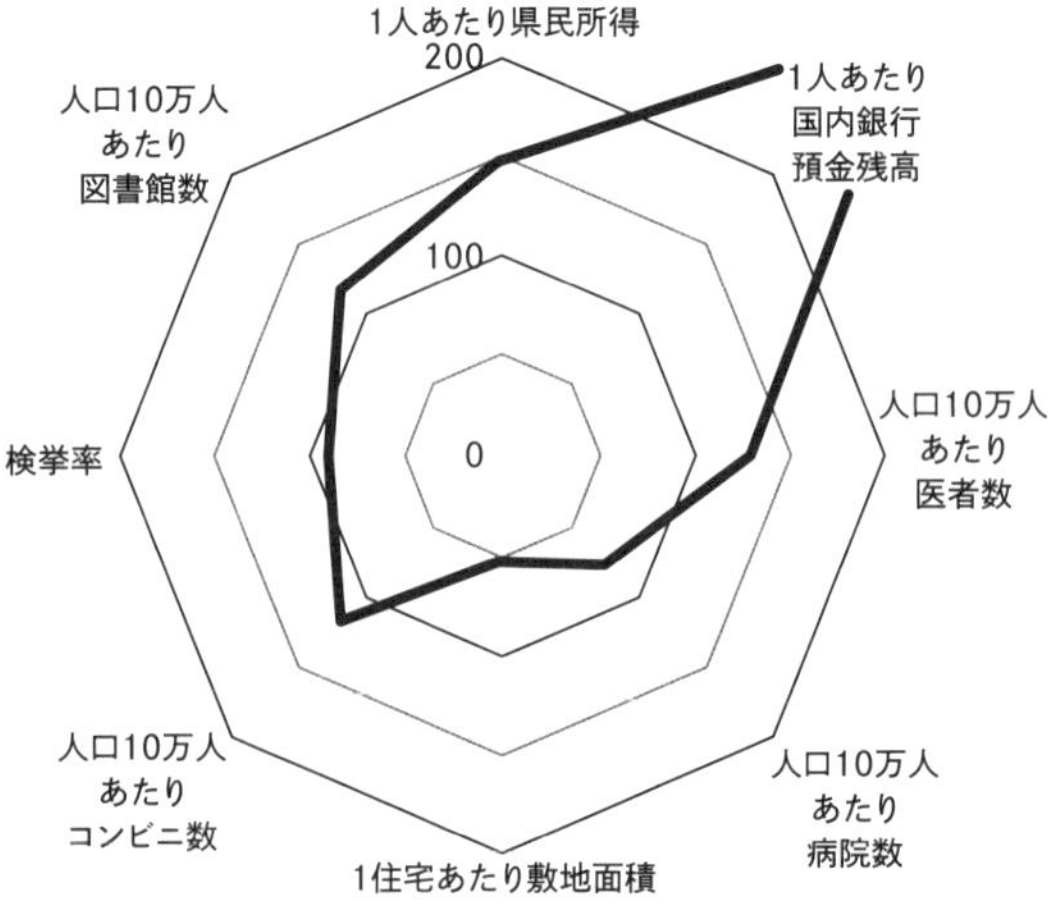

（総務省統計局「社会生活統計指標」を中心に作成）

下ですから、まんべんなく高水準かと言われれば疑問符が付きます。バランス良く高いポイントをはじき出した都道府県などあるのでしょうか？

実はあります。誰もが意外に感じるかもしれませんが「徳島県」です。徳島県は東京都に次いで2位となりました。徳島県の各都道府県力を集計し、図9のレーダーチャートを作成しました。

レーダーチャートを見ると、コンビニの数は全国平均に比べて少ないようです。それを除けば、全体的に平均を上回った円が描けているようです。意外に暮らしやすい県なのかもしれません。

図9 ▶ **徳島県の都道府県力（全国平均が100）**

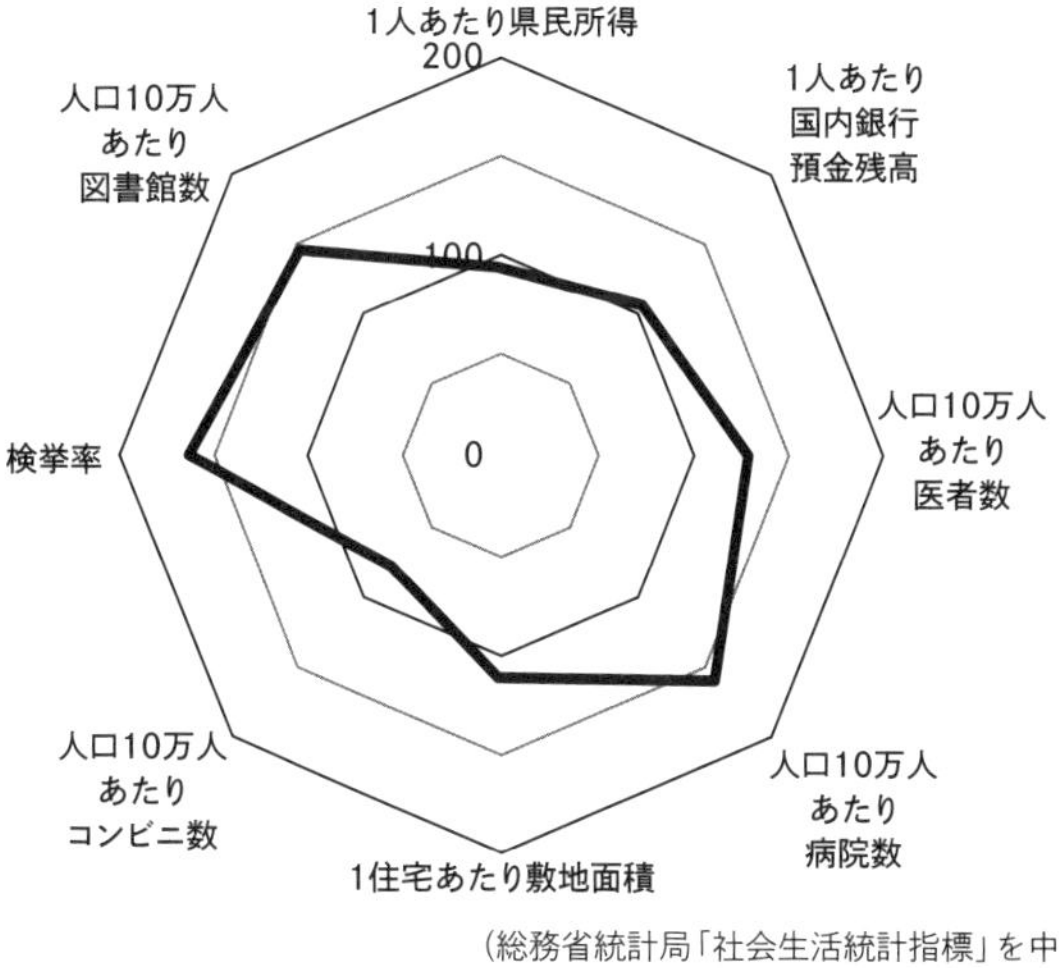

（総務省統計局「社会生活統計指標」を中心に作成）

栃木VS群馬VS茨城！ 複数の線を描いて相対的な評価を行う

レーダーチャートの中に描ける線は1つではありません。図1のように2つでも良いですし、3つ以上でも可能です。**ただし上限は6個程度**でしょう。線が多すぎると、同じようなデータが並んだときに見ずらくなるからです。

図10のレーダーチャートを見てください。先ほどの都道府県力を、日本で最も小競り合いをしている栃木県・群馬県・茨城県の北関東3県をそれぞれ集計して、レーダーチャートを作成しました。

1人あたり県民所得とコンビニの数は、ほぼ同じ結果を示しています。一方でそれ以外

図10 ▶ 北関東3県の都道府県力（全国平均が100）

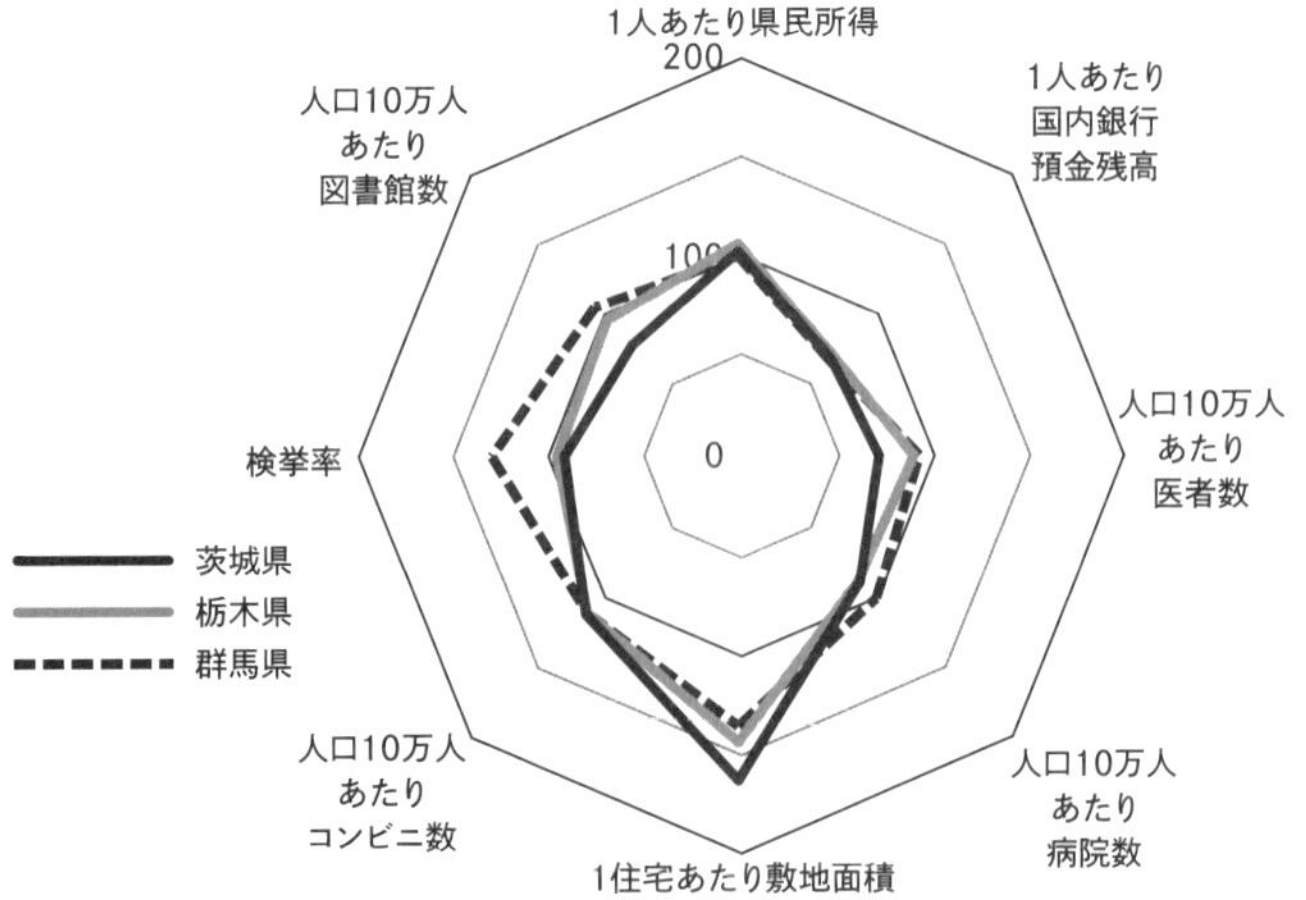

（総務省統計局「社会生活統計指標」を中心に作成）

の項目については違いが現れています。医者数、病院数、検挙率、図書館数で見れば群馬県。同じく医者数で見れば栃木県。敷地面積で見れば茨城県という結果になりました。というわけで、今回私が用意した指標に関して言えば、北関東の王者は群馬県です。と断定すると、栃木県民・茨城県民からお叱りを受けそうですね……。

レーダーチャートの中に複数の線を描けば、さらに2つの見方ができます。1つは各データ項目を線ごとに比較し、**相対的な評価ができます。**もう1つは線で囲われた**面同士を比較し、面の大きさからデータの概形が把握できます。**ただし、図10のように複数の線を描いた場合は、線の内側を塗りつぶせません。もし塗りつぶしてしまったら、茨城県がほとんど隠れてしまいます。

レーダーチャートを作るときに意識しよう！

- レーダーチャートが一番得意な表現方法は複数あるデータ項目の「比較」
- 線で結ばれた面の「大きさ」、「滑らかさ」を比べてデータの大小を感覚的につかめるのがレーダーチャートの特徴
- 特定のデータ項目のみに現れた傾向を比較したいのか、データ項目同士を比較したいのか、グラフを作る前に方針を決めておく

誰が「レーダーチャート」を考え出したのか？

こんな便利なレーダーチャートを誰が考え出したのでしょうか。「レーダー（探知機）」というぐらいですから、軍人が考え出したのでしょうか。

実は、レーダーチャートを発明したのは**ゲオルク・フォン・マイヤーというドイツ人統計家です。**マイヤーはその生涯をドイツの統計事業に捧げ、統計学の見地に立ってこれまで別個に扱われてきた社会科学と統計を統合して「社会統計学」というジャンルを確立した人物です。ドイツ統計学の巨匠とも呼ばれています。決して軍人ではありません。

マイヤーの手によって「社会統計学」が生み出されるまで、社会医学統計や人口統計などの社会科学と統計を関係付けた学問は、あくまで社会科学から見た手法の1つであり、別個に扱われていました。つまり既存の学問の延長線上に「統計」が存在しており、別の学問として扱われていたのです。マイヤーは発想を転換して「各学問の延長線上にある統計は、むしろ1つの学問としてまとめられる」と提言し、実際に行動したのです。

マイヤーの人生について簡単に振り返っておきましょう。

ドイツ統計学の巨匠が確立した社会統計学

１８４１年に生まれたマイヤーはミュンヘン大学卒業後、１８６４年にバイエルン王国統計局に入り、１８６９年にはおよそ28歳の若さで統計局長に就任しています。10年にわたって局長を務めた後、政治家に転身。46歳には大学の世界へ戻り、以降は一貫して教壇に立ち続けて84歳の生涯を終えています。絵に描いたような「ハイキャリア」な一生だったと言えるでしょう。

マイヤーが社会統計学の体系立てに没頭したのは、政治家を退任した後の大学生活においてでした。もともと社会科学における統計学に関心を持っていたようで、１８７７年に「社会生活における合法則性」を出版します（次ページ図11）。この本では、社会を構成する集団を観察し、統計学の見地に立って社会生活における規則の発見に取り組みました。

その後、この本を大幅に改訂した「統計学と社会学」を１８９５年に出版しています。この当時、統計データは「国力を評価する客観的数字」と評価されるようになっており、国勢調査の実施は大きな課題となっていました。そこで注目を集めたのがマイヤーの「統計学と社会学」でした。経典のような扱いだったと言われています。

実際のところ、本自体は膨大なデータの集計と集積にとどまり、社会法則の確立には至っていません。しかし、その普遍的な価値に変わりありません。ちなみに第１巻である「統計学の本質と主要内容」は、今なお世界各国の社会統計学の入門書として知られています。

レーダーチャートは「円の中の折れ線グラフ」だった

レーダーチャートは、この社会統計学の入門書である「社会生活における合法則性」に初登場します。この本には、文中にさまざまなグラフが掲載されています。この時代、すでにウィリアム・プレイフェアの功績は世界中に広まっていて、数字や表をグラフで表現する方法を誰もが知っていました。本の中には棒グラフ、折れ線グラフ、円グラフなどさまざまなグラフが登場します。その1つとしてレーダーチャートがあります。

図12のグラフを見てください。Linien

図11 ▶「社会生活における合法則性」の表紙

Die Gesetzmäßigkeit

Gesellschaftsleben.

Statistische Studien

Dr. Georg Mayr,

München.

1877.

diagramme im Kreise（円の中の折れ線グラフ）と紹介されています。**レーダーチャートは円グラフと折れ線グラフが合わさったグラフとして、いくつかの見せ方の1つの中に登場します。**

レーダーチャートは、狙って生まれたグラフではなく、既存のグラフ表現方法を組み合わせて誕生した何種類からのグラフの1つなのです。

第5章の冒頭に「レーダーチャートとは棒グラフと折れ線グラフと円グラフの良いところ取りをしている」と説明しました。生い立ちからして、そのような特徴を持っていて当然だと言えるでしょう。

データは図の左端に記載され、このデータの表現方法として4種類提案されています。

図12 ▶ **図の見せ方の1つとしてレーダーチャートが提案されている（左下）**

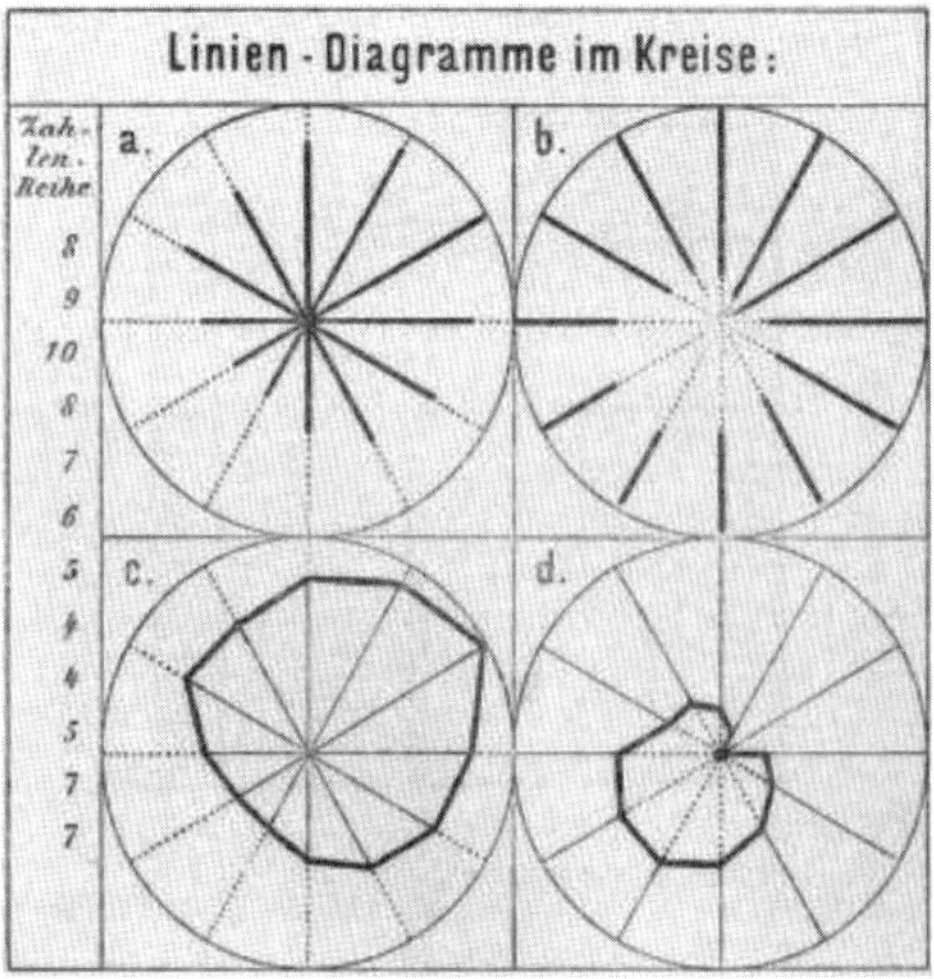

ａ（左上）は実質的には棒グラフと同じです。棒グラフとの違いは、棒を横一線に並べるのではなく、円の中心に置き、波状的に表現しています。最も大きいデータが、実質的には円の半径になるよう表現されています。ｂ（右上）はａとほとんど同じです。違いは、棒が円の中心からではなく、円弧から伸びている点です。そしてｃ（左下）はａの、ｄ（右下）はｂの棒をそれぞれ線で結んでいます。実質的にはａを進化させたのがｃで、ｂを進化させたのがｄと見るべきなのでしょう。同じデータなのに、ｃとｄで受け止め方はまったく違います。円の大きさがデータを表していないので、直感的にｂとｄは「ないな」と感じますね。それは**私たちが「線で結ばれた面の大きさを見てデータの大小を感覚的につかめる」というレーダーチャートの特徴に慣れ親しんでいるからだ**とも言えます。

マイヤーがなぜ、このグラフを思いついたのか、文献には明記されていません。しかし、私なりの仮説を持っています。それは「**ナイチンゲールの鶏頭図を参照した説**」です。円グラフの章で紹介したナイチンゲールの作った鶏頭図が発表されたのは１８５８年です。１８６０年には第4回国際統計会議が開催され、ナイチンゲールはイギリス統計学会の会員に選ばれています。マイヤーと、ほぼ同時期に活躍していたのです。さらに、ナイチンゲールは社会医学に統計学を応用した初期の人物として知られています。言わばマイヤーが体系立てようとしていた社会統計学の1つの領域で活躍していました。そんな彼女の存在をマイヤーが知らなかったはずがありません。おそらく、ナイチンゲールの作った鶏頭図がイギリスの政治家に強いインパクトを残したという事実を知り、頼もしくすらあったのではないでしょうか。推測にすぎませんが、おそらくナイチンゲールの作ったグラフをマイヤーは手に入れたでしょう。そして、そのグラフを参考にして「こういう見方もできるのではないか？」と工夫した4種類のグラフが「社会生活における合法則性」に載ったのではないかと私は思います。

この説は証拠も何もなく、ほぼ同時期に起きた出来事を無理やり線で結んでいるにすぎません。しかし、もしそうだったなら、国境を越えて新たに1つグラフが生まれるなんて素敵な話ではないでしょうか。

レーダーチャートはこうして生まれた

- 社会統計学を確立したゲオルク・フォン・マイヤーによって生み出された
- グラフによる表現が当たり前になっており、既存のグラフを組み合わせて作られた
- 「円の中のグラフ」として何種類か作られていたグラフの1つ

第 6 章

ヒートマップ

ヒートマップは本書で紹介するほかのグラフと違って、四角や線ではなく色で表現します。なぜ、色で表現する方法がグラフのように分かりやすいのか、実際に見てみましょう。

表を色で塗って視覚的に訴えるヒートマップ

続いてヒートマップを紹介します。これまで○○グラフや○○チャートと呼ばれるような「図」を紹介してきました。しかし、ヒートマップは「図」ではなく「表」です。図のように棒や線などの形でデータを表現しません。

ヒートマップの最大の特徴は、塗り絵のように表を色で塗る点です。データを読んでわかるというよりは、データの傾向を表す色を見てわかる「表」に仕上がります。棒グラフや円グラフにはあったデータ項目の制限が、ヒートマップにはありません。したがってヒートマップをマスターすれば、棒グラフでは表現できないデータ項目の可視化ができます。これを機会にしっかりマスターしましょう！

ヒートマップを使えば「データに偏りはあるか？」がわかる

まずは、図1のヒートマップを見てください。2015年における各年代別の死因別死亡率（人

図1 ▶ 2015年年齢（5歳階級）別・死因順位（1～5位）別死亡率

年齢	死因第1位	死亡率	死因第2位	死亡率	死因第3位	死亡率	死因第4位	死亡率	死因第5位	死亡率
0歳	先天奇形等	70.4	呼吸障害等	24.6	乳幼児突然死症候群	9.2	出血性障害等	8.3	不慮の事故	7.9
1～4歳	先天奇形等	3.8	不慮の事故	2.6	悪性新生物	1.6	心疾患	1.2	肺炎	1.2
5～9歳	悪性新生物	1.9	不慮の事故	1.7	先天奇形等	0.6	心疾患	0.5	肺炎	0.5
10～14歳	悪性新生物	1.9	自殺	1.6	不慮の事故	1.3	先天奇形等	0.5	心疾患	0.3
15～19歳	自殺	7.6	不慮の事故	4.9	悪性新生物	2.5	心疾患	0.9	その他の新生物	0.4
20～24歳	自殺	17.5	不慮の事故	6.1	悪性新生物	2.9	心疾患	1.3	脳血管疾患	0.4
25～29歳	自殺	19.5	悪性新生物	5.1	不慮の事故	4.8	心疾患	2.4	脳血管疾患	0.8
30～34歳	自殺	19.6	悪性新生物	9.2	不慮の事故	5	心疾患	3.2	脳血管疾患	1.8
35～39歳	自殺	19.2	悪性新生物	15.7	心疾患	6.2	不慮の事故	5.5	脳血管疾患	3.8
40～44歳	悪性新生物	29.5	自殺	20.5	心疾患	11.8	脳血管疾患	8.4	不慮の事故	6.5
45～49歳	悪性新生物	52.5	自殺	22.8	心疾患	20.2	脳血管疾患	14	不慮の事故	8.2
50～54歳	悪性新生物	98.3	心疾患	32.3	自殺	25.4	脳血管疾患	21.1	肝疾患	12.5
55～59歳	悪性新生物	175.1	心疾患	45.6	脳血管疾患	29	自殺	24.3	不慮の事故	15.1
60～64歳	悪性新生物	299.7	心疾患	75.6	脳血管疾患	42.9	自殺	21.4	不慮の事故	20.9
65～69歳	悪性新生物	451.2	心疾患	108.9	脳血管疾患	61.7	肺炎	35.7	不慮の事故	26.8
70～74歳	悪性新生物	665.8	心疾患	179.8	脳血管疾患	110.5	肺炎	82	不慮の事故	45.2
75～79歳	悪性新生物	916.7	心疾患	326.4	脳血管疾患	202.1	肺炎	189.1	不慮の事故	78.2
80～84歳	悪性新生物	1327.5	心疾患	667.6	肺炎	454.7	脳血管疾患	410.3	老衰	147.1
85～89歳	悪性新生物	1766.7	心疾患	1364	肺炎	1005	脳血管疾患	779.6	老衰	563.8
90～94歳	心疾患	2620.1	悪性新生物	2071.4	老衰	1974.6	肺炎	1910.6	脳血管疾患	1369.4
95～99歳	老衰	5233.2	心疾患	4244.4	肺炎	3031.9	脳血管疾患	2140.6	悪性新生物	2050.4
100歳以上	老衰	14630.6	心疾患	6721	肺炎	4733.9	脳血管疾患	3088.7	悪性新生物	1891.9

（厚生労働省「人口動態統計」より作成）

口10万人あたりの死亡者数）を表すヒートマップです。

ヒートマップは、何らかの観点で集計されたデータ項目で構成される表が用意されます。図1のヒートマップでは0歳と1から4歳、それ以降5歳ごとの年齢階級と上位5位までの死因が集計されたデータが書かれています。

あなたは、細かい数字を見ずとも、若年層の死亡率は低く、年齢が上がるにつれて死亡率が高まっていると把握できたのではないでしょうか。「表を見ずとも当たり前だ！」というツッコミが入りそうですね。いったん、そういうガヤは引っ込めてください。なぜこのグラフを見ただけで、直感的にそこまで理解できたのでしょうか？　ヒートマップの見方を、順番に解説していきます。

各データは、年齢階級というデータ項目と死因による死亡率というデータ項目を持っています。例えば299・7というデータは60～64歳の年齢階級というデータ項目と悪性新生物による死因というデータ項目を持っています。次に、**データの大小から、濃淡や明暗などの色を塗ります。**例えば、大きいデータは濃く、小さいデータは淡く塗ります。色を「比較」して、特定の項目にデータが傾いていると把握できるように、なるべくわかりやすく塗り分けます。（大変申し訳ないのですが、本書ではグラフィカルに色分けして表現できません）。

データ項目を比較するだけなら棒グラフが適しています。棒グラフはデータ項目の比較には適していますが、**全体を俯瞰して「まんべんなくデータが散らばっている」、もしくは「データが特**

定の項目に偏っている」と把握するのには適していません。

最後に、これが一番大事です。ヒートマップは必ず複数のデータを対象にして色を塗ります。目安としては5つ以上が望ましいと言われています。データが1つか2つしかないのに色を塗り分けたヒートマップは、あまり目にする機会はないでしょう。

ヒートマップは数字を色に置き換えて、「どのデータ項目にデータが偏っているだろうか？」と考えます。つまり**ヒートマップが一番得意な表現方法は、量の「偏り」**です。ヒートマップは、データがどのデータ項目に偏っているか、あるいはデータがまんべんないかを最もわかりやすく図・表で表現できます。レーダーチャートは数個の項目の偏りを表現するグラフでしたが、ヒートマップは全体を俯瞰してざっくり傾向を表現するのに適しています。

ところで、レーダーチャート同様、このデータ項目を棒グラフで表現すると、どのように見えるでしょうか？　次ページ図2の棒グラフを見てください。図1とまったく同じデータを使用しています。ここでは死因第1位のみを対象にしました。

100歳以上の死亡率が一番高く、50代ごろから指数関数的に急上昇しているのが分かります。では、死因第2位~第5位までを表す棒グラフがあと4つ並んだときに、死亡率がどのような傾向で上昇していくかをざっくり把握できるでしょうか。グラフが5つも並ぶと、それぞれを比較するだけでも大変なのに、5つすべてを俯瞰して結論を導き出すとなると熟練した技術が必要になりそうです。

つまり、**細かく比較するのにはヒートマップは適していませんが、全体のデータの傾向を一瞬で把握するのには最適**なのです。特に、縦軸・横軸にデータ項目があり、複数行列のデータがある場合は、ヒートマップを用いた表現が向いています。

「若者の死因第1位は自殺」＝命を粗末に扱う若者と言えるか？

話は少し脱線しますが、図1を見ていると15歳～39歳の死因第1位が「自殺」だと気付きます。国連の定義によれば、若者とは15～24歳を指します。少し範囲を広げて39歳までを若者と定義したとしても、若者の死因第1

図2 ▶ 2015年 年齢別・死因順位（1位）別死亡率

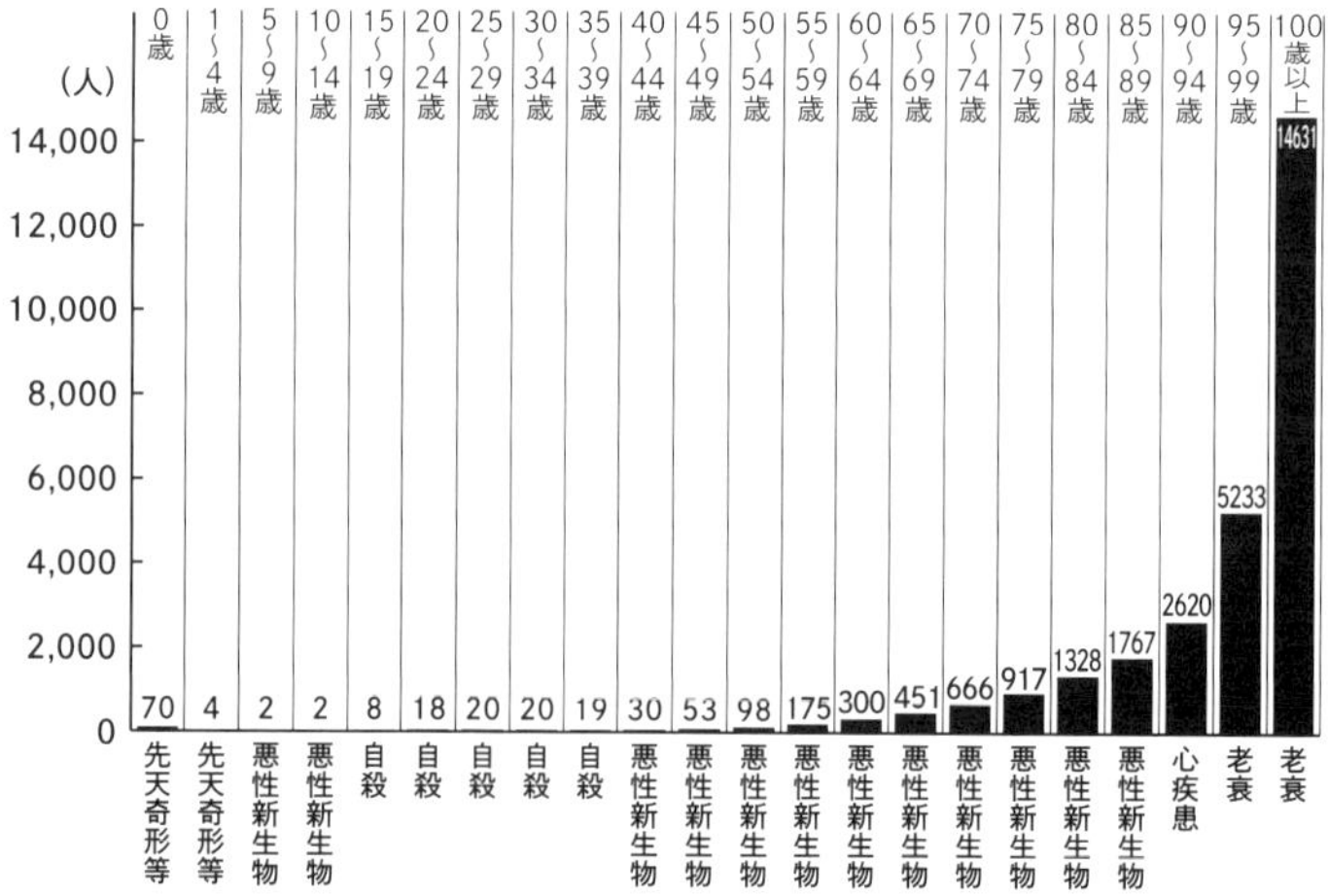

（厚生労働省「人口動態統計」より作成）

位が自ら命を絶つ「自殺」という行為というのは非常に悲しい事実です。

一方で、このデータだけで「最近の若者は命を粗末に扱う」と評価を下すのは間違っていると私は思います。次ページ図3のヒートマップを見てください。死因が「自殺」のみ色を塗らない表を作成しました。

自殺による死亡率だけを見れば、**40歳以降の年長者が「命を粗末に扱っている」**とわかります。もちろん、これは時系列で傾向を追っているわけではありません。2014年や2013年と比較すれば、若者の自殺による死亡率が上がっているかもしれません。また、理由はどうであれ、自ら命を絶つという行為で、誰かが悲しむ結果に変わりありません。

1人あたり医療費がどんどん上がる！　データの傾向をざっくり把握する

ヒートマップは色に意味を持たせれば、何が言いたいのかより伝わります。

次ページ図4のヒートマップを見てください。1999年以降の都道府県別1人あたり医療費をもとにヒートマップを作成しました。実際にある特定の1人にかかった医療費ではなく、県単位の医療費をその都道府県に住んでいる人口で割っています。

このヒートマップは、5段階で塗られています。15・0万～20・9万、21・0万～26・9万、27・0

図3 ▶ 2015年年齢（5歳階級）別・死因順位（1〜5位）別死亡率

年齢	死因第1位	死亡率	死因第2位	死亡率	死因第3位	死亡率	死因第4位	死亡率	死因第5位	死亡率
0歳	先天奇形等	70.4	呼吸障害等	24.6	乳幼児突然死症候群	9.2	出血性障害等	8.3	不慮の事故	7.9
1〜4歳	先天奇形等	3.8	不慮の事故	2.6	悪性新生物	1.6	心疾患	1.2	肺炎	1.2
5〜9歳	悪性新生物	1.9	不慮の事故	1.7	先天奇形等	0.6	心疾患	0.5	肺炎	0.5
10〜14歳	悪性新生物	1.9	自殺	1.6	不慮の事故	1.3	先天奇形等	0.5	心疾患	0.3
15〜19歳	自殺	7.6	不慮の事故	4.9	悪性新生物	2.5	心疾患	0.9	その他の新生物	0.4
20〜24歳	自殺	17.5	不慮の事故	6.1	悪性新生物	2.9	心疾患	1.3	脳血管疾患	0.4
25〜29歳	自殺	19.5	悪性新生物	5.1	不慮の事故	4.8	心疾患	2.4	脳血管疾患	0.8
30〜34歳	自殺	19.6	悪性新生物	9.2	不慮の事故	5	心疾患	3.2	脳血管疾患	1.8
35〜39歳	自殺	19.2	悪性新生物	15.7	心疾患	6.2	不慮の事故	5.5	脳血管疾患	3.8
40〜44歳	悪性新生物	29.5	自殺	20.5	心疾患	11.8	脳血管疾患	8.4	不慮の事故	6.5
45〜49歳	悪性新生物	52.5	自殺	22.8	心疾患	20.2	脳血管疾患	14	不慮の事故	8.2
50〜54歳	悪性新生物	98.3	心疾患	32.3	自殺	25.4	脳血管疾患	21.1	肝疾患	12.5
55〜59歳	悪性新生物	175.1	心疾患	45.6	脳血管疾患	29	自殺	24.3	不慮の事故	15.1
60〜64歳	悪性新生物	299.7	心疾患	75.6	脳血管疾患	42.9	自殺	21.4	不慮の事故	20.9
65〜69歳	悪性新生物	451.2	心疾患	108.9	脳血管疾患	61.7	肺炎	35.7	不慮の事故	26.8
70〜74歳	悪性新生物	665.8	心疾患	179.8	脳血管疾患	110.5	肺炎	82	不慮の事故	45.2
75〜79歳	悪性新生物	916.7	心疾患	326.4	脳血管疾患	202.1	肺炎	189.1	不慮の事故	78.2
80〜84歳	悪性新生物	1327.5	心疾患	667.6	肺炎	454.7	脳血管疾患	410.3	老衰	147.1
85〜89歳	悪性新生物	1766.7	心疾患	1364	肺炎	1005	脳血管疾患	779.6	老衰	563.8
90〜94歳	心疾患	2620.1	悪性新生物	2071.4	老衰	1974.6	肺炎	1910.6	脳血管疾患	1369.4
95〜99歳	老衰	5233.2	心疾患	4244.4	肺炎	3031.9	脳血管疾患	2140.6	悪性新生物	2050.4
100歳以上	老衰	14630.6	心疾患	6721	肺炎	4733.9	脳血管疾患	3088.7	悪性新生物	1891.9

（厚生労働省「人口動態統計」より作成）

図4 ▶ 都道府県別1人あたりの医療費

医療費（万円）	1999年	2002年	2005年	2008年	2011年	2014年
高知県	33.7	32.3	34.4	36.1	39.8	42.2
長崎県	31.2	32.4	32.2	34.4	37.3	39.7
鹿児島県	30.9	33.4	31.8	33.6	37	39.1
山口県	29.4	28.5	30.9	32.9	36.4	38.8
大分県	29.3	31.6	31.6	32.7	36.5	38.2
北海道	30.3	28.6	31.5	32.6	36.2	38.2
徳島県	30.9	26.1	31	32.8	35.9	37.9
佐賀県	29.1	30	30.7	32.6	36	37.9
熊本県	29.8	31	30.2	32	35.2	37.6
福岡県	29.2	30.5	30.1	31.5	35.2	36.8
香川県	28.2	28	30.4	32	35	36.7
島根県	27.8	28.3	29.7	31.4	34.4	36.6
愛媛県	28.2	27.6	29.3	30.6	34.1	36.2
和歌山県	26.8	29.5	29.3	31.1	34	35.7
広島県	27.8	28.4	29.6	30.8	34	35.7
秋田県	27.6	27	29.5	31	33.5	35.6
宮崎県	27.6	28.3	28.3	30.3	33.6	35.1
岡山県	27.2	27.8	29	30.5	33.3	35
大阪府	25.5	25.8	27.6	29.1	32.5	34.8
鳥取県	26.1	27.8	28.1	28.7	31.7	33.9
石川県	27.4	25.9	27.7	29.1	32.1	33.3
兵庫県	23.9	23.3	26	28	31.2	33.2
京都府	25.2	22.3	26.6	28	31	33
山形県	24	24.1	26.1	27.9	30.8	32.8
青森県	26.4	27.3	26.9	28.3	31.1	32.7
福井県	25.8	24.6	26.6	28	30.9	32.5
奈良県	22.1	24.9	25.1	26.9	30.3	32.4
富山県	26.7	25.6	26.9	27.5	30.3	32
福島県	24.4	26	26.3	27.7	30.2	32
岩手県	25.6	26.7	26.2	27.4	29.7	31.7
山梨県	22.9	24.6	25.5	26.5	29.6	31.5
岐阜県	23	24	25.1	26.2	29.5	31.3
長野県	22	21.9	24.1	25.7	28.7	31
沖縄県	22.7	26.4	24.2	25.8	28.4	30.6
三重県	23.1	22.5	24.8	25.7	28.9	30.6
群馬県	22.1	24	24.2	25.8	28.6	30.4
新潟県	23.9	24.5	25.3	26.5	28.8	30.1
宮城県	21.8	23.5	24.2	25.7	28.4	29.9
静岡県	21.8	23.5	23.4	24.4	27.6	29.7
東京都	23	21.1	24.4	25.4	28.1	29.6
栃木県	21.8	25.5	23.4	24.8	27.3	29.3
茨城県	20.9	23.4	23.5	24.5	26.9	29.1
愛知県	22	20	23.6	24.7	27.3	28.9
滋賀県	20.5	22	22.8	24.1	27	28.8
神奈川県	20	20.2	22.2	23.6	26.3	28.6
千葉県	18.8	20	21.7	22.8	25.5	28
埼玉県	18.7	17.9	21.4	23.1	25.6	27.8

（厚生労働省「国民医療費」より作成）

万〜32・9万、33・0万〜39・9万、40・0万〜44・9万の順に塗り分けています。何段階で塗り分けるのがよいと決まっているわけではありませんが、**5段階を目安**としてください。それ以上の階層に分かれると把握するのが大変です。円グラフの章でも「表示できる項目はその他を含めて8個」と言いましたが、人間は機械ほど瞬間的な把握能力に優れているわけではないのです。

ここでは2014年の1人あたり医療費が高い順に並んでいます。俯瞰して見ると、左下から右上にかけて色が変化していっているのがわかります。3年で1つのデータ項目を形成した時系列データですので、年々1人あたり医療費が高くなっていると把握できるはずです。

中でも医療費が高騰しているのは高知県、長崎県、鹿児島県といった地方です。3年経過するたびに色が変わっていますので、あと9年〜12年もすれば、すべての都道府県が濃い色に染まってしまうのでしょうか。

ところで、ヒートマップは何色を使わなければならない、という決まりはありませんが、**基本的には青と赤、あるいは緑と赤の2色と、真ん中を意味する白系の1色、計3色を用います。**理由は単純です。信号しかり標識しかり、青(緑)がOKで赤がNGという認識を私たちが持っているからです。必ずしも**青＝数字が低い、赤＝数字が高いと決まっているわけではありません。**

超高齢化が待ち受ける東京都？ 列単位でヒートマップを作成する

表すべてを対象にヒートマップを作ろうとしても、データの傾向が違う場合はどうすればいいでしょうか。図5のヒートマップを見てください。２０１６年10月時点の都道府県別年齢３区分（15歳未満、15～64歳、65歳以上）人口の割合を集計し、ヒートマップを作成しました。

図5 ▶ 都道府県別年齢3区分人口の割合

人口比（%）	15歳未満	15～64歳	65歳以上
秋田県	10.30%	55.00%	34.80%
高知県	11.40%	55.00%	33.60%
島根県	12.50%	54.50%	33.00%
山口県	12.00%	55.20%	32.90%
徳島県	11.50%	56.80%	31.70%
和歌山県	11.90%	56.40%	31.70%
山形県	11.90%	56.50%	31.50%
愛媛県	12.10%	56.40%	31.40%
大分県	12.50%	56.30%	31.20%
岩手県	11.60%	57.30%	31.20%
富山県	12.00%	56.90%	31.10%
青森県	11.20%	57.80%	31.00%
長野県	12.70%	56.60%	30.70%
新潟県	11.90%	57.50%	30.60%
香川県	12.60%	56.90%	30.60%
長崎県	12.90%	56.70%	30.50%
宮崎県	13.50%	56.20%	30.40%
鳥取県	12.80%	56.80%	30.40%
鹿児島県	13.40%	56.40%	30.10%
北海道	11.20%	58.90%	29.90%
奈良県	12.20%	58.20%	29.60%
熊本県	13.50%	57.00%	29.50%
福島県	11.80%	58.70%	29.50%
福井県	13.00%	57.70%	29.30%
岡山県	12.90%	57.80%	29.30%
山梨県	12.20%	58.70%	29.20%
岐阜県	13.00%	58.20%	28.70%
三重県	12.80%	58.70%	28.50%
静岡県	12.80%	58.70%	28.50%
佐賀県	13.90%	57.70%	28.50%
石川県	12.80%	58.80%	28.40%
群馬県	12.60%	59.10%	28.40%
広島県	13.10%	58.70%	28.20%
京都府	12.00%	59.90%	28.10%
兵庫県	12.70%	59.50%	27.80%
茨城県	12.40%	60.00%	27.60%
大阪府	12.30%	60.90%	26.80%
栃木県	12.70%	60.60%	26.70%
福岡県	13.30%	60.20%	26.60%
千葉県	12.20%	61.20%	26.50%
宮城県	12.20%	61.30%	26.40%
埼玉県	12.40%	62.10%	25.50%
滋賀県	14.30%	60.90%	24.80%
神奈川県	12.40%	63.20%	24.40%
愛知県	13.60%	62.20%	24.30%
東京都	11.30%	65.80%	22.90%
沖縄県	17.20%	62.40%	20.40%

（総務省統計局「人口推計」より作成）

0%～20%未満、20%以上～40%未満、40%以上～60%未満、60%以上～80%未満、80%以上～100%で塗り分けています。65歳以上の割合が多い順に都道府県を並べてみました。15歳未満の割合が低く、一部の地域で15歳～64歳以上の割合が高く、それぞれ違う色が塗られています。しかし残念ながら、**この見せ方では都道府県単位の「偏り」は見えてきません。**どの都道府県で高齢化が進んでいるかを知りたくても、すべてのデータを対象にヒートマップを作成してしまうと、他のデータの影響が紛れ込んでしまうのです。

そうした事態を防ぐために、列単位でヒートマップを作成するという方法があります。図6のヒートマップを見てください。年齢3区分すべてを対象にするのではなく、1区分ごとにヒートマップを作成しています。図5と同じように、65歳以上の割合が多い順に並べています。

上から高齢者が多い秋田県、高知県……と並ぶので、自然に15歳未満と15～64歳の割合も白く塗られています。一方で、島根県や大分県のように他県と比べて比較的15歳未満の割合が高い県があるとわかります。これは1区分ごとにヒートマップを作成したからこそわかった点です。

象徴的なのは、65歳以上の割合が低い東京都と沖縄県です。15歳未満の割合が東京都は低く白く塗られ、沖縄県は高く濃く塗られています。この先、恐ろしいほど東京都は高齢の街になり、沖縄県は若者の街として活気に溢れるのでしょう。

地図でも表現できるヒートマップ

ヒートマップで表現できるのは行列の表とは限りません。データがあって、色で塗っても違和感を覚えない枠さえあればヒートマップは作成できます。その代表例が「地図」です。

次ページ図7のヒートマップを見てください。図6で紹介した都道府県別人口割合のうち、65

図6 ▶ 都道府県別年齢3区分人口の割合

人口比（%）	15歳未満	15〜64歳	65歳以上
秋田県	10.30%	55.00%	34.80%
高知県	11.40%	55.00%	33.60%
島根県	12.50%	54.50%	33.00%
山口県	12.00%	55.20%	32.90%
徳島県	11.50%	56.80%	31.70%
和歌山県	11.90%	56.40%	31.70%
山形県	11.90%	56.50%	31.50%
愛媛県	12.10%	56.40%	31.40%
大分県	12.50%	56.30%	31.20%
岩手県	11.60%	57.30%	31.20%
富山県	12.00%	56.90%	31.10%
青森県	11.20%	57.80%	31.00%
長野県	12.70%	56.60%	30.70%
新潟県	11.90%	57.50%	30.60%
香川県	12.60%	56.90%	30.60%
長崎県	12.90%	56.70%	30.50%
宮崎県	13.50%	56.20%	30.40%
鳥取県	12.80%	56.80%	30.40%
鹿児島県	13.40%	56.40%	30.10%
北海道	11.20%	58.90%	29.90%
奈良県	12.20%	58.20%	29.60%
熊本県	13.50%	57.00%	29.50%
福島県	11.80%	58.70%	29.50%
福井県	13.00%	57.70%	29.30%
岡山県	12.90%	57.80%	29.30%
山梨県	12.20%	58.70%	29.20%
岐阜県	13.00%	58.20%	28.70%
三重県	12.80%	58.70%	28.50%
静岡県	12.80%	58.70%	28.50%
佐賀県	13.90%	57.70%	28.50%
石川県	12.80%	58.80%	28.40%
群馬県	12.60%	59.10%	28.40%
広島県	13.10%	58.70%	28.20%
京都府	12.00%	59.90%	28.10%
兵庫県	12.70%	59.50%	27.80%
茨城県	12.40%	60.00%	27.60%
大阪府	12.30%	60.90%	26.80%
栃木県	12.70%	60.60%	26.70%
福岡県	13.30%	60.20%	26.60%
千葉県	12.20%	61.20%	26.50%
宮城県	12.20%	61.30%	26.40%
埼玉県	12.40%	62.10%	25.50%
滋賀県	14.30%	60.90%	24.80%
神奈川県	12.40%	63.20%	24.40%
愛知県	13.60%	62.20%	24.30%
東京都	11.30%	65.80%	22.90%
沖縄県	17.20%	62.40%	20.40%

（総務省統計局「人口推計」より作成）

歳以上の割合を、日本地図でヒートマップ風に表現しています。

地図という視覚表現を用いるだけで図5や図6とは違う印象を抱きます。その理由として面積が考えられます。**表の場合、北海道も東京も同じ枠の範囲で色を塗りますが、地図となるとその都道府県の面積分だけ色が塗られるので違う受け止め方ができるでしょう。**

地図を使う表現は、視覚的に良いと言われています。しかし横断面データしか使えないので、あまり応用の幅はありません。

図7 ▶ **都道府県別年齢3区分の65歳以上割合**

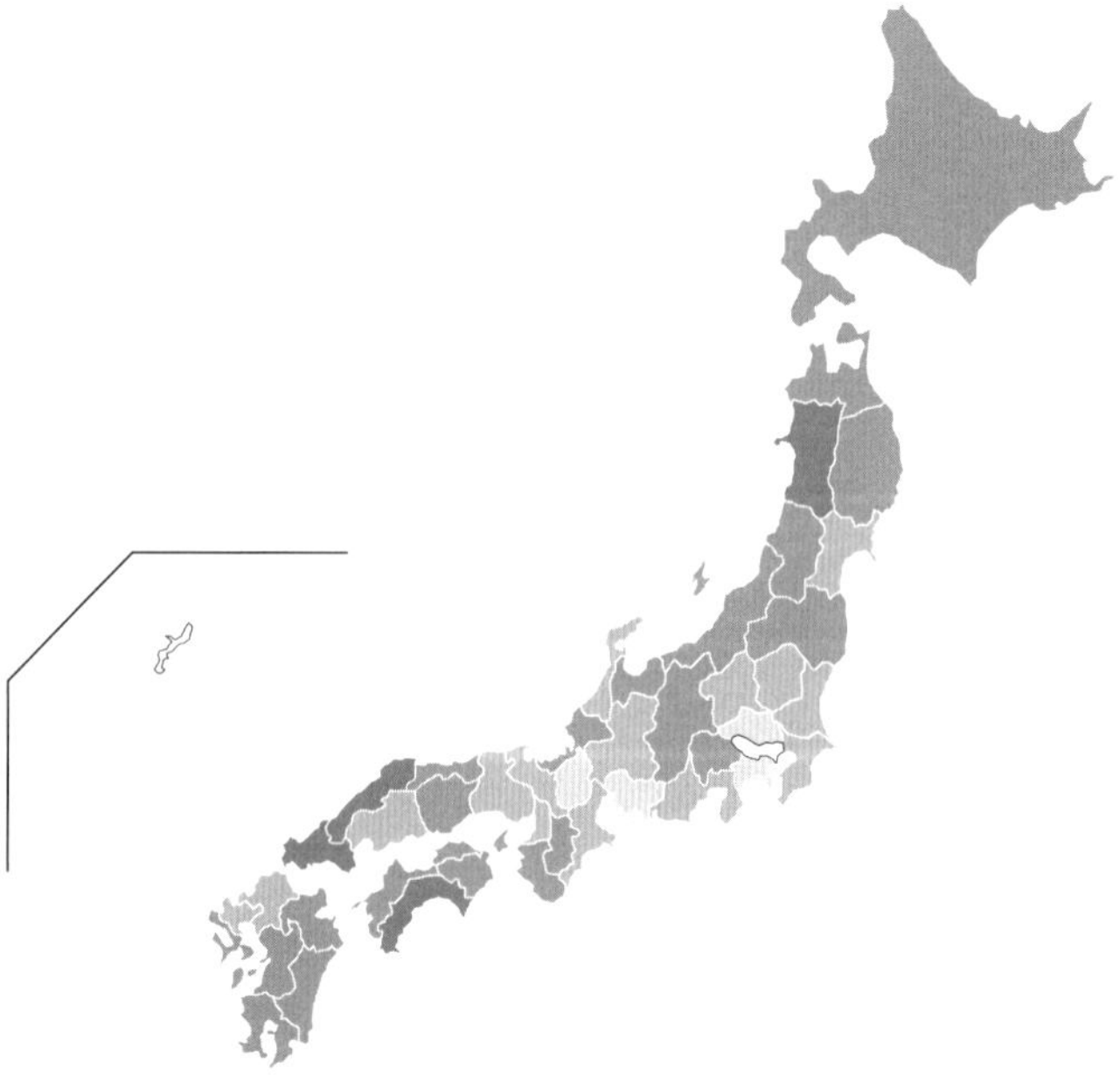

(総務省統計局「人口推計」より作成)

例えば図4の3年ごと1人あたり医療費データを使おうにも、1つの県に1999年のデータ、2002年のデータを一緒には塗れません。

だったら行列の表を使ったほうが良いよね……というわけで、あまり地図を用いたヒートマップは浸透していません。しかし、こういう制約事項さえ理解しておけば効果的に使えるので覚えておいて損はしないでしょう。

ヒートマップを作るときに意識しよう！

- ヒートマップが一番得意な表現方法はデータの「偏り」
- データが特定のデータ項目に偏っているか、あるいはまんべんないか、データの傾向を感覚的につかめるのが特徴
- 色を見てざっくり判断するので、どのようにデータ項目を並べれば傾向が表れるかを考えよう

誰が「ヒートマップ」を考え出したのか？

こんな便利なヒートマップを、いったい誰が考え出したのでしょうか。

その人物の名前はトゥーサン・ルーアという1人のフランス人統計学者です。1824年にドイツで生まれたルーアが、1873年に出版した「パリの人口統計（Atlas statistique de la population de Paris）」の文中に、はじめてヒートマップの原型が発表されました。

この本のタイトルに「Atlas」が使われていますが、すでにこの頃には地図という意味以外に統計データという意味を持っていました。ウィリアム・プレイフェアの功績と言っても良いでしょう。

ルーアの人生について簡単に振り返っておきましょう。

フランス統計学の巨匠、国のために奔走する

ルーアは学者であり、フランス統計学会前身のパリ統計学会の事務局長も務める一方、農務省

の統計室長も務める優秀な官僚でもありました。19世紀後半のフランスにおける統計データを担った存在の1人だと言えるでしょう。

1875年から1887年にかけては商業省フランス総合統計局（Statistique Generale de la France）のトップとして、フランス最初の統計年鑑を発刊しています。統計年鑑とは今で言うところの国勢調査で、特定の政府機関に所属せず大規模な調査を実施・集計し、戸籍や物価などの統計情報の作成に成功しました。

第1章で前述したようにフランスは比較的早期に統計データの作成に努めていましたが、諸外国と比べてフランス国内の統計に関する理解が思いのほか浅く、国会議員を含めて「本当に必要なの？」という声が大きかったと言われています。イノベーションの先端を走っているつもりが、いつの間にか周囲に追い抜かれてジレンマに陥っていたという、よくあるパターンです。そのために「国際学会での立場がない」と困窮を訴えた学者らが多く、彼らの声に後押しされたルーアは、それまでの遅れを取り戻すかのように、約20年かけて統計データの整理を行いました。ルーアが1873年に書いた「パリの人口統計（Atlas statistique de la population de Paris）」も、統計データを整理する一環で刊行された書籍です。この書籍の巻末にヒートマップの原型となる地図と表が登場します。

次ページ図8のヒートマップを見てください。これは「パリの人口統計」の巻末に掲載されています。縦軸はパリ20区の各行政区分を、横軸は国籍や職業、年齢、社会階級といった地区の特性を表しており、白色が最も値が低く、値が高くなるにつれて色が変わっていきます。

ヒートマップは色を見て傾向をざっくり判断するため、色こそが重要なのですが、ルーアがヒートマップの原型を作った時点ではそこまで考慮はされていません。配色については白色から始まり、黄色、青色、赤色と統一性もなく、もし現在においてこのようなヒートマップが会議に提示されると、全員が混乱するでしょう。それもそのはずで、もともとはこの表はおまけのようなもので、本来の目的は地図上で人口統計結果を色分けしたグラフが「パリの人口統計」のメインテーマだったからです。それが図9のグラフです。

図8 ▶ パリ20区と地区特性の要約

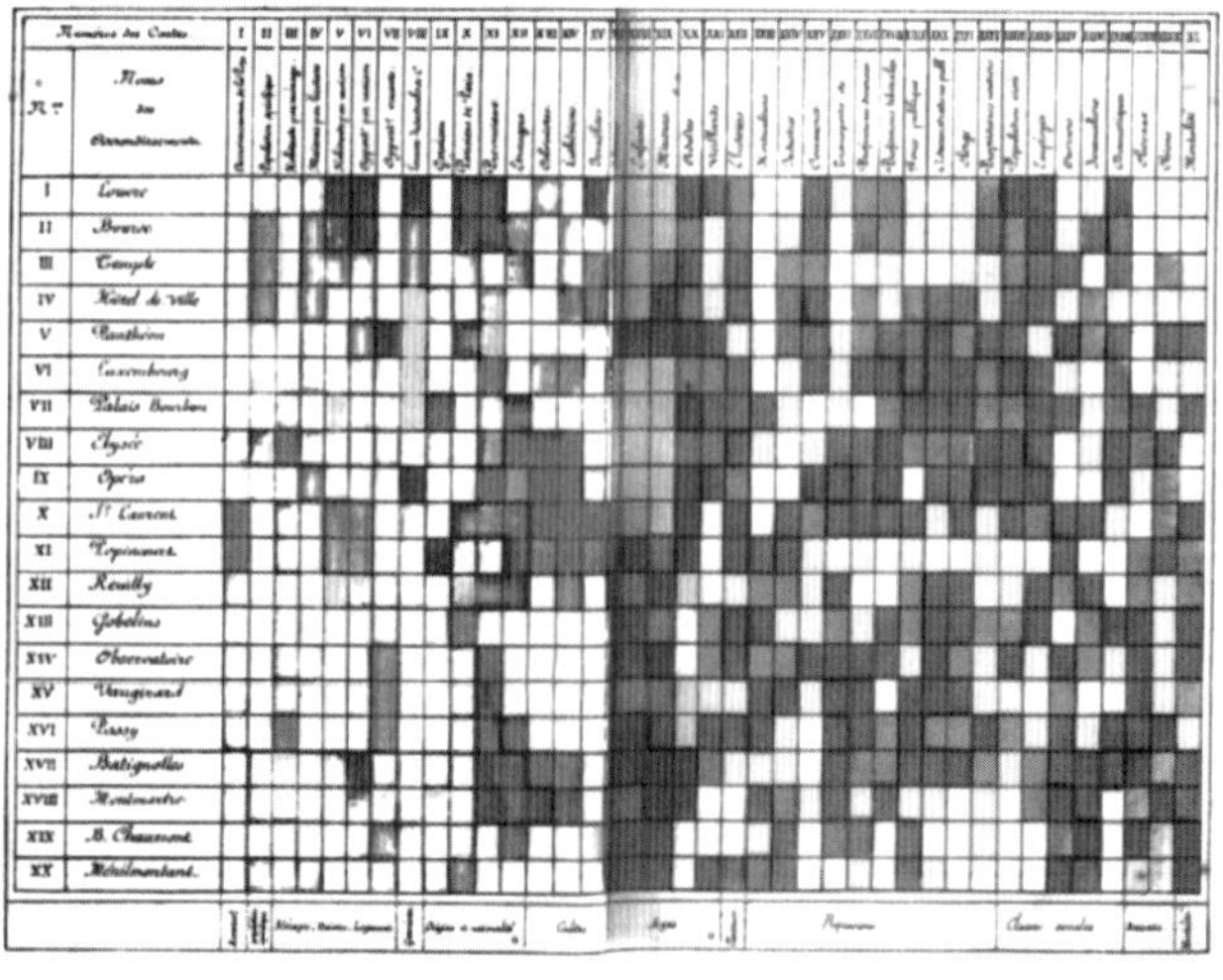

特定のデータ項目に対して、パリ20区をそれぞれ指定した色で塗り、全体的な傾向をつかめるようにしています。**地図上で記された地域を色分けするためだったので、なるべく原色に近い色が使われたのでしょう。**

おそらくルーア自身も、図8の巻末のヒートマップの原型が後世になって注目を集めるとは夢にも思っていなかったのではないでしょうか。実際このヒートマップには、ルーア自身も特に名前を付けていません。当時は単なるまとめ表でしかなかったのです。

「ジオグラフ」からヒントを得た?

ちなみに地図上にグラフやデータ自体を書き込む方法は、すでに「ジオグラフ」と名前

図9 ▶ パリ20区内における死亡率の割合

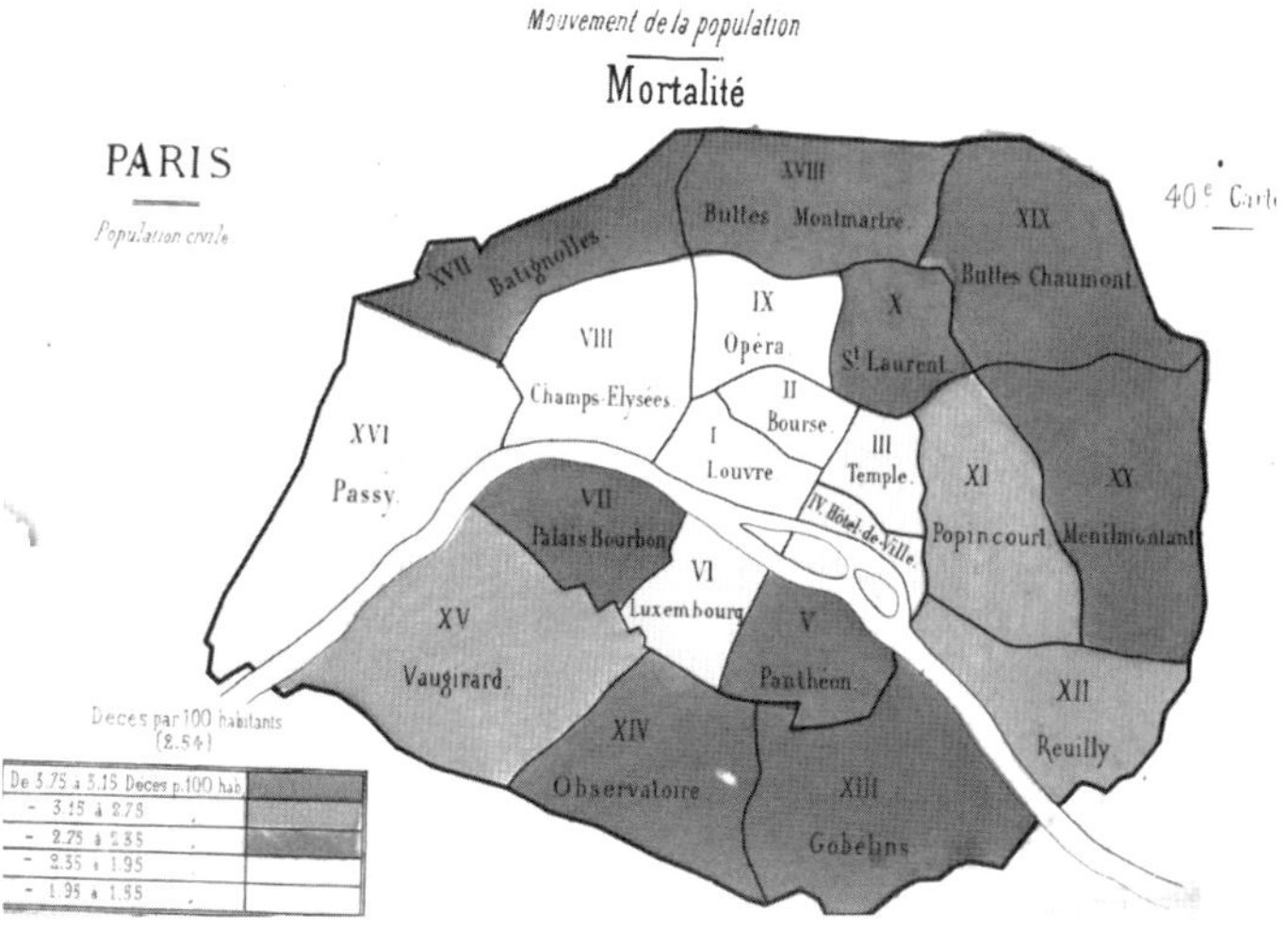

が付けられて知られた存在でした。１８５５年、イギリス出身の医者であるジョン・スノーによって、コレラは水によって感染するという事実をわかりやすく説明するために「ジオグラフ」が発明されました。

図10のグラフを見てください。コレラを発症した患者の家をロンドンの地図上にプロットしたところ、井戸の近くに患者が集中しているとわかりました。この図はのちにコレラマップと呼ばれるようになります。

さらにフランス人のレオン・モンティニーは、１８６９年に第二帝政下で行われた総選挙の結果を「Paris election map」として１８７０年に地図で表現しています。図11のグラフを見てください。日本に限らず世界中のニュースメディアが、選挙のたびに地図に選挙

図10 ▶ **ジョン・スノーが作成したコレラマップ**

結果を照らし合わせながら「トランプが勝った」、「安倍自民党が勝った」と報道していますが、まさにその原型がこの地図です。この選挙は反体制側である共和派が圧勝し、ナポレオン3世の政治力が衰え、議会帝政へ移行するきっかけとなった選挙でもありました。

地図上の区分ごとに投票結果が積み上げ棒グラフで表現されています。内訳まではわかりますが、誰が議席を獲得したのかはひとつひとつ見ないとパッとはわかりませんね。

おそらくルーアはこのグラフを見てヒートマップの原型を思いついたのではないでしょうか。時系列的にみても、つじつまが合います。データの内訳を表示するのではなく、特定の範囲を表すならば「色を地図上に塗る」という発想の転換をしたのではないかと推察

図11 ▶ パリの総選挙の結果（Paris election map）

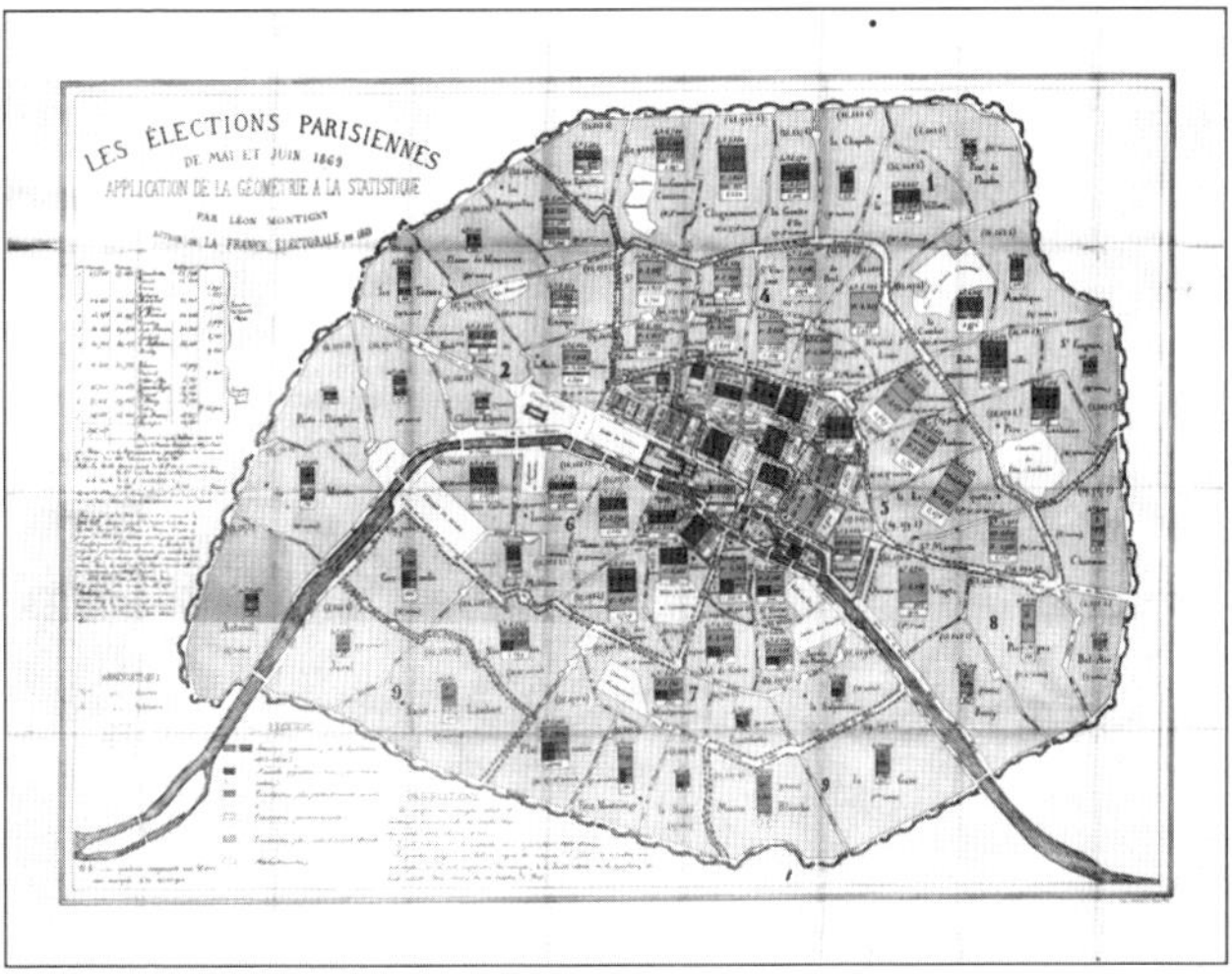

されます。

インフォグラフィックの巨匠、再び「ヒートマップ」に脚光を浴びせる

時が経ち、ルーアが本の巻末に記したヒートマップの原型をヒントに、色でざっくり表現する方法に使おうと思い立った人物がいます。**ウィラード・C・ブリントンというアメリカ人のエンジニアです。**彼は**大量のデータを棒や線といったグラフではなく色で表現してもデータの可視化はできると考えた**のです。

ブリントンは1917年にはアメリカ統計学会のディレクター、1932年にはハーバード工学技術協会の会長に就任するなど、アメリカの20世紀前半を代表するエンジニアの

図12 ▶「Graphic methods for presenting facts」の表紙

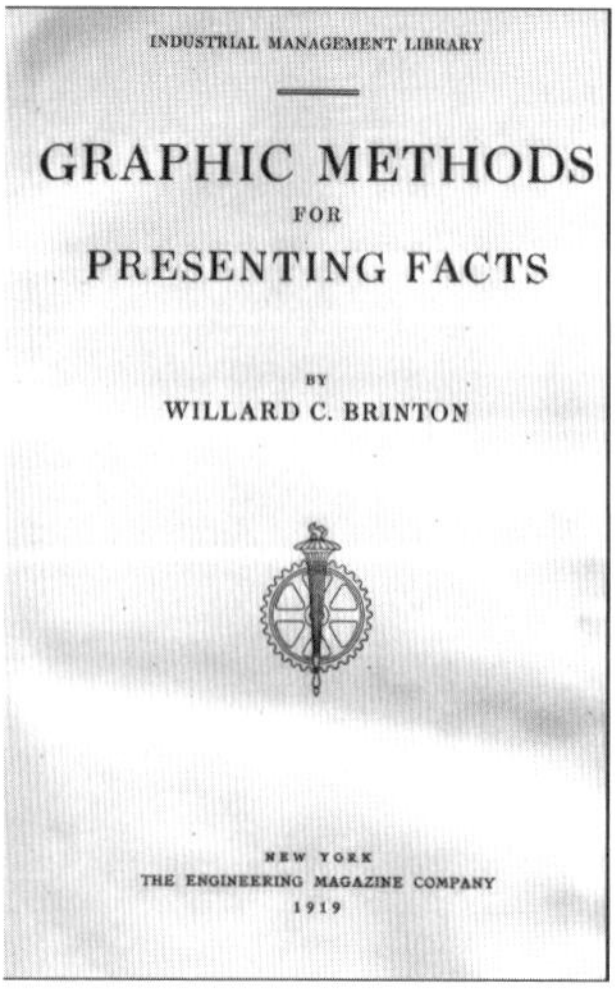
INDUSTRIAL MANAGEMENT LIBRARY

GRAPHIC METHODS
FOR
PRESENTING FACTS

BY
WILLARD C. BRINTON

NEW YORK
THE ENGINEERING MAGAZINE COMPANY
1919

1人です。今で言う「インフォグラフィック」を始めた人として知られています。

そんなブリントンは1914年に「Graphic methods for presenting facts（事実提示のためのグラフィックメソッド」という本を書き上げます（図12）。この本はウィリアム・プレイフェアに始まる過去約100年分のグラフ表現方法を揃えた名著です。いわば、1914年時点におけるグラフの集大成のような本です。

「視覚化の手法は元となるデータと同じくらい重要である」というテーマを掲げ、本書と同様に、さまざまなデータを、さまざまなグラフ表現方法を用いて紹介しています。ブリントンは冒頭で次のように述べています。

> *Though written primarily for the non-technical man, it is hoped that this book may, nevertheless, prove convenient to the engineer, the biologist, and the statistician.*
> 主に非エンジニアの人に向けてこの本を書いていますが、この本はエンジニアや生物学者、統計学者にとって大変便利だと期待しています。

どこかウィリアム・プレイフェアを彷彿とさせる書き方です。実際、彼の書いた2冊目の「Graphic Presentation（グラフィック・プレゼンテーション）」はウィリアム・プレイフェアへのオマージュからはじまっており、実際は相当意識したのではないでしょうか。

この本の文中にヒートマップが登場します。図13のグラフを見てください。48の各州の学校が10個の異なる視点からそれぞれ検討されており、それぞれ1点〜4点の評価を与え、色を分けてプロットされています。縦軸が各州、横軸が評価点です。**この表では、色がデータの「偏り」を表現する方法として描かれています。**

州の順番ではなく得点の合計結果を良い順に並べ替えて、良い学校が上位に、悪い学校が下位に表示されるよう縦軸が並べ替えられています。ワシントン州が1位、アラバマ州が最下位になっていますね。**ヒートマップを作るときに意識すべき「どのようにデータ項**

図13 ▶ 米国州単位での学校評価の結果

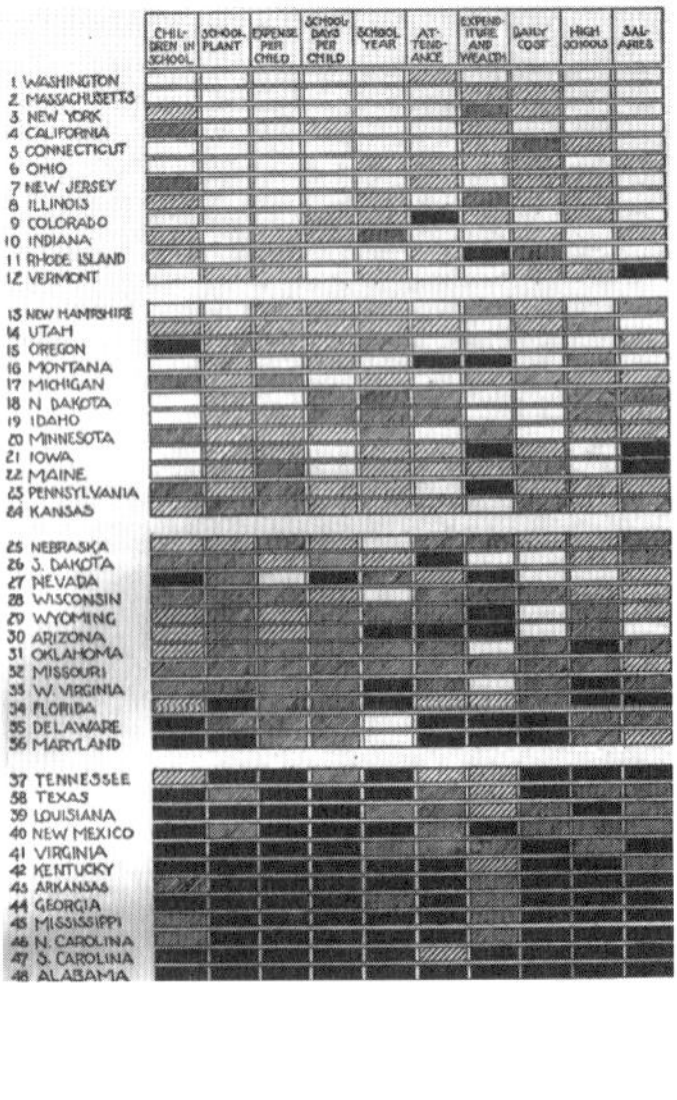

目を並べれば傾向が表れるか」はブリントンが発明したと言ってもいいでしょう。

おそらくこの本の製作にあたって、ブリントンは過去100年間に作成されたグラフを集めたのではないかと推察します。そのときに、フランスを代表する統計家だったルーアの書いた本も当然ブリントンの手元に届いたでしょう。そこで、あのヒートマップの原型を見て「えっ、これめっちゃわかりやすいやん！」と驚き、学校を評価するデータを使って偏りの傾向を表現してみたのではないかと推察します。

話は少しそれますが、集大成とは言っても、ブリントンが発表したグラフは評価の高いグラフばかりではありません。図14のグラフを

図14 ▶ 大学卒業者の進路

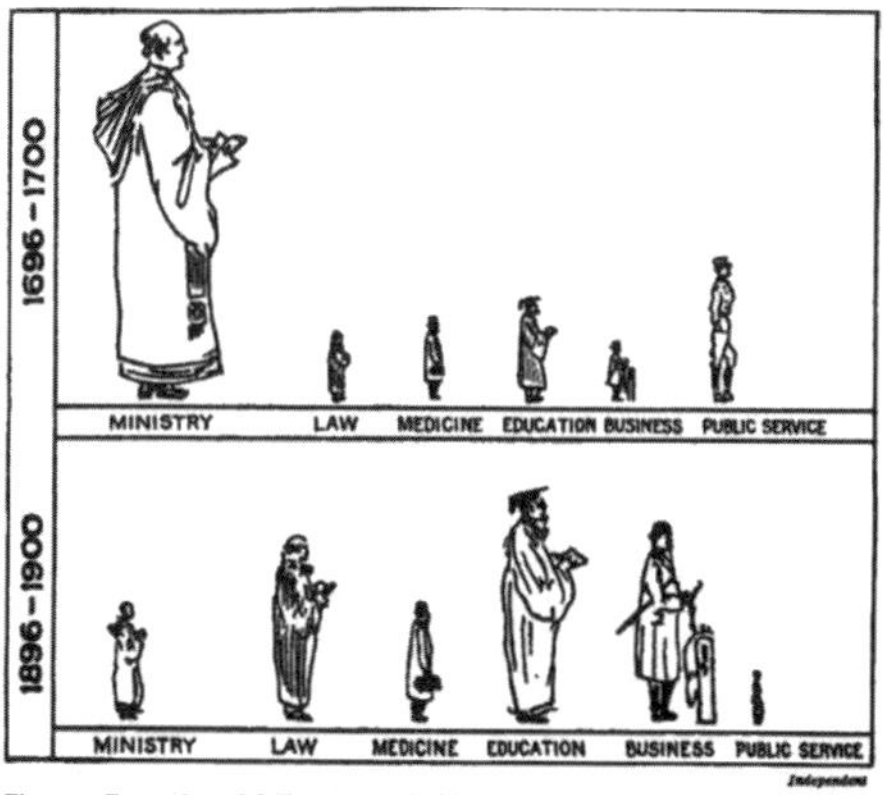

Independent

Fig. 39. Proportion of College Graduates in Different Professions in 1696-1700 and in 1896-1900

Charts of this kind with men represented in different sizes are usually so drawn that the data are represented by the height of the man. Such charts are misleading because the area of the pictured man increases more rapidly than his height. Considering the years 1696–1700, the pictured minister has about two and one-half times the height of the man representing public service. The minister looks over-important because he has an area of more than six times that of the man drawn to represent public service. This kind of graphic work has little real value

見てください。大学を卒業した学生の就職先を約200年前と比較して、傾向の違いがあるかを表現しています。

身長の高さが量を表しています。したがって、このグラフは棒グラフの一種です。しかし棒ではなく人の身長なので、横幅はそれぞれ違います。視覚化すると、実際の1・5倍～2倍程度の大きさに見えてしまいます。このグラフは、ダメなグラフの例としてよく取り上げられます。

話を戻します。この「Graphic methods for presenting facts」で用いられるグラフには、まだヒートマップとは命名されていません。あくまで行列に色を塗っただけです。ただしこれ以降、行列に色を塗る表現方法は頻繁ではないにしろ、使われるようになっていきます。

結局、誰が「ヒートマップ」と名付けたか？

結局、「ヒートマップ」という呼び名は、いつ誕生したのでしょうか。そして誰が名付けたのでしょうか。それは、ルーアによる発表から約120年、ブリントンによる発表から約80年経った**1993年とされます。コーマック・キニーというアメリカ人エンジニアによって、行列を色で塗るグラフが「ヒートマップ」と命名されます。**

キニーは金融市場向けにビジュアライゼーションツールを販売する企業を興し、そこでヒートマップを提供するソフトウェアを開発しました。縦軸、横軸を選択すると、個々の表の色が変化し、どこに利益が集中しているかが「見える」ようになるわけです。今で言うBIツール（Business Intelligenceツールのこと。データの一元管理を行い、グラフィカルに表現して、意思決定を促す役割を担う）の走りです。現在ではその企業は買収されてしまいましたが、キニーはアントレプレナーとして活躍し、2016年には新たな企業を立ち上げています。

時代を何百年も超えて、**地図を用いたグラフの表現方法から、表に記載されたデータに応じて色を塗る表現方法に少しずつ変わっていき、現在の形に落ち着いた**のです。プレイフェアのように誕生した当初から完成していたグラフもあれば、ヒートマップのように進化を遂げる場合もあるのです。

ヒートマップはこうして生まれた

- フランス統計学の巨匠トゥーサン・ルーアによって生み出された
- 統計の調査結果を表現する際、何十もの地区特性をジオグラフで作ったのが原型
- ヒートマップと命名したのはコーマック・キニーというアントレプレナー

第 7 章

散布図

散布図は、ほとんど見る機会はないかもしれません。しかし、データを分析する際にはなくてはならないグラフです。散布図ほど、見る者に語りかけてくるグラフはありません。

2種類のデータの関係性を表現する散布図

続いて散布図を解説していきます。これまでグラフの名前はカタカナが多かったのですが、散布図は漢字です。ちなみに英語では「scatter plot」と呼びます。scatterとは「撒き散らす」「ばらまく」という意味があります。

散布図は今まで紹介してきたグラフと比べて、若干特殊です。2つのデータとその2つのデータを束ねるデータ項目が用意されます。あとは、縦軸と横軸の2軸で構成された表にひたすらそのデータを点として打ち込むだけです。まさに「scatter」なのです。たったそれだけなのに、データの傾向を把握できます。

実はビジネスの現場において、散布図は棒グラフや折れ線グラフと同じぐらい使用されます。私も「分析レポートでよく使うグラフは?」と聞かれると「棒グラフ、折れ線グラフ、散布図」の3つを挙げるでしょう。散布図を用いた報告書が作れるようになると、あなたに向けられた周囲の目線も「おっ、こいつ何か違うぞ」と変わってくるはずです。

散布図を使えば「2つのデータに関係があるか？」がわかる

まずは、図1の散布図を見てください。横軸は都道府県別の人口、縦軸は都道府県別の二輪車保有台数、この2つのデータの関係性を表す散布図です。

あなたは散布図に描かれている2つのデータの関係性から、二輪車の保有台数は人口が関係しているのではないか？　という仮説を立てたのではないでしょうか。

なぜこのグラフを見ただけで、直感的にそこまで理解できるのでしょうか？　次ページ図2で散布図の見方を、順番に解説していきます。

1つ目のデータは都道府県別人口というデ

図1 ▶ 都道府県別二輪車保有台数・人口

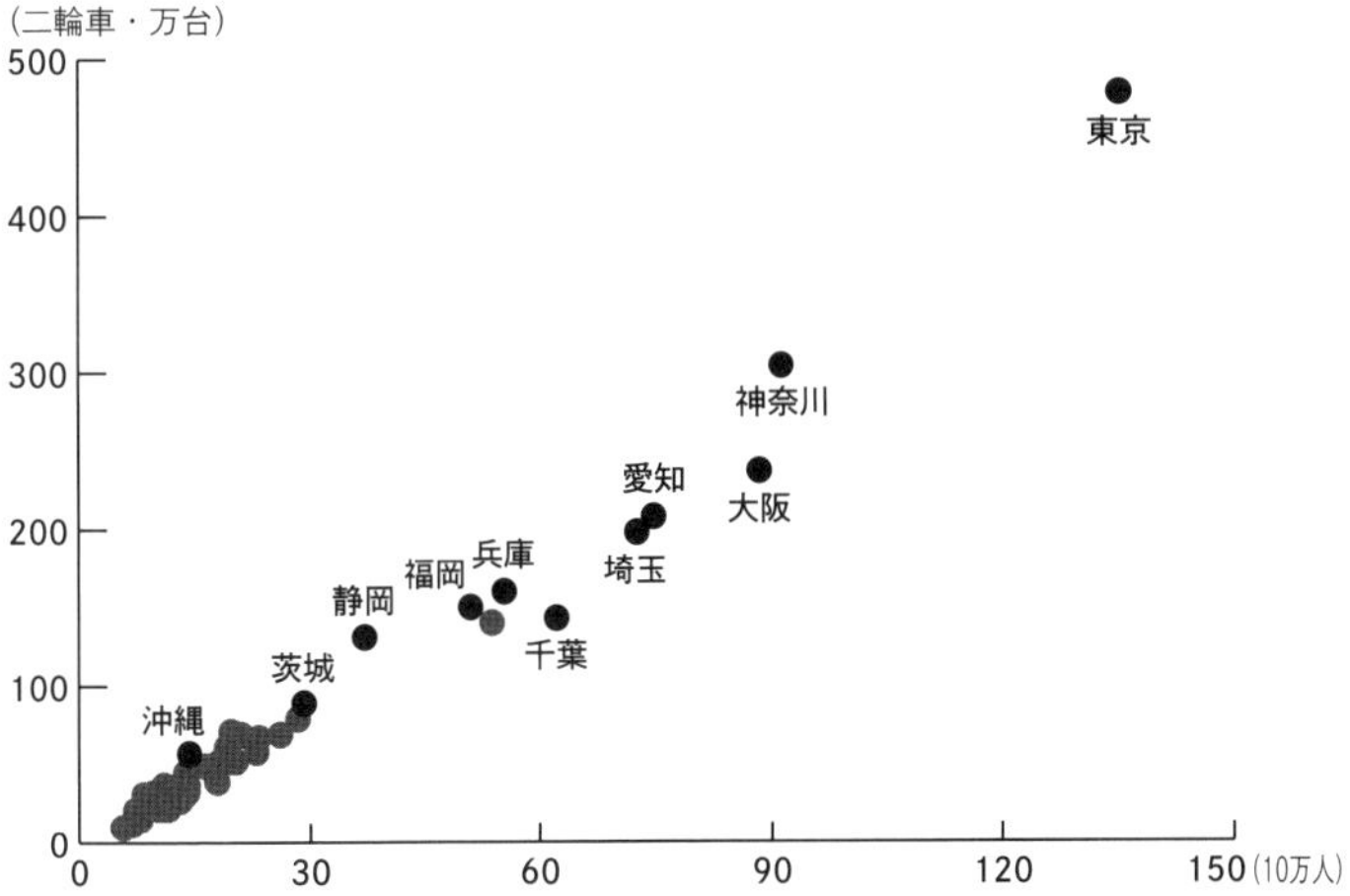

(一般財団法人自動車検査登録情報協会「自動車保有車両数月報」より作成)

ータ項目を持っています。例えば約884万というデータは、大阪府の人口というデータ項目です。2つ目のデータは都道府県別二輪車保有台数というデータ項目を持っています。例えば23.7万というデータは、大阪府の二輪車保有台数というデータ項目です。

そして「大阪府」という都道府県のデータ項目が、データを束ねる軸です。それぞれ縦軸と横軸から直線を引いて、ちょうど交わる場所に点を打ちます。それが散布図で言う大阪府の位置です。散布図上の点は、2つの異なるデータを同じデータ項目で束ねた地点です。

最後に、これが一番大事です。**散布図は必ず複数の項目を描きます。**2つのデータの傾向を導くためにも10点以上は欲しいところで

図2 ▶ データとデータ項目から散布図の作成

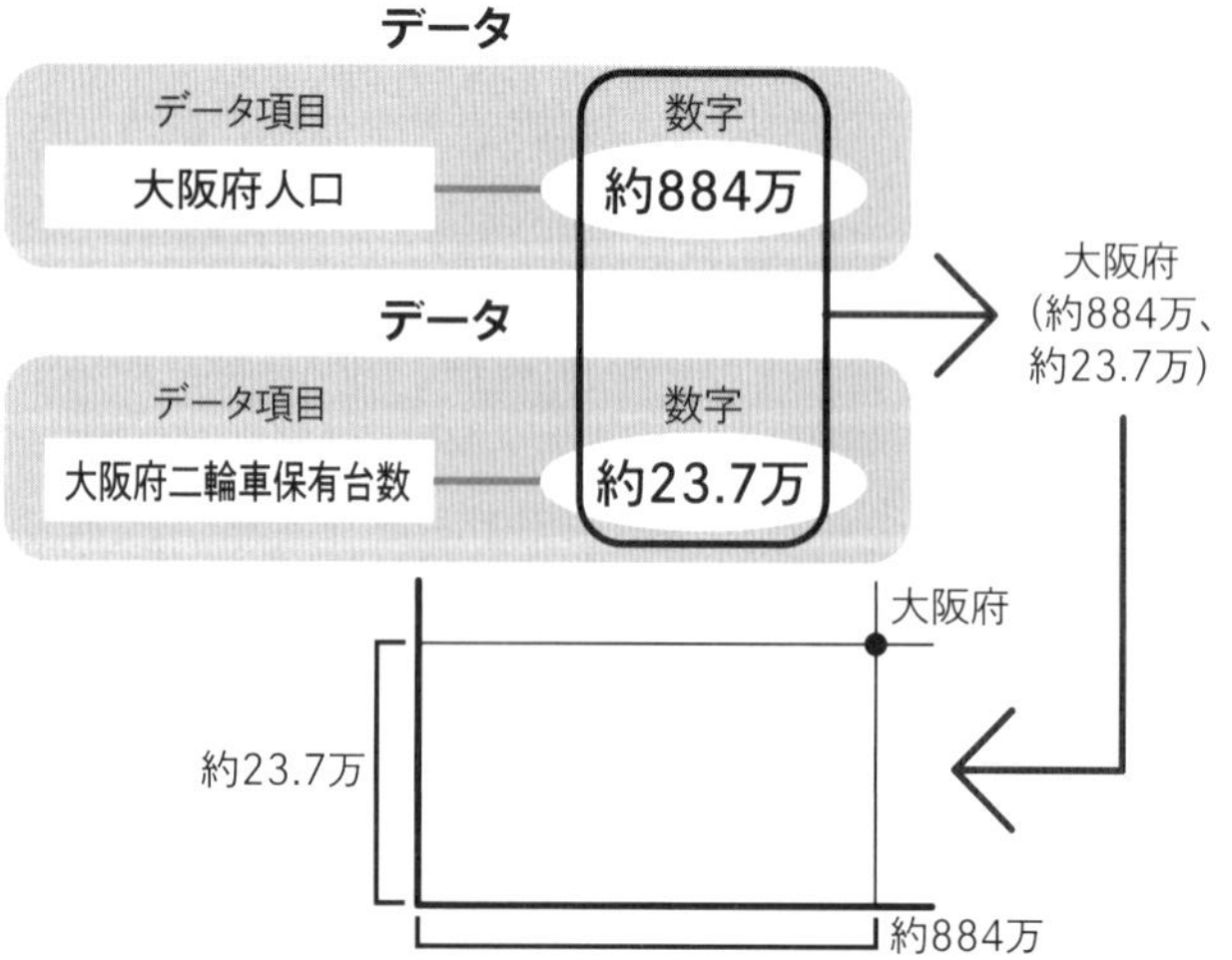

す。点が2つしかない散布図を目にする機会はないでしょう。

複数の項目を表現した点を俯瞰して見て**「縦軸と横軸の相関（2つのデータ項目が密接に関わりあっている状態）はあるだろうか？」と考えます。**つまり**散布図が一番得意な表現方法は、2つのデータ項目の「関係」**です。散布図は、2つの観点から見たデータの関係性を最もわかりやすく図で表現できます。「相関」という言葉、あまり聞き慣れないですよね。**一方の値が変化しているとき、他方の値も変化しているという2つの値の関連性**を意味しています。「**相関関係**」とも表現します。

図1を見てください。人口が増えると、二輪車保有台数も増えています。つまり、この2つの項目には何か関係性があるのではないか？　と考えられます。移動手段としての二輪車の有効性は誰もが認めますから、都道府県ごとに「必要な人」や「愛用している人」が一定の割合でいれば、当然ながら人口が増えれば保有台数は増えるはずです。

伝えたい内容は、2つのデータ項目間の比較でも推移でも偏りでもありません。**「関係」というデータ同士のつながり**です。「はじめに」で、本書のメインテーマを「データの見せ方」だと話しました。しかし散布図は、どう見せるか以前に「何を見せるか」というストーリーを定義する必要があります。そうでないと、グラフを見た人から「なぜこの2種類のデータなの？」と疑問を持たれてしまいます。

「相関関係」と「因果関係」の違いを理解する

散布図を使って「相関」を表現する際、用意するデータに気を付けないと、関係がないデータなのに何かつながりがあると勘違いする事例が多くあります。

その最たる例を紹介します。2008年に、麻生内閣の中山国土交通大臣が「日教組の強い地域は学力が低い」と発言して、野党から問題発言だと追求され辞任しました。日教組とは日本の教員・学校職員による労働組合の連合体を指します。当時の事務次官が「組合の組織率が高くても低くても成績の良い県はある。一概には言えない」と見解を示す一方で、中山大臣の発言を擁護する人たちは「組織率ではなく組合運動の強さを指摘している。問題のすり替えだ」と見解を示しています。内容の是非はともかくとして、都道府県単位で見た日教組の強さと学力には「関係」があるとする主張を散布図で表してみましょう。

どうやって「組織の強さ」を表現すればいいか迷いますね。昨今の教職員は組合活動に従事しないと以前に聞きました。そこで、全教職員のうち日教組に加入している教職員の割合が、2015年と問題発言のあった2008年から2015年にかけてどれくらい減少しているか算出し、「減少していない」=「組織が強い」という仮説を立てて、学力と比較してみましょう。

図3の散布図を見てください。各都道府県別に、横軸はこの7年での加入率の減少ポイント、縦

軸は2016年度学力テストの数学Aの得点結果を集計し、散布図で表現しました。

この散布図から日教組の強い地域は学力が低いと言えるでしょうか。そのような傾向にまったくありません。相関関係は現れていません。事務次官の発言は正当性のある内容だったのではないでしょうか。このデータからは、組合と学力は何ら関係ないと言えそうです。

もう1つ「データ分析」の観点で指摘をするなら「日教組の組織が強い〝から〟学力が低い」というのは、相関関係を飛び越えた因果関係を指します。もしかしたら中山大臣は**相関関係と因果関係を混同されていた**のかもしれません。ここで相関関係と因果関係について整理してみましょう。

図3 ▶ **都道府県別の日教組加入率の変化ポイント・学力テストの結果**

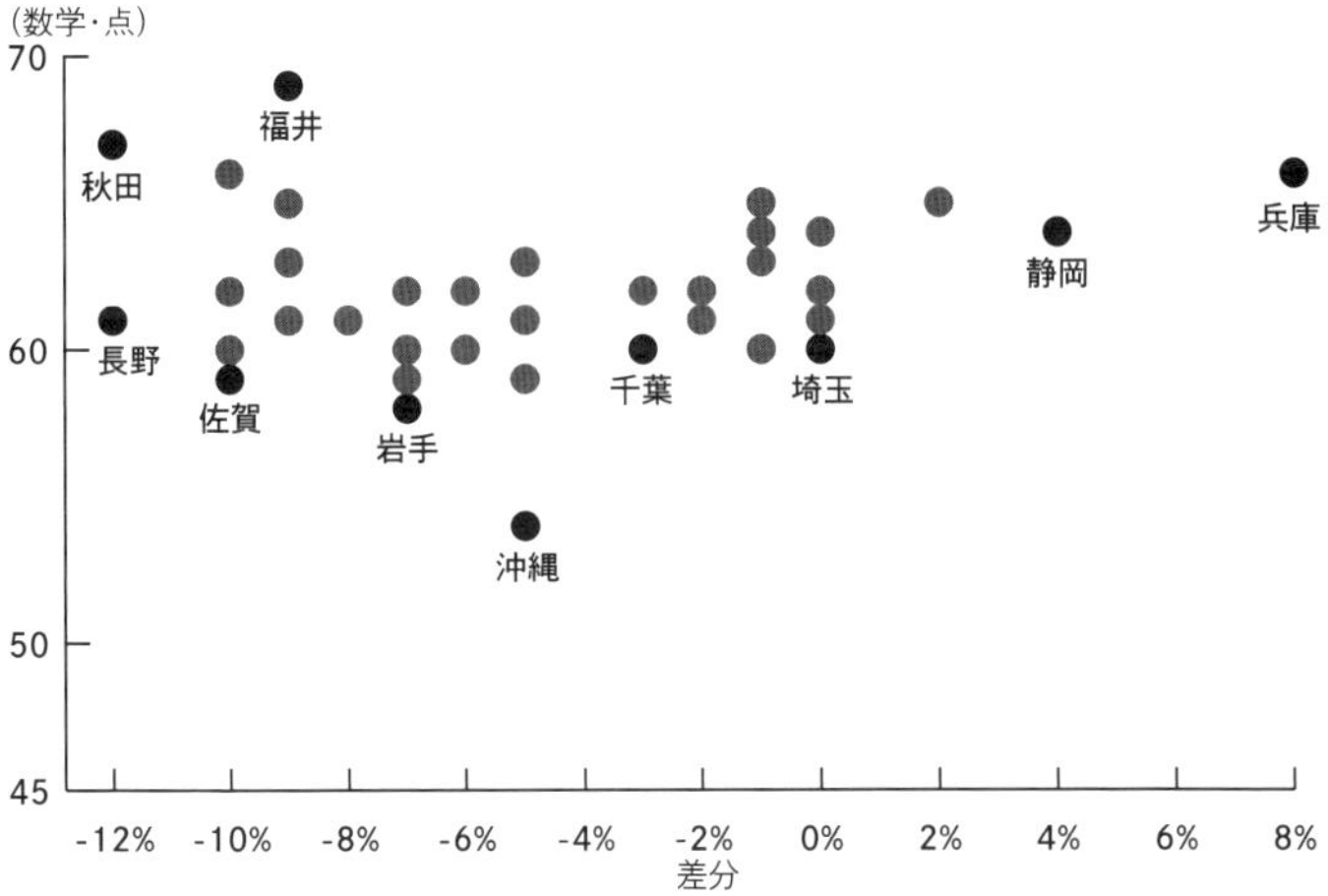

(日教組に関するデータは教育委員会月報「都道府県別教職員団体加入状況」より、学力テストは国立教育政策研究所「平成27年度全国学力・学習状況調査」より作成)

因果とは、もともとは「原因と結果」を意味するサンスクリット語の漢訳です。総じて因果関係とは、対象の間に原因と結果の関係があると言い切れる関係を意味しています。

図4の散布図を見てください。図1は二輪車保有台数と人口でしたが、今度は四輪車保有台数と人口の2軸で散布図を作成してみました。

「四輪車保有台数」と「人口」という2つの変数があります。東京都における「四輪車保有台数」と「人口」、大阪府における「四輪車保有台数」と「人口」のように全都道府県のデータを集めました。47都道府県を見比べると、**人口が増えたら（減ったら）保有台数も増える（減る）のがわかります。これが相関関係**です。たまたま関係があるように見えた

図4 ▶ **都道府県別の四輪車保有台数・人口**

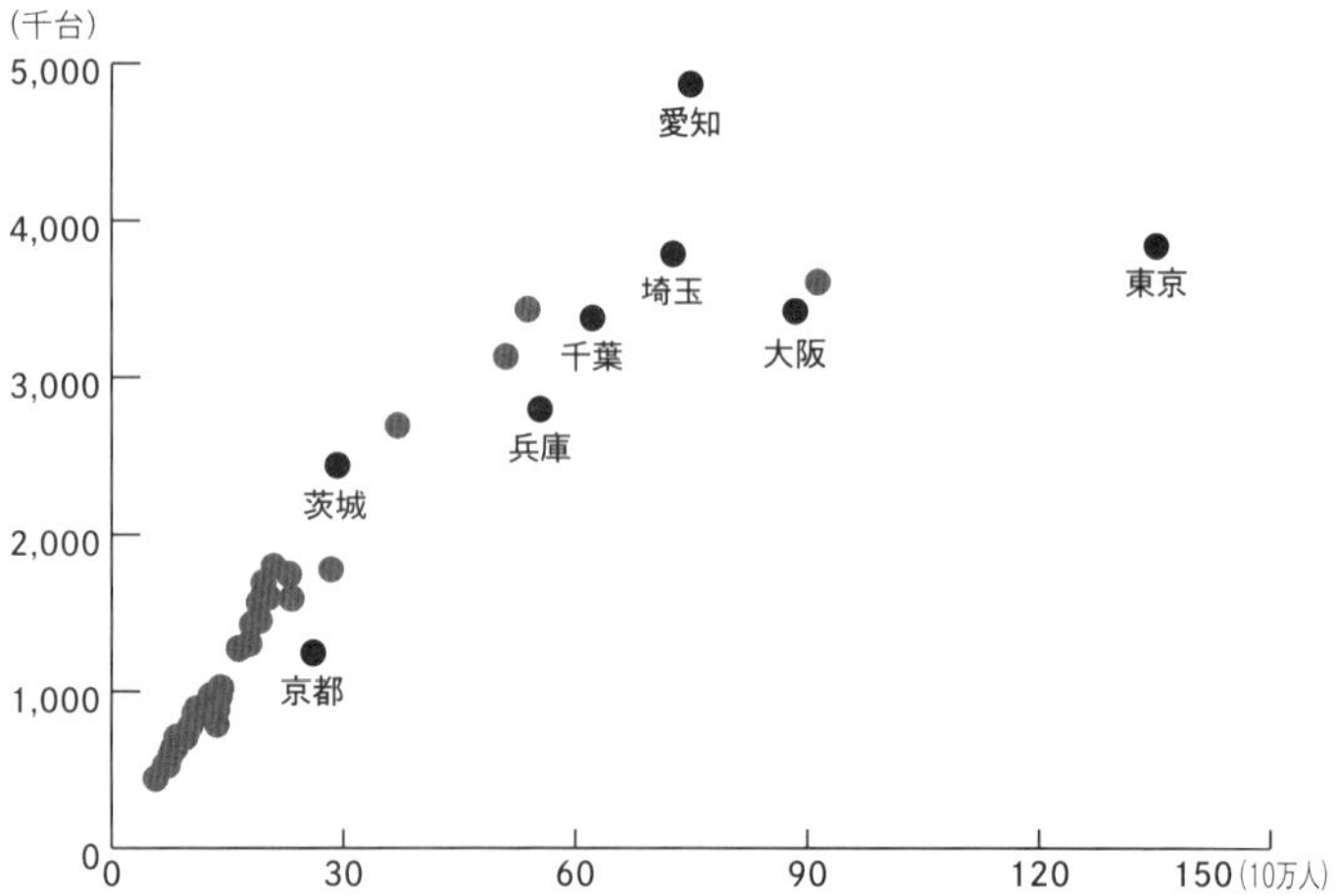

（一般財団法人自動車検査登録情報協会「自動車保有車両数月報」より作成）

だけかもしれませんし、必然の関係なのかもしれません。

一方で**因果関係は、片方の値が増えたり減ったりした場合に、もう片方の値が同じように増えたり減ったりする関係**を指します。例えば、東京都の人口が1年後に増えた結果、自動車保有台数がそれに合わせて増減すれば、人口の増加と自動車保有台数の増減は因果関係がありそうだ、と言えます。つまり、因果関係と相関関係は似て非なる関係です。**因果関係は理由が明確な1本のストーリー、相関関係は2本のストーリーの関係性を表している**と言えます。

では、図4の散布図は因果関係があると言えるでしょうか。このデータのみでは因果関係までは言い切れません。それを裏付けるようなデータは提示されていないからです。ただし、相関関係はありそうですね。

このグラフがとても面白いのは、人口がある程度増えると、愛知県を除いて自動車保有台数が増えない点です。これは**人口が密集しだすと移動手段として車より電車・バスなど公共交通機関が発達するため、自動車を保有する理由を持たなくなるからだ**と私は考えました。

このように因果関係と相関関係の違いを理解しないと、公然を前にトンチンカンな発言をしてしまい大臣を辞任せざるをえなくなるので注意しましょう。

「2つのデータには関係がある！」と言う前に注意すべき2つのポイント

散布図を使って「相関」を表現する際、相関関係と因果関係を読み違えるというミス以外にも、気をつけなければならない点があと2つあります。

1つ目、相関関係が単なる偶然である可能性です。

図5の散布図を見てください。折れ線グラフの章で紹介した東京の年間平均最低気温と、面グラフの章で紹介した労働力人口を集計し、散布図で表現しました。この散布図を読み解くと、最低気温が少しずつ上がるにしたがって、労働力人口も増えているように見えます。

では、労働力人口を増やすには、もっと最

図5 ▶ 平均気温が上がると労働者人口が増える？（労働力人口と東京の平均最低気温）

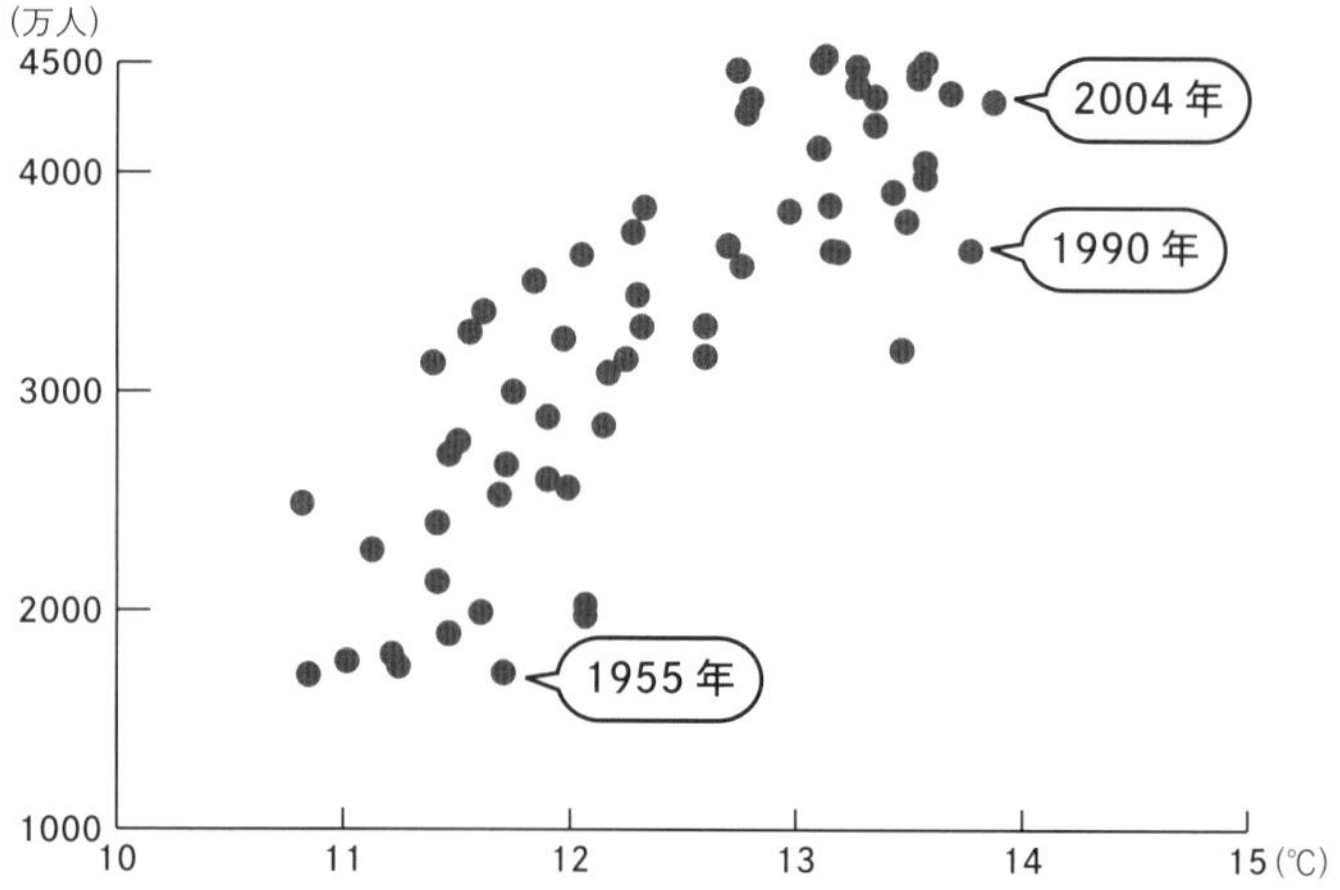

低気温が上昇すればいいのでしょうか。そんな馬鹿な話あるわけがありません。単なる偶然です。年が経つにつれて平均最低気温が上昇し、同じくして労働力人口が増加していただけです。

2つ目、「疑似相関」の可能性です。2つの事象には相関関係がないのに、見えない「要因」によって相関関係があるかのように推測される状況を疑似相関と言います。

図6の散布図を見てください。折れ線グラフの章で紹介した賃金構造基本統計調査のうち20歳〜59歳まで5歳区切り平均賃金と、ヒートマップの章で紹介した悪性新生物（ガン）による20歳〜59歳まで5歳区切り死亡率を集計し、散布図を作成しました。この散布図を読み解くと、平均賃金が少しずつ上昇するに

図6 ▶ 賃金が上がるとガンでの死亡率が上がる？（悪性新生物による死亡率と平均賃金）

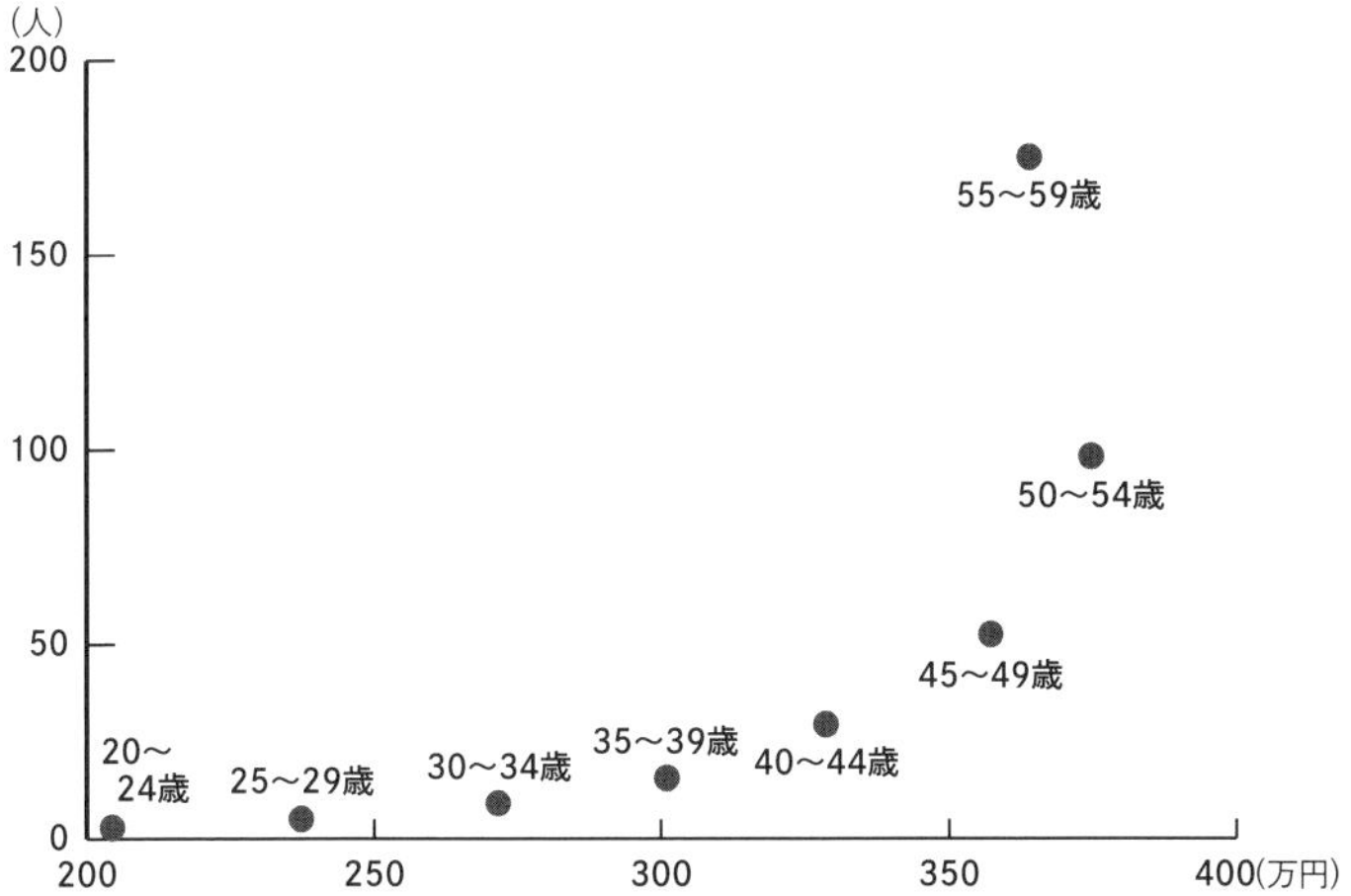

したがって、悪性新生物による死亡率も上昇しているように見えます。

では悪性新生物で死なないためには平均年収が低いままがいいのでしょうか。そんな馬鹿な話あるわけがありません。単なる疑似相関です。年齢を重ねるにつれて責任ある仕事も増えて、賃金が上昇しているのです。一方で、年齢を重ねるにつれて身体を悪くして、悪性新生物が発生しやすくなっているのです。つまり「加齢」という他の要因によって、あたかも賃金の上昇と悪性新生物による死亡率に相関があるように見えるのです。

散布図を作るときに意識しよう！

- 散布図が一番得意な表現方法は2つのデータ項目の「関係」
- 散布図は「どう見せるか？」より「何を見せるか？」というストーリーが大事
- データ項目同士に関係があるように見えても、偶然だったり、疑似相関だったり、実際は無関係という場合も多くある。早とちりは禁物！

誰が「散布図」を考え出したのか？

こんな便利な散布図を誰が考え出したのでしょうか。これまで、フランス生まれの数学者であるルネ・デカルトではないかと考えられてきました。

デカルトと言えば「我思う、故に我あり」という命題で有名です。一方で、彼は数学者としても名を馳せていました。１６３７年に出版した「方法序説」で、横にx軸、縦にy軸で表現される直交座標を発表しており、別名デカルト座標とも呼ばれています。まさに、今まで説明してきた縦軸と横軸で交差する座標です。また、ほぼ同時期を過ごした同じくフランス人のピエール・ド・フェルマーも「座標」という概念を考えていました。彼は「フェルマーの最終定理」で有名ですね。名前ぐらいは聞いたことがあるのではないでしょうか。

どちらが散布図を発案したかはともかく、１６３０年代には散布図はあったのではないか？と言われていました。ただし、それは座標軸上に直線を描くという意味での「発明」であり、現在の散布図とは少し違います。**座標軸上に複数の点を描いて関係性を表現する方法をいったい誰が開発したのか。この疑問は残り続けていました。**

この疑問はなんと今からたった十数年前、2005年にようやく答えが見つかりました。マイケル・フレンドリーとダニエル・デニスという2人の学者が書いた論文「The early origins and development of the scatterplot」（散布図の起源と発展）によって明らかにされます。論文の中で、**散布図はジョン・ハーシェルという1人のイギリス人によって生み出されたのだと論じられています。**実際、ハーシェルが1833年に出版した「On the Investigation of the Orbits of Revolving Double Stars」（公転している二重星の軌道の調査に関して）の文中に、散布図の原型が発表されました。

イギリス人にとって、ハーシェルはグラフやデータ、統計といった領域からは程遠い、昔活躍した天文学者という印象しか残っていませんでした。フレンドリーとデニスの論文が発表されて一番驚いたのは当のイギリス人だったと言われています。

ハーシェルの人生について簡単に振り返っておきましょう。

イギリスの天文学者が発明した散布図

ハーシェルは1792年にイギリスのバッキンガムシャー州に生まれます。父親は天王星を発見したウィリアム・ハーシェル、息子であるアレクサンダー・ハーシェルは彗星に関する研究を行っており、まさに「天文一家」だと言って良いでしょう。ハーシェル自身も「Outlines of Astronomy」(天文学概要) で、日数や時間の計算にユリウス通日を利用する方法を考案し、世界中の天文学者に影響を与えました。また1820年に設立された王立天文学会の立ち上げに親子共々で尽力し、ウィリアム・ハーシェルは初代会長に就任しています。

ハーシェルが1833年に記した「On the Investigation of the Orbits of Revolving Double Stars」(公転している二重星の軌道の調査に関して) という論文も、天文学に関する貴重な調査結果でした。この論文では、彼が当時観測できた364個の二重星の軌道に関する結果が記載されています。ハーシェルの時代の天文学のデータは、現在と比べれば「精度」「観察結果」ともに信頼性に欠けていました。なぜなら、北極星以外の星は動くので、前回の観測地点と違ったところに現れる星を正確に追えなかったからです。しかしハーシェルはそれらの問題点を散布図で表現する手法をもって解決に導いたのです。

次ページ図7のグラフを見てください。横軸が二重星を観測した年月、縦軸が二重星の位置の角度を表しています。そして、この軸に描かれているのは「おとめ座ガンマ星 (おとめ座にある3等級連星)」です。

ハーシェルは、このグラフに記した曲線から、高校の物理にも登場する「角速度」を求めようとしました。詳しい解説は省きますが、これは数学者も物理学者も数世紀に渡って頭を悩ませていた問題でした。ハーシェルは、時間と経過と二重星が観測された角度という2つのデータ項目の関係を表す散布図という形で解決に導いたのです。

この点同士を結んでいれば、ここまできれいな曲線にはならなかったでしょうが、ハーシェルは「平滑化」という手段を用いて、滑らかな1本の線に仕上げて見せました。ただし**この図は横線が時系列な「年」であるという点において、折れ線グラフと何が違うのだ？という指摘はあるかもしれません。しいて言えば、着眼点の違いでしょうか。**折れ線グラフは時点間の「推移」に着目していました。一方でハーシェルは、時間が経つにつれて変化していく角度から「何らかの規則性」を見つけ出そうとしました。つまり**X軸のデータが**

図7 ▶ 時系列で見たおとめ座ガンマ星の発見角度

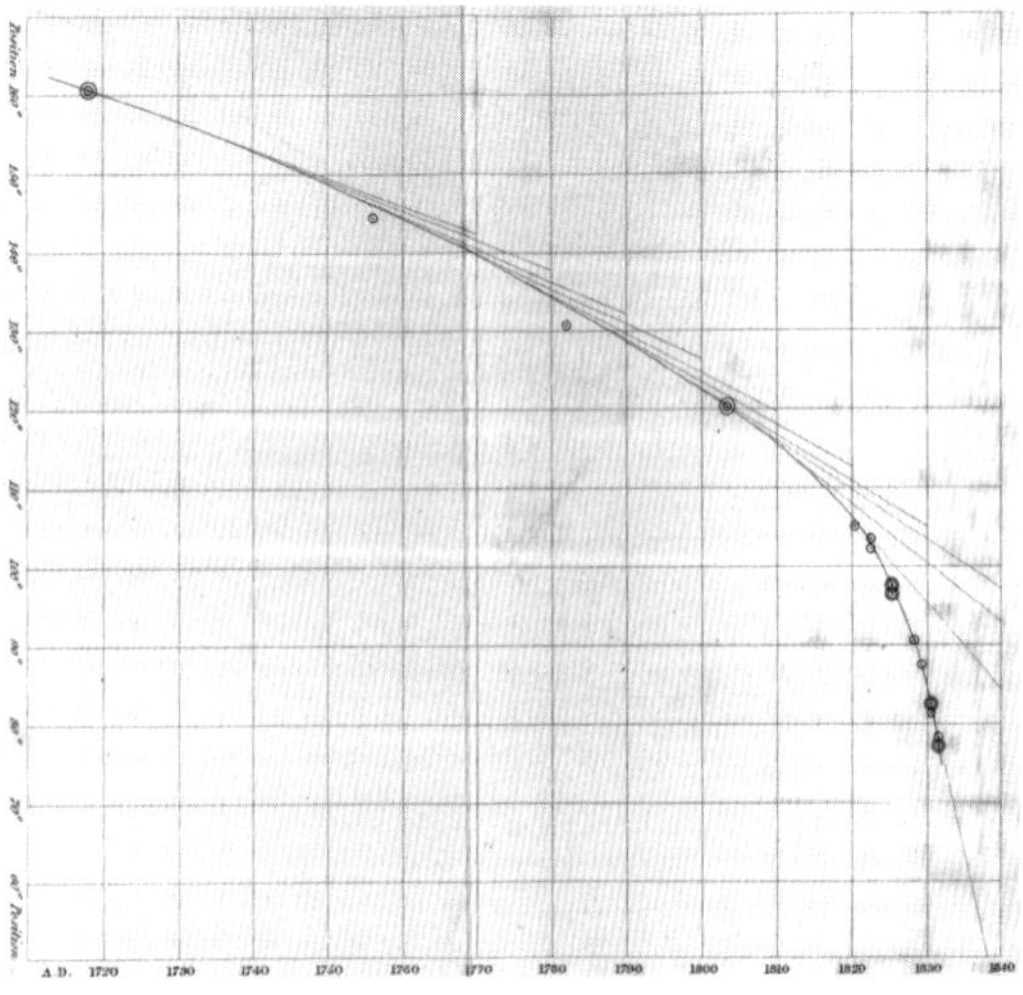

変化したとき、Y軸のデータも変化しているという見立てをしている点で大きく違うと言えるでしょう。

ムーアから80年、偶然誕生した「散布図」

ハーシェルの発見から約80年が経ち、まったく違う人物が再び散布図を思いつきます。ヘンリー・ムーアというアメリカ人の計量経済学者によって1911年に出版された「The Law of Wages」（賃金の法則）の文中に散布図が登場します。またそのグラフには、散布図（Scatter Diagram）という名前が初めて登場します。

図8の散布図を見てください。このグラフ

図8 ▶ 米国州における各州の男性・女性の平均賃金

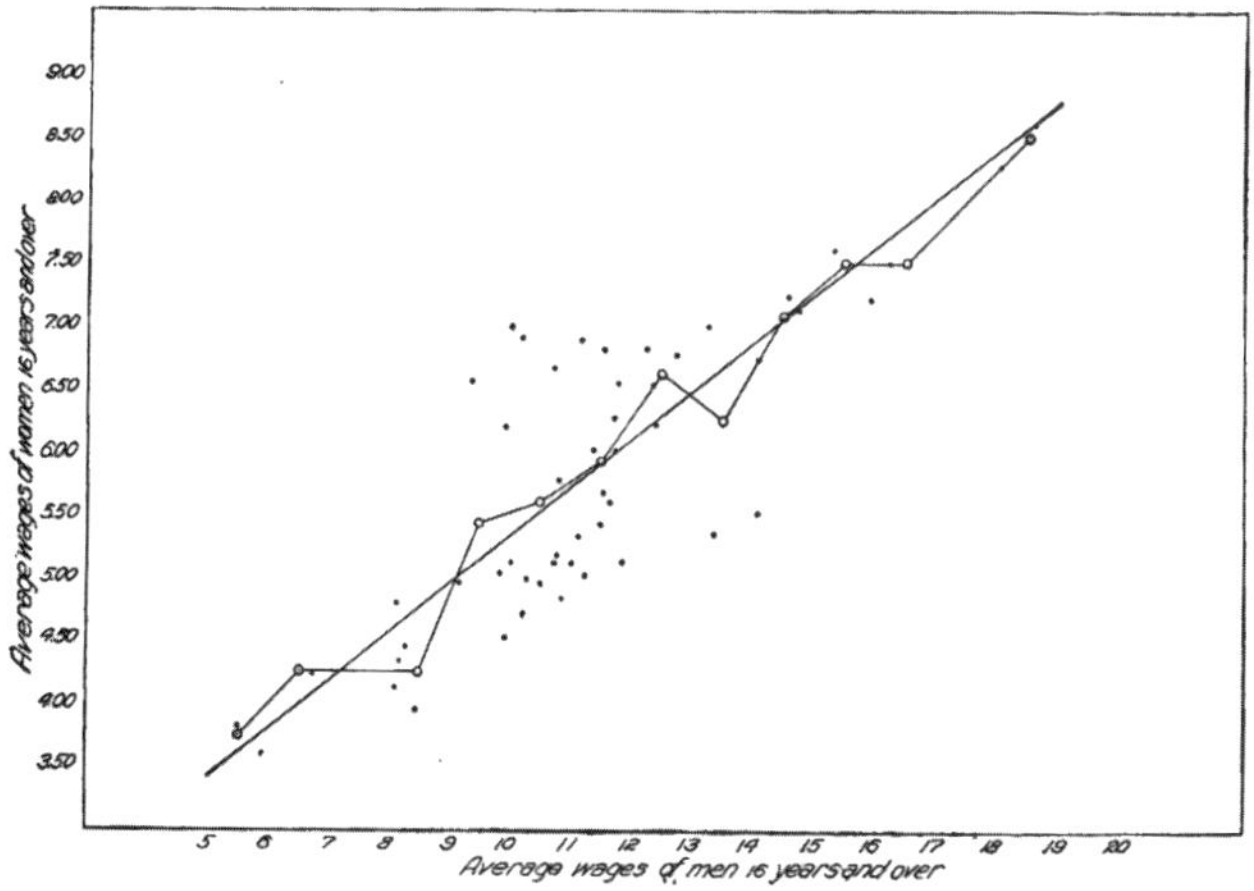

FIGURE 1.—A scatter diagram illustrating the relation between the wages of men and the wages of women in the states and territories of the United States.

は、50ある米国州および準州における男性と女性の1週間あたりの平均賃金を示すグラフです。ある州では男性の平均賃金が週10ドルから11ドルに対して、女性は平均にして週5・6ドルのみでした。

この散布図は、男女間における賃金格差を明らかにしています。**男性の賃金と女性の賃金、2つのデータ項目には「同じ仕事をしている」という関係がありながらも、性別が違うだけでなぜ賃金が違うのかをこの散布図は問いかけています。**まさに散布図の特徴である「何を見せるか?」を表現していると言えます。

活躍する分野が違うので、ムーアがハーシェルの書いた論文を読んだとは思えず、まったくの偶然によって散布図は再びこの世に登場したのでしょう。もしハーシェルの論文に光が当たらなければムーアが散布図の考案者となっていたはずです。実際そうなのですが……。80年も時を隔てて、似たようなグラフを思いつくなんて、歴史とは不思議なものです。

散布図はこうして生まれた

- 天文学者であるジョン・ハーシェルによって生み出された
- ある星の見える角度を時間の経過にともなう変化を記した図がはじまり
- (おそらく偶然に)男女で払われる賃金が違うことを示したヘンリー・ムーアによって再び作られた

第 8 章

積み上げグラフ

この章では、円グラフの欠点を帳消しにするために、2つのグラフを紹介します。既存のグラフに改良を重ねて誕生した積み上げ棒グラフと面グラフです。

総量の違うデータ項目の内訳同士を比較するなら積み上げ棒グラフ

この章では、第4章で解説した円グラフのデメリットを打ち消してくれる積み上げグラフの表現方法を2つ紹介します。1つは積み上げ棒グラフで、もう1つは面グラフです。まず、積み上げ棒グラフについて解説していきます。

円グラフには「総量がわからないので違う円グラフの内訳と比較できない」というデメリットがあります。そのデメリットは、積み上げ棒グラフを使えば回避できます。あまり聞き馴染みのないグラフの名前ですよね。「棒グラフとは違うの?」と、そんな疑問を抱いたかもしれません。実は棒グラフを進化させた、すごく便利なグラフなのです。

積み上げ棒グラフを使えば「どちらのデータ項目の内訳が大きいか?」がわかる

まずは、図1の積み上げ棒グラフを見てください。円グラフの章で紹介した、ウメと柿のそれぞれの平成27年収穫量を表す積み上げ棒グラフです。

積み上げ棒グラフは、1つのデータ項目につき1つの棒を用意します。図1のグラフではウメ、柿それぞれに1つの棒が描かれています。ここまでは棒グラフと同じです。加えて、各項目の棒に横線が引かれて、それぞれ面が描かれています。これは円グラフの章で紹介した都道府県別ウメ・柿収穫量の面の数と同じです。積み上げ棒グラフに描かれた「内訳」を「比較」して、ウメが実数で見て多いと把握できたのではないでしょうか。それは円グラフではできなかった方法です。

では、なぜこのグラフを見ただけで、直感的にそこまで理解できたのでしょうか？ 積み上げ棒グラフの見方を、順番に解説していきます。

次ページ図2を見てください。各データは

図1 ▶ **都道府県別ウメ・柿収穫量の内訳**

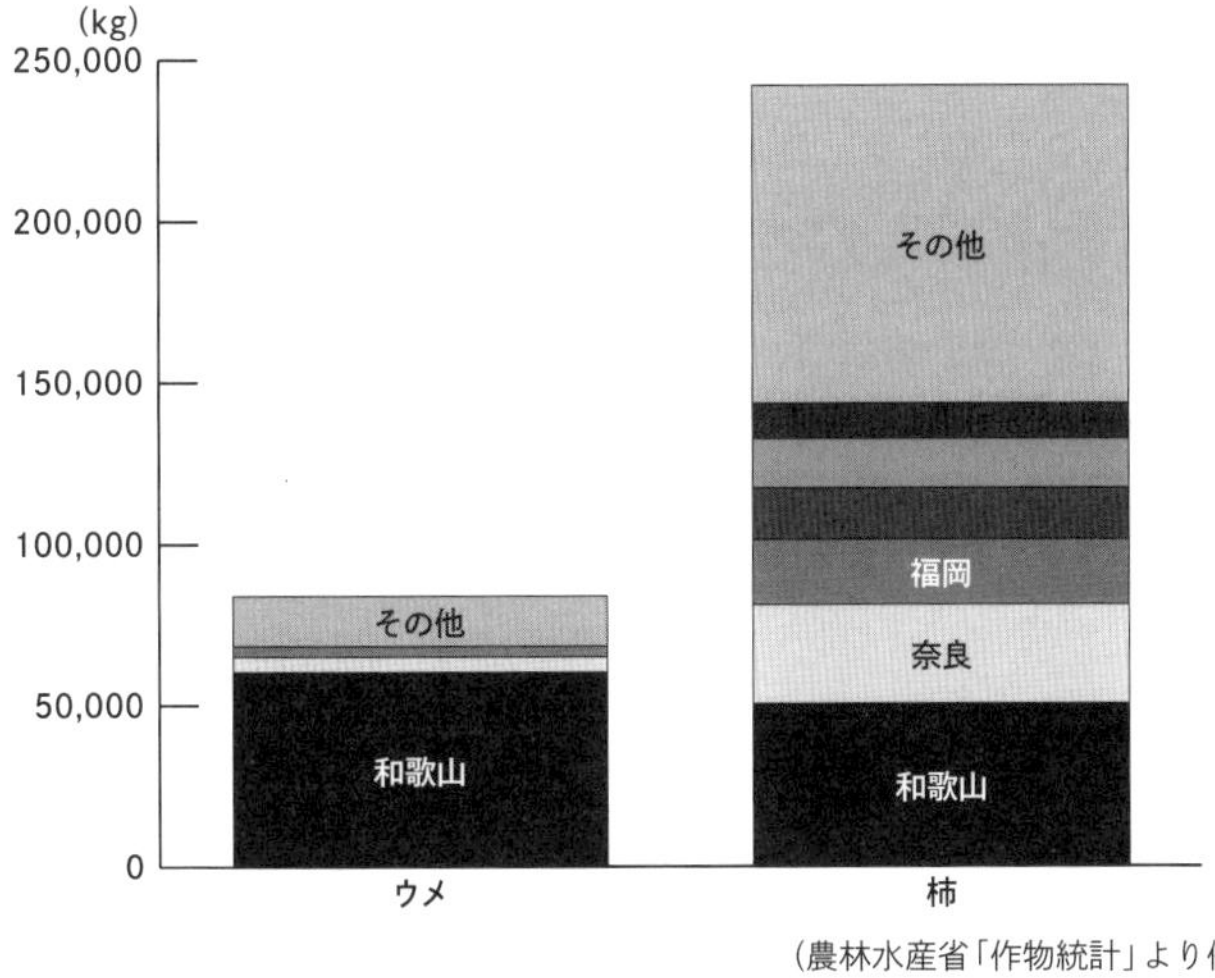

（農林水産省「作物統計」より作成）

収穫量というデータ項目を持っています。例えば約24・2万というデータは柿の収穫量総計というデータ項目を持っています。加えて、収穫量総計というデータ項目は、都道府県別収穫量というデータ項目に分解できます。都道府県別収穫量というデータ項目を持つデータの合計が、収穫量総計というデータ項目を持つデータと同じ、と言ってもいいかもしれません。

　そもそも**積み上げ棒グラフとは、棒グラフを改良させたグラフ**です。基本は棒グラフの表現をしているので、データ項目同士の「比較」もデータ項目の内訳の「比較」も把握できます。だから、円グラフの「総量がわからないので違う円グラフの内訳と比較できない」というデメリットを解消できるのです。**高さ**

図2 ▶ データとデータ項目からグラフの作成

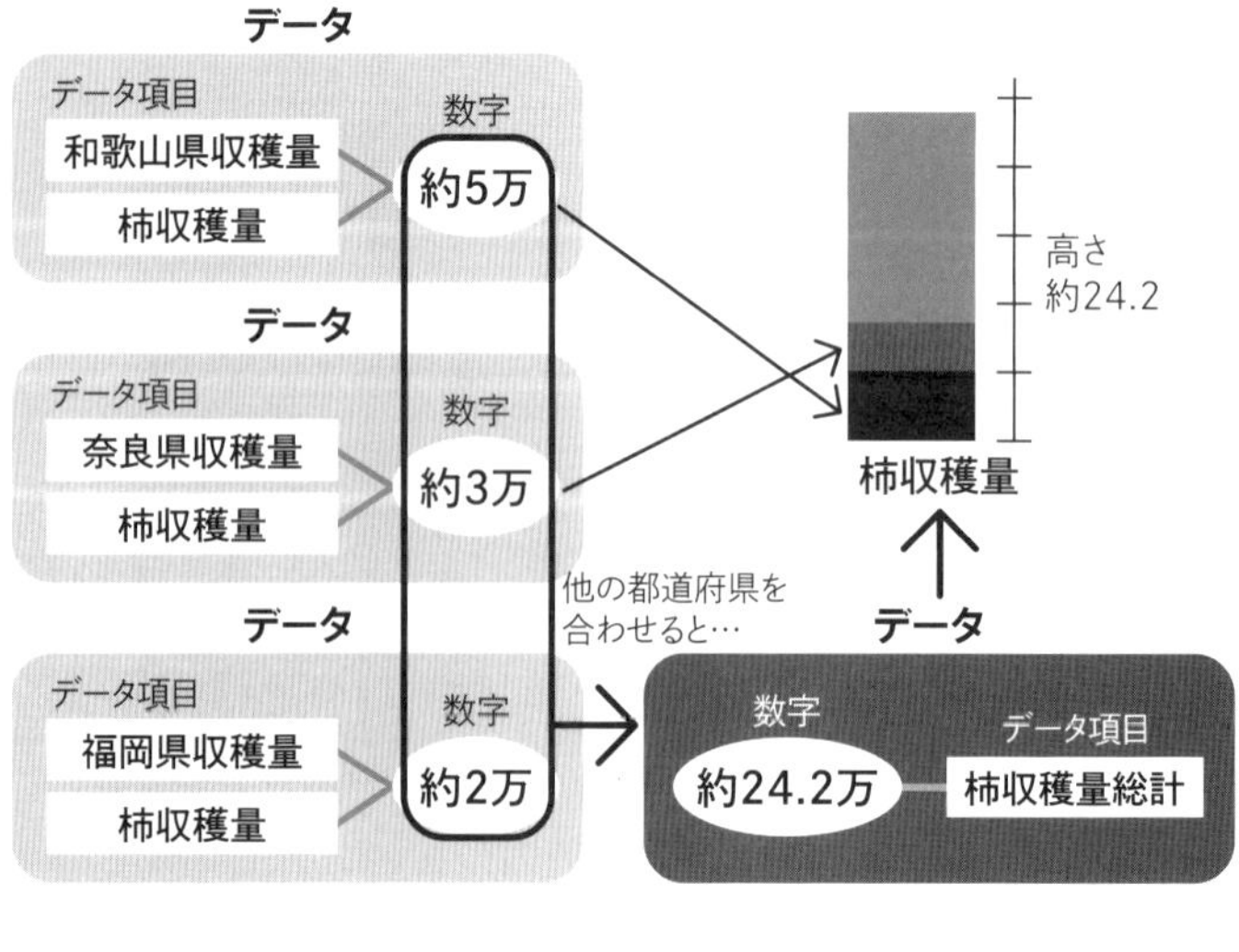

を比べて量の大小を感覚的につかめる棒グラフの特徴を活かして、積み上げた棒の高さをそれぞれ比べられるのです。**総量に対する内訳の表現を円ではなく、棒の高さで表現しているから**です。

最後に、これが一番大事です。**積み上げ棒グラフは、棒の中に必ず複数のデータ項目を描きます。**棒の内訳に1つのデータ項目しかない積み上げ棒グラフは、何も積み上げていないので単なる棒グラフです。そんな積み上げ棒グラフを目にする機会はないでしょう。積み上げ棒グラフでは、あるデータ項目の内訳の高さを比べて**「全体に対して占める割合が大きい（小さい）データ量はどれだろう？」と考えます。**つまり**積み上げ棒グラフが一番得意な表現方法は、データ全体の「内訳」の「比較」**です。積み上げ棒グラフは、各データ項目が全体に対して占める割合を比べやすいように図で表現できます。

「高さ」を比べて特定のデータ項目のデータの違いを感覚的につかめるのが積み上げ棒グラフの特徴です。だから、都道府県別に見て和歌山県は柿よりウメの出荷量が多いと直感的に理解できたのです。

積み上げ棒グラフ、内訳を意識するか？　比較を意識するか？

積み上げ棒グラフは、棒グラフと円グラフの良い所取りをしたグラフです。円グラフは**内訳を**

「円の角度」で表現しましたが、積み上げ棒グラフは「棒の高さ」で表現します。したがって、棒グラフや円グラフの章で紹介した表現方法はほぼ積み上げ棒グラフにも適用できると言っていいでしょう。

積み上げ棒グラフは、円グラフが得意とする「内訳」と棒グラフが得意とする「比較」のどちらを強調したいか決めれば、何が言いたいのかより伝わります。

図3の積み上げ棒グラフを見てください。週平均で慣らされた1日の時間の使い方を集計して、積み上げ棒グラフを作成しました。睡眠・食事など生理的に必要な活動を「1次活動」、仕事・学業・家事など社会生活を営む上で義務的な性格の強い活動を「2次活動」、これら以外の各人が自由に使える時間における

図3 ▶ **週平均1日あたり総活動時間の内訳**

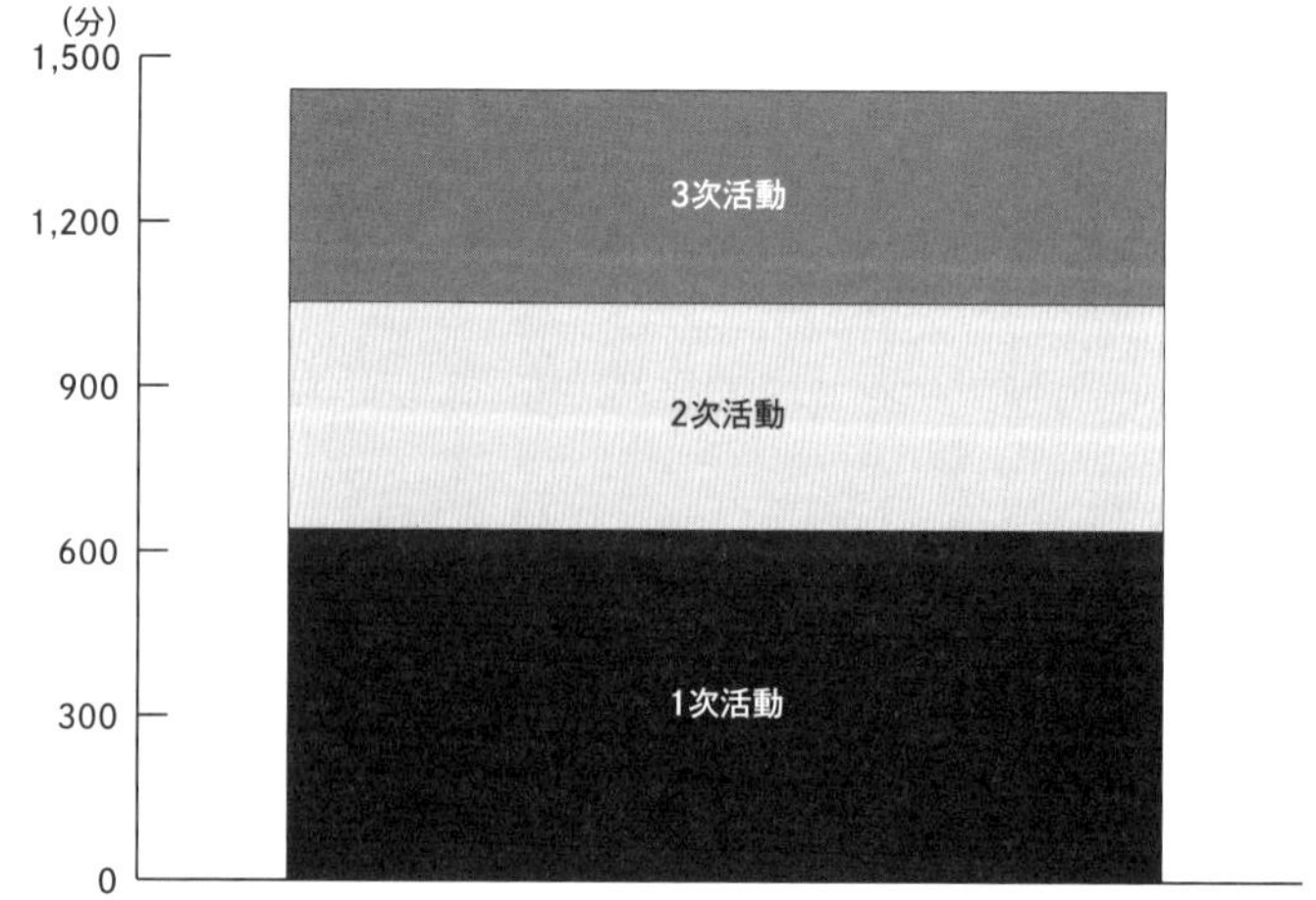

(総務省統計局「社会生活基本調査」より作成)

活動を「3次活動」と定義しています。1次活動を必要最低限、2次活動を義務、3次活動を自由と見ても良いかもしれません。1日の時間の「内訳」として3つの面が描かれています。

「内訳」を見てみましょう。必要最低限な1次活動に660分、残り780分を義務と自由で分け合っているようです。義務である2次活動が少しだけ多いですね。量の大きい順としても、1次2次3次と目的を持った順としても、この表現方法になるでしょう。非常に円グラフ向きだと言えます。

ところで週平均と紹介しましたが、実はデータとしては平日、土曜、日曜の3パターンに分かれています。そこで図4のような、各項目単位の積み上げ棒グラフを作成しました。

図4 ▶ 週平均1日あたり総活動時間の曜日ごとの内訳

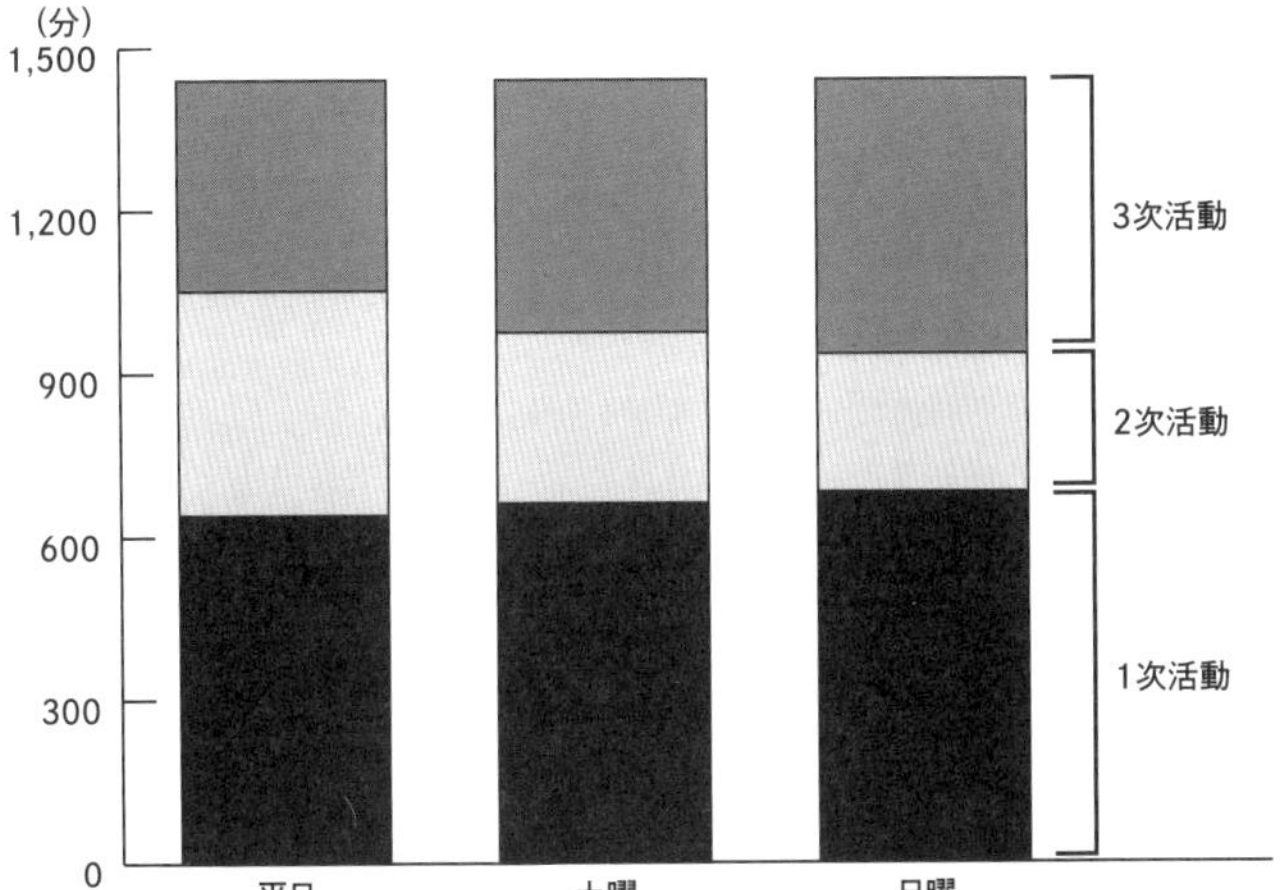

（総務省統計局「社会生活基本調査」より作成）

各項目の「内訳」をそれぞれ「比較」すると、平日より土曜、土曜より日曜が義務である2次活動が減り、自由である3次活動が増えています。みなさん、身体を休めて平日に備えているようです。それぞれの「内訳」の高さを見比べているので、非常に棒グラフ向きだと言えます。

積み上げ棒グラフは、下から数えて**2つ目の高さの始点が1つ目の高さの終点になります。したがって、2つ目のデータ項目が比較しづらいというデメリットがあります。**こうした場合、積み上げたデータ項目を分けて描くという方法もあります。図5のグラフを見てください。

このように積み上げた棒を分離させれば、「1次活動はあまり変化がなくて、2次活動に

図5 ▶ 週平均1日あたり総活動時間（分）の曜日ごとの内訳

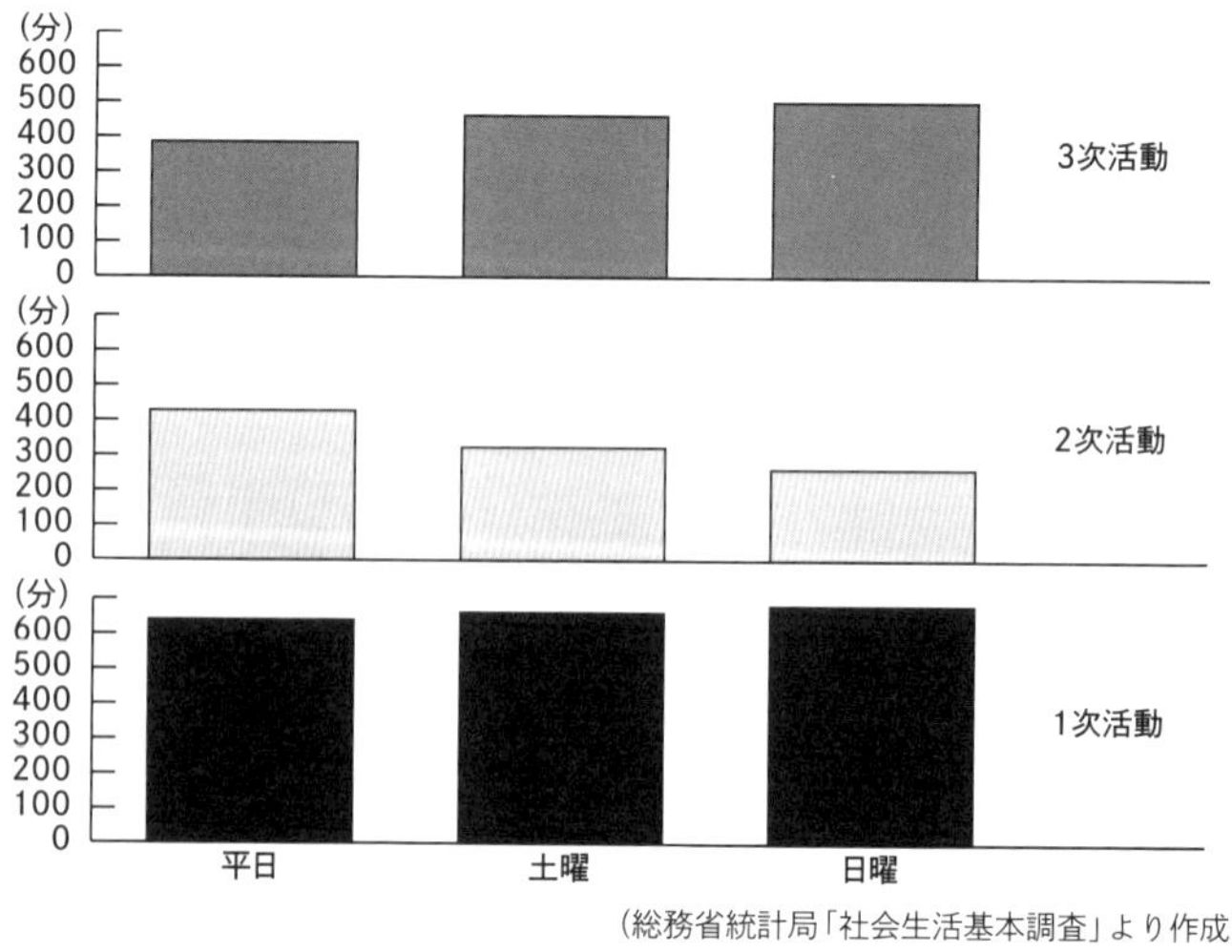

（総務省統計局「社会生活基本調査」より作成）

あてた時間が3次活動に移っているだけだな。だから1次活動は〝必要最低限〟と言われるんだ」と理解できます。ちなみにこのグラフ、私は握らないおにぎり「おにぎらず」にちなんで、**積み上げず棒グラフ**と勝手に命名しています。

60歳過ぎたら毎日が日曜日？　あなたなら何をして過ごしますか

話は脱線しますが、これまで紹介した週平均1日あたりの総活動時間は、他の軸として性別と5歳年齢別のデータが用意されています。

その昔、会社を定年退職した老後の生活を「毎日が日曜日」と呼ぶことがありました。実際のところ、年代別で活動時間に違いは現れるでしょうか。次ページ図6のグラフは5歳年齢別男性の1日の時間の使い方を集計して、積み上げ棒グラフを作成しました。

おおよその定年退職の時期である60歳以降、第2次活動の幅が急激に狭くなり、必要最低限な第1次活動、自由な第3次活動が増えているとわかります。仕事を引退し、自由気ままな時間を過ごしているに違いありません。私も定年退職後は世界を旅する、あるいは古典文学の研究に勤しみたいと考えているのです。それでは、第3次活動の内訳を見てみましょう（次ページ図7）。

各年代別に内訳を比較してみると、大きく増えているのは「テレビ・ラジオ・新聞・雑誌」な

図6 ▶ 男性の年代ごとの週平均1日あたり総活動時間の内訳

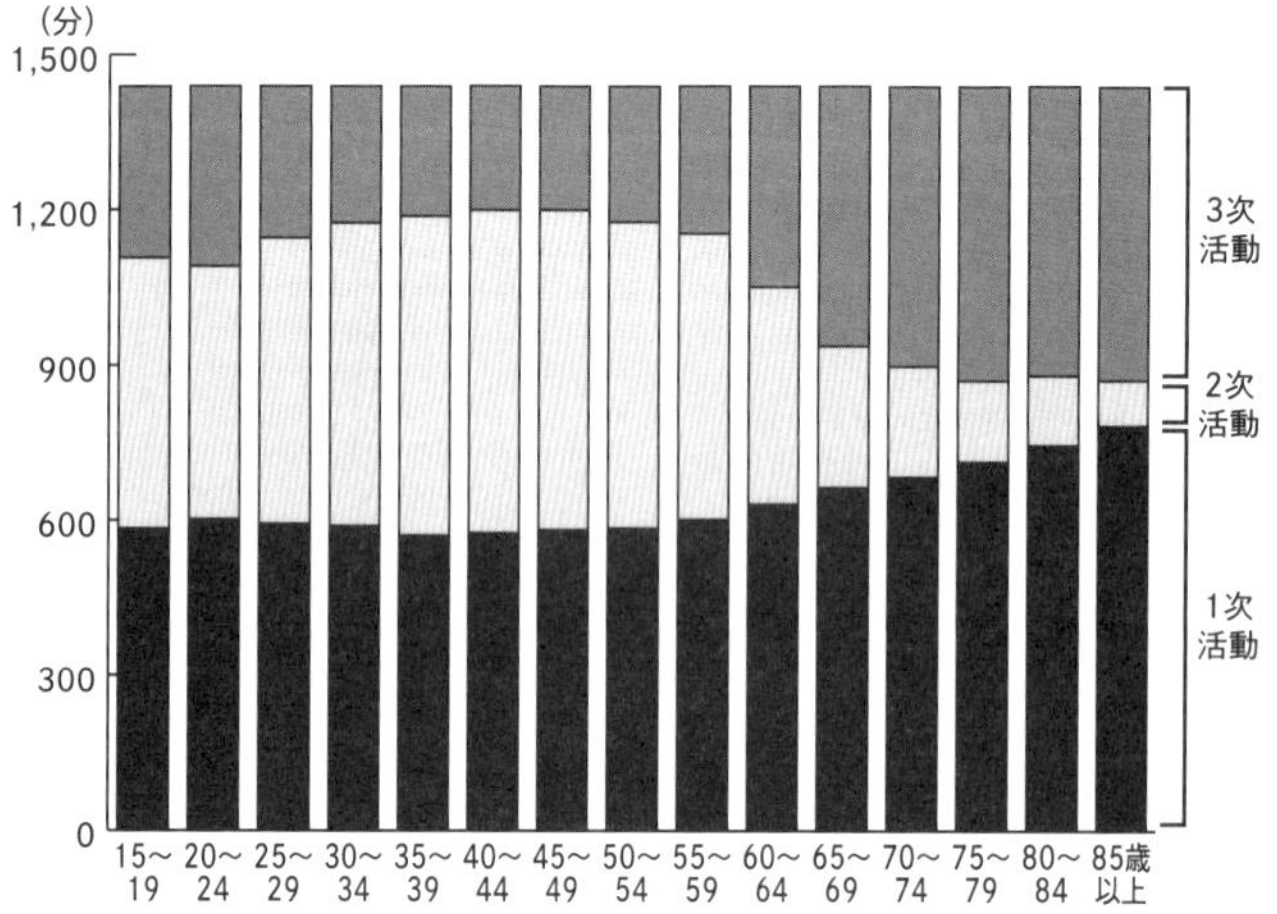

(総務省統計局「社会生活基本調査」より作成)

図7 ▶ 男性の年代ごとの3次活動における週平均1日あたり総活動時間の内訳

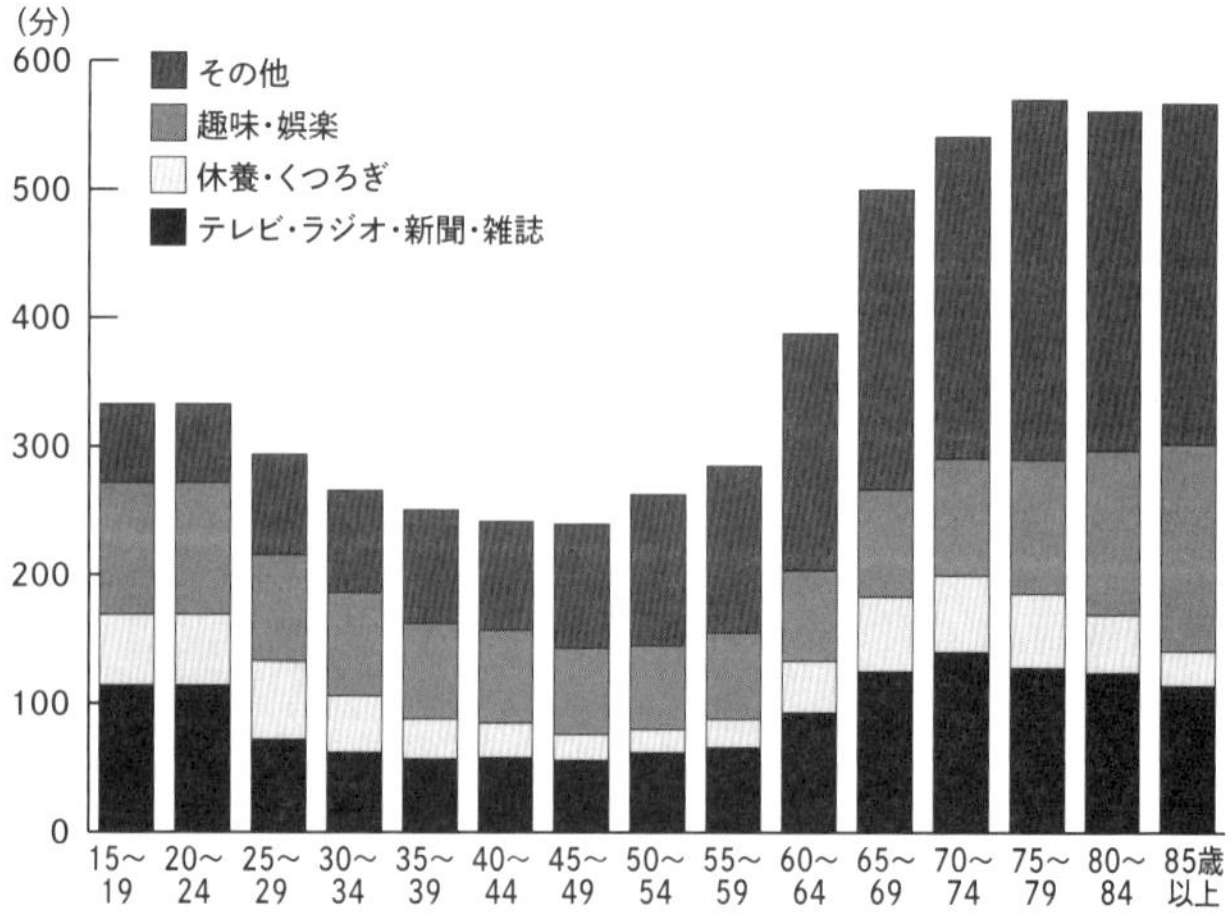

(総務省統計局「社会生活基本調査」より作成)

どメディアにふれている時間でした。大きく時間が伸びると私が思っていた「趣味・娯楽」は、引退前のせいぜい2倍で、それでも1時間未満です。

つまり、**会社勤めを終えて、いきなり自由な時間が大量にできたけど何すれば良いか浮かばないから、今まで最も時間を使っていた項目に比重が傾く**のではと考えます。いきなり新しい何かをはじめるより、今まで慣れ親しんでいた時間を延長したいのではないでしょうか。かくも人間は変化を嫌うのですね。仕事勤めばかりで、会社以外に時間の使い道を知らない。そんな老後は絶対に過ごしたくないと改めて誓いを立てたくなるグラフです。

外国人観光客2000万はどの国から来たの？ 内訳同士を比較する

図4のデータは3つの項目が並びましたが、データは24時間で同じでした。ですので、内訳を表現するのに最適なデータだったと言えます。では総量が違う項目同士を積み上げ棒グラフで表現すると、どうなるでしょう？

次ページ図8の積み上げ棒グラフを見てください。2003年以降、日本に訪れた外国人観光客を世界地域別に集計して、積み上げグラフを作成しました。棒グラフ同様、積み上げ棒グラフでも時系列データは使えます。

日本政府は「２０２０年外国人観光客２０００万人」という目標を掲げていましたが、４年前倒して２０１６年には目標を達成するなど、数字に勢いが現れています。ちなみに、この勢いよ続けと日本政府は２０１６年に、２０２０年には当初目標の２倍である外国人観光客４０００万人に変更しています。

東日本大震災のあった２０１１年は前年比で見て大きく落ち込んでいますが、２０１３年頃から大きく伸び続けています。特にアジア圏からの外国人観光客の伸びが顕著だとわかります。日本がアジア圏に位置しているからかもしれませんね。それぞれの「内訳」を高さで見比べているので、非常に棒グラフに近い見方だと言えます。

もともと全体に対してアジア圏が占める割

図8 ▶ **年ごとの6大陸別訪日外国人観光客数の内訳**

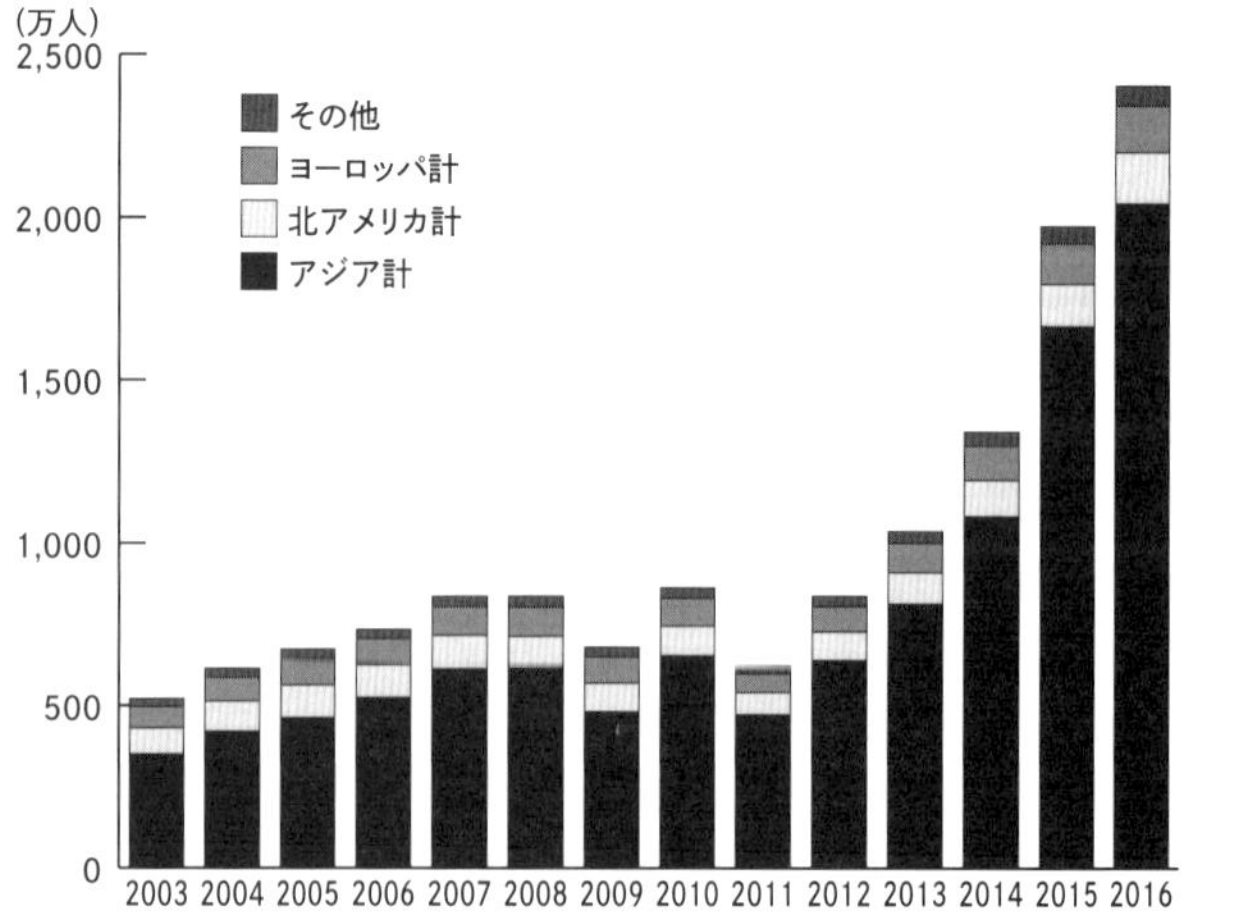

(独立行政法人国際観光振興機構「訪日外客統計」より作成)

合は高く、2013年以降に総数が増えているのは、アジア圏からの観光客が増えているからだと言っていいでしょう。そこで、今度は国別の内訳を積み上げ棒グラフで作成しました（図9）。

2013年以降、劇的に増加しているのは中国からの観光客でした。2013年から2016年にかけて各国が2倍（年換算で27％成長）に増加していますが、中国だけは5倍（年換算で70％成長）で増加しています。4年も前倒しして2000万人の外国人観光客を呼び込むのに成功したのは、中国人観光客が大きく貢献したと言えるでしょう。

そういえば2015年の流行語大賞に「爆買い」なる言葉が選ばれました。たった1年で観光客が2倍に増えれば、そのインパクト

図9 ▶ 年ごとのアジア圏国別訪日外国人観光客数の内訳

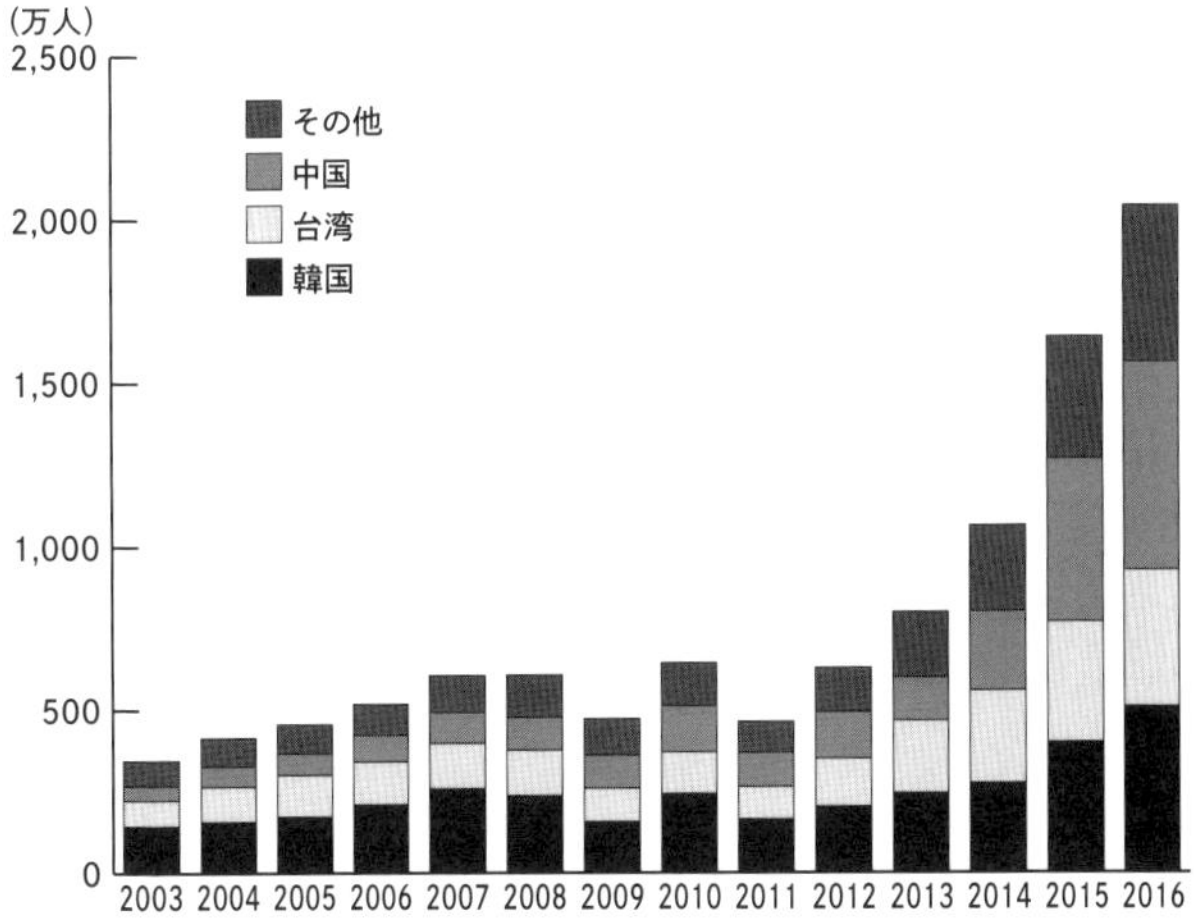

（独立行政法人国際観光振興機構「訪日外客統計」より作成）

は強烈だったはずです。政治面では殴り合っていても、経済面では握手し合う、中国とはそうした関係が続きそうです。

積み上げ棒グラフを作るときに意識しよう！

- 積み上げ棒グラフは、円グラフの「総量がわからないので違う円グラフの内訳と比較できない」というデメリットを解消できる
- 積み上げ棒グラフが一番得意な表現方法はデータ全体の「内訳」の「比較」
- 「高さ」を比べて特定のデータ項目のデータの違いを感覚的につかめるのが積み上げ棒グラフの特徴

内訳の推移を表現するなら面グラフ

続いて、第4章で紹介した円グラフのデメリットを打ち消してくれるグラフの表現方法の2つ目を紹介します。それは面グラフです。

円グラフには「時系列データを用いた時間経過による内訳の推移を表現できない」というデメリットがあります。そのデメリットは、面グラフを使えば回避できます。積み上げ棒グラフよりも、さらに馴染みのないグラフの名前かもしれません。見た目は折れ線グラフに似ていますが、何層にも積み重なっていて、その層が面に見えるので面グラフと言います。

面グラフは、折れ線グラフとセットでよく使われます。ビジネスの現場でも多く使われるでしょう。マスターすれば、グラフを使った表現の幅はより増えるでしょう。

面グラフを使えば「内訳はどのように変化するか?」がわかる

まずは、図10の面グラフを見てください。円グラフの章で紹介した、産業別就業者数の推移を表す面グラフです。

面グラフは、1つのデータ項目につき2つの折れ線で囲われた1つの面が用意されます。図10のグラフでは第1次産業、第2次産業、第3次産業それぞれに2つの折れ線で囲われた1つの面が描かれています。

あなたは面グラフに描かれた「内訳」の「推移」から、就業者数の総量が1951年から1990年ごろまで約40年に渡って増加している点、3次産業への就業者数は一貫して増加し続けている点、1次産業への就業者数は一貫して減少し続けていると把握できたのではないでしょうか。それは円グラフではできなかった方法です。

では、なぜこのグラフを見ただけで、直感的にそこまで理解できたのでしょうか？　図

図10 ▶ **産業別就業者数（1951年〜2015年）推移**

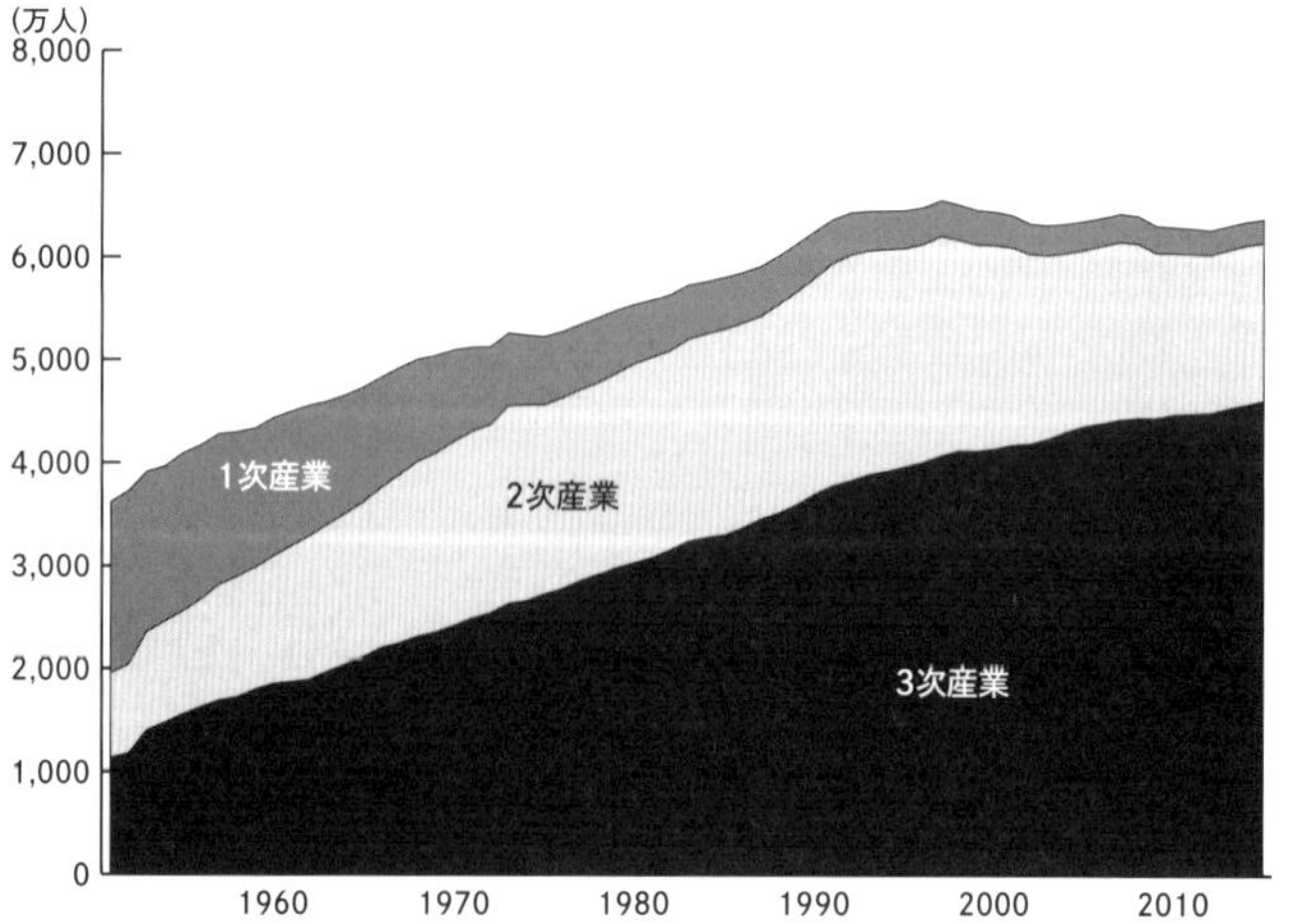

（総務省「労働力調査」及び独立行政法人労働政策研究・研修機構より作成）

11で面グラフの見方を、順番に解説していきます。

各データは、就業者数と、その人数が記録された年というデータ項目を持っています。例えば、６３７６万というデータは就業者数総計というデータ項目と２０１５年というデータ項目を持っています。加えて、就業者数というデータ項目を折れ線グラフと同様に年ごとに点で打ち、線で結びます。その上に別のデータ項目を積み上げます。産業別就業者数というデータ項目を持つデータの合計が、就業者数総計というデータ項目を持つデータと同じ、と言ってもいいかもしれません。

そもそも面グラフとは、折れ線グラフを拡張させたグラフです。基本は折れ線グラフの表現をしているので、時間経過による「推移」

図11 ▶ データとデータ項目からグラフの作成

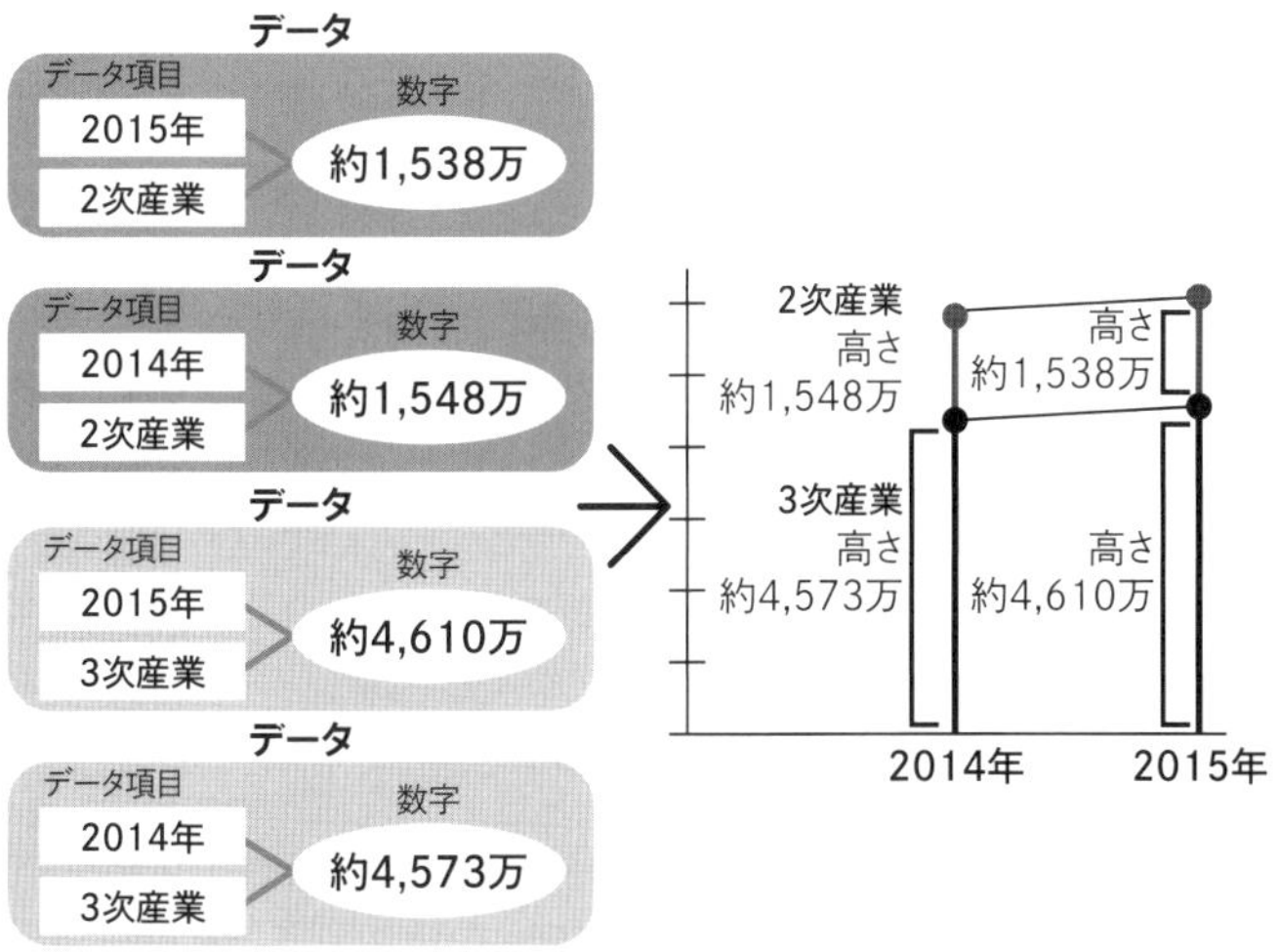

を把握できます。だから、円グラフの「時系列データを用いた時間経過による内訳の推移を表現できない」というデメリットを解消できるのです。線の角度でデータの推移を感覚的につかめる折れ線グラフの特徴を活かして、内訳の推移を表現しています。

もし折れ線グラフであれば、どのように描かれたでしょうか？　図12の折れ線グラフを見てください。図10とまったく同じデータを使用しています。

第1次産業、第2次産業、第3次産業それぞれのデータ項目は独立していて、他のデータ項目との連動はありません。したがって、産業別の推移はわかるのですが、総計での推移はわからないですし、総計の中で各産業がどのように推移しているかもわかりません。

図12 ▶ **産業別就業者数（1951年〜2015年）推移**

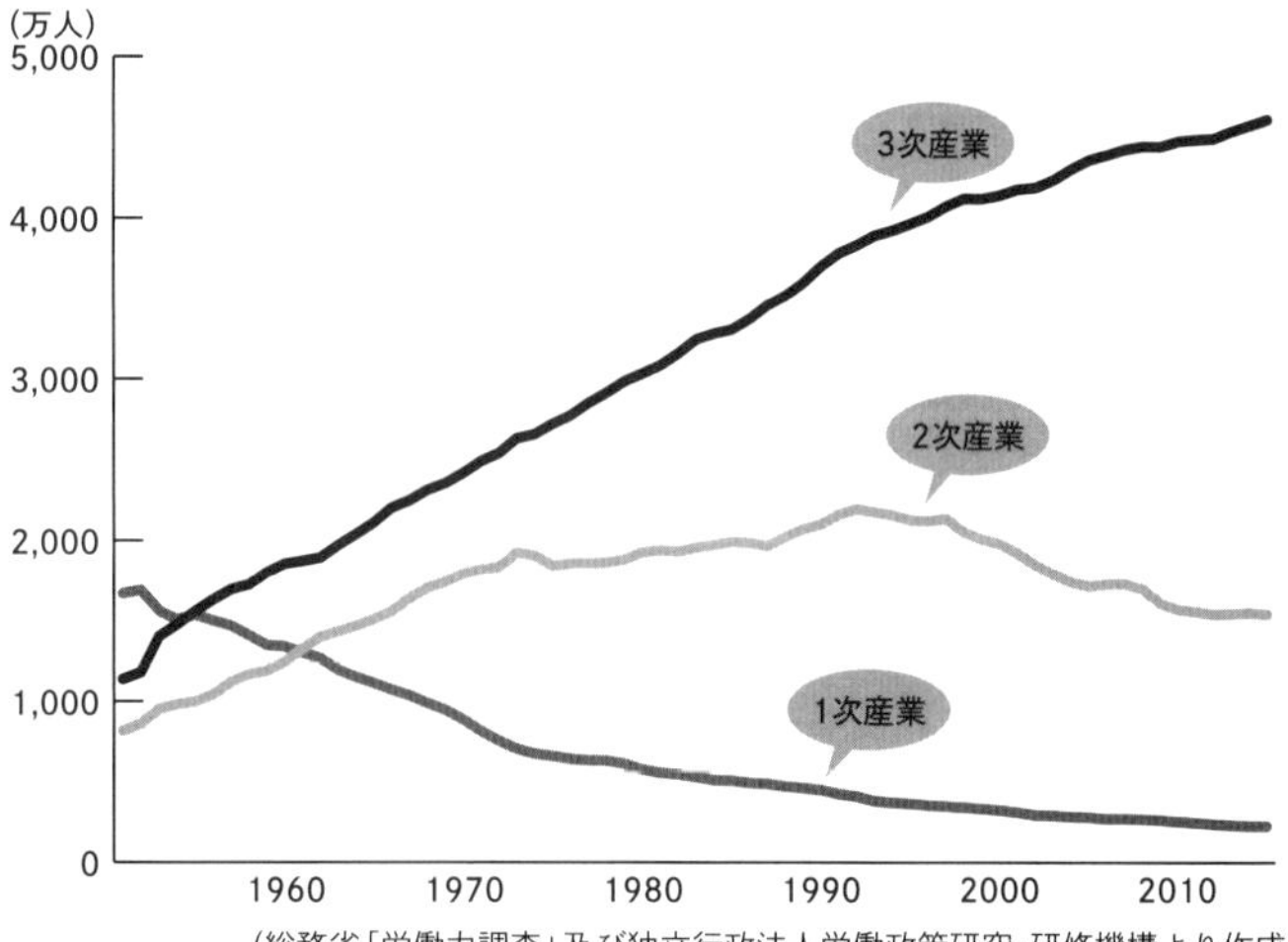

（総務省「労働力調査」及び独立行政法人労働政策研究・研修機構より作成）

一方、面グラフはそれぞれのデータ項目が接しています。ここが折れ線グラフとの違いです。面グラフは1つの線を描き終えると、2つ目の線は先に引いた線上を0の基準とみなして再び線を描きます。**2つ目の線は、1つ目に引かれた線を0という基準にしているのを明確にするために、1つ目に引いた線の下側を塗りつぶし、2つ目の線の下側と1つ目の線の上側も塗りつぶします。**だから面グラフと言われています。

1つのデータ項目の上に、複数あるデータ項目を下からひとつひとつ積み上げていく積み上げ棒グラフと発想は同じです。積み上げ折れ線グラフと呼ばないのは、呼称があまりに長いのと、「面」という表現が適しているからでしょう。

最後に、これが一番大事です。**面グラフは必ず複数の時点、面の中に複数のデータ項目を描きます。**面の内訳が1つだけ描かれる面グラフは単なる折れ線グラフです。そんな面グラフを目にする機会はないでしょう。面グラフでは、面の推移を比べて**「全体に対して占める割合が大きい（小さい）データ量はどのように変化するのだろう?」と考えます。**つまり**面グラフが一番得意な表現方法は、データ全体の「内訳」の「推移」**です。面グラフは、データ（数字）の総量と内訳の変化を最もわかりやすく図で表現できます。

データ**全体に対する特定のデータ項目の「推移」から内訳の変化を感覚的につかめるのが面グラフの特徴です。**だから、時系列に見て就業者数の総量が1951年から1990年ごろまで約

40年に渡って増加していたと直感的に理解できたのです。

面グラフ、内訳を意識するか？ 推移を意識するか？

積み上げ棒グラフは棒グラフと円グラフ、そして面グラフは折れ線グラフと円グラフの良い所取りをしたグラフだと説明しました。円グラフは**内訳を「円の角度」で表現しましたが、積み上げ棒グラフは「面の幅の高さ」で表現します。**したがって、折れ線グラフや円グラフの章で紹介した表現方法がほぼ面グラフにも適用できると言っていいでしょう。

面グラフは、円グラフが得意とする「内訳」と折れ線グラフが得意とする「推移」のどちらを強調したいか決めれば、何が言いたいのかより伝わります。

図13の面グラフを見てください。2005年度以降の運輸・郵便業の総労働時間の推移を集計して、面グラフを作成しました（2009年以前は運輸業のみ）。その内訳は、所定内労働時間と所定外労働時間（いわゆる残業時間）で構成されます。

毎月平均で150時間前後の所定内労働時間と、23時間前後の所定外労働時間を要しているとわかります。対象はすべての常用労働者なので、必ずしも1日8時間労働に就いている人間のみとは限りませんが、所定外労働時間が23時間というのは、各業種分類で最も多いのです。

一方で、この12年間の推移を見る限り、緩やかな下降トレンドを描いています。所定外労働時間に変化はありませんが、所定内労働時間は6時間ほど減少しています。ただし2010年から「運輸業」改め「運輸・郵便業」に項目が改変されているので、通年で一概に比較できません。それでも、2010年起点で見て所定内労働時間は3時間ほど減少しています。生産性の向上により労働時間が減ったならば、労働者も雇用主もハッピーだと言えますが、このデータだけでは何とも言えないのが歯がゆいです。

ちなみに私は普段はデータサイエンスの研究と開発に従事しているので業種的には情報通信業に該当します。果たして総労働時間はどのように推移しているでしょうか。次ペー

図13 ▶ 運輸・郵便業の毎月平均総労働時間の推移（事業所規模5人以上）

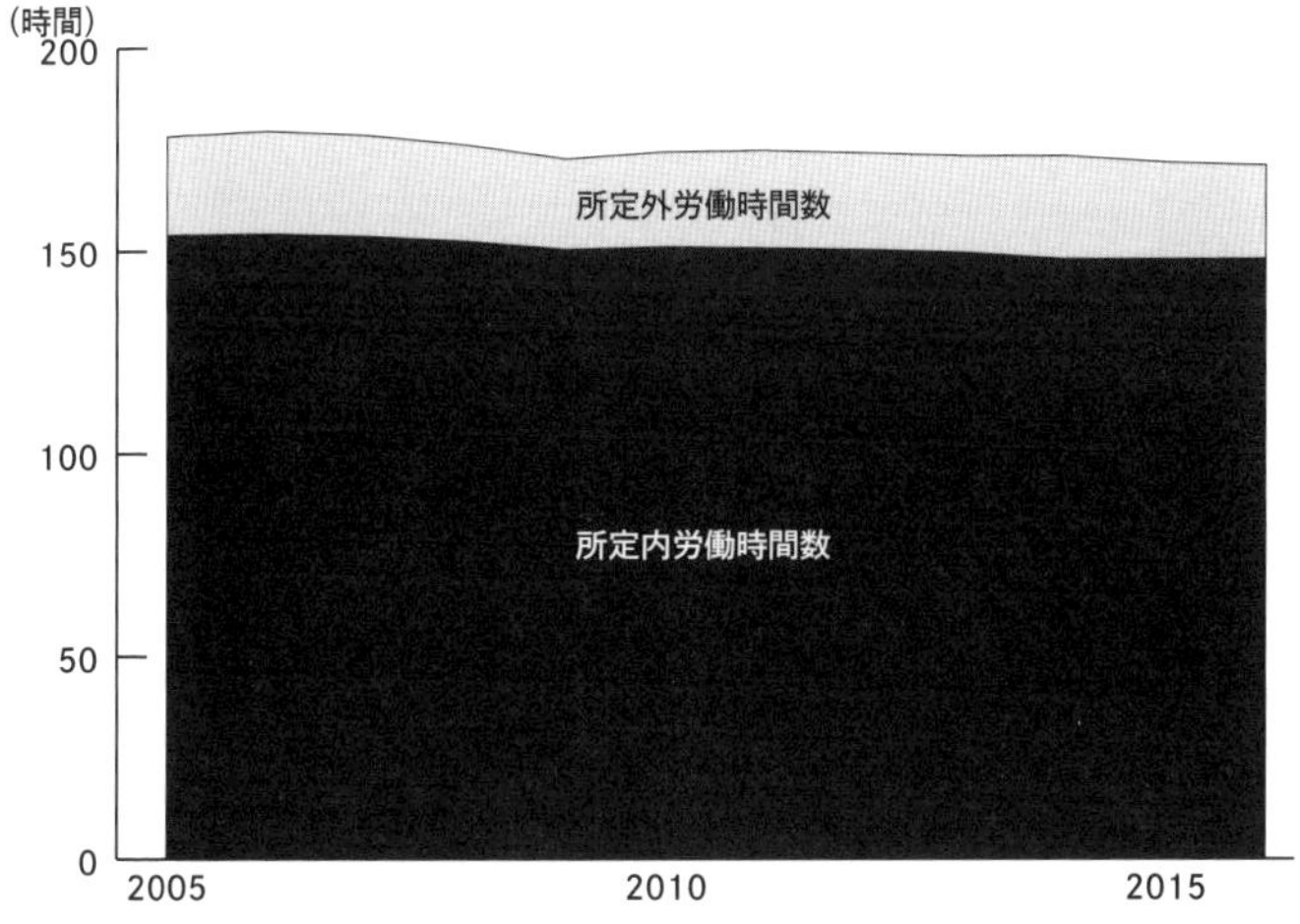

（厚生労働省「勤労統計調査」より作成）

ジ図14に示します。

毎月平均で１４５時間前後の所定内労働時間と17時間前後の所定外労働時間を要しているとわかります。この12年間で変動はないようです。

昨今は「働き方改革」が叫ばれ、人工知能による業務支援やリモートワーク推進など、さまざまな取り組みが行われています。どのように働くかも大事です。そして、労働時間が減っても同じアウトプットが出せる「生産性改革」も大事ではないでしょうか。そのとき、誤った指標に基づいて誤った政策実行がなされないように期待したいです。

図14 ▶ 情報通信業の毎月平均総労働時間の推移（事業所規模5人以上）

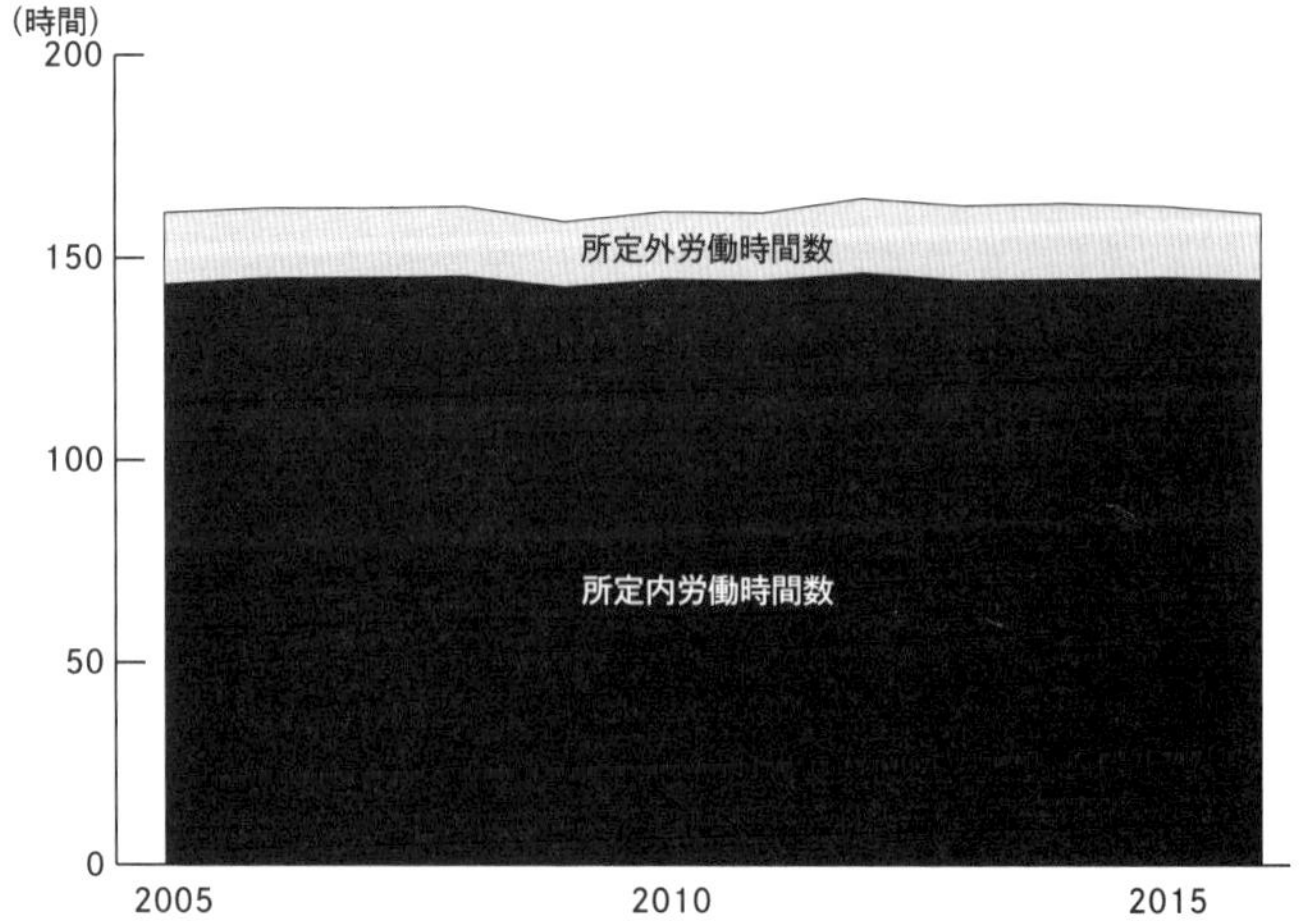

（厚生労働省「勤労統計調査」より作成）

働く人手が足りない！　労働力人口・非労働力人口の推移を確認する

図13や図14のデータは総量に大きな変化がありませんでした。ですので、内訳の推移を把握するのに比較的わかりやすいデータだったと言えます。では総量に大きな変動がある項目を面グラフで表現すると、どうなるでしょう？

図15の面グラフを見てください。1953年以降の日本における15歳以上の人口を労働力人口と非労働力人口に分けて集計して、面グラフを作成しました。労働力人口とは、15歳以上で労働する能力があり、また労働する意思を持つ人口を指します。つまり日本における生産活動の担い手の総数であり、労働者

図15 ▶ 15歳以上の年平均労働力・非労働力人口の推移（1953年〜2016年）

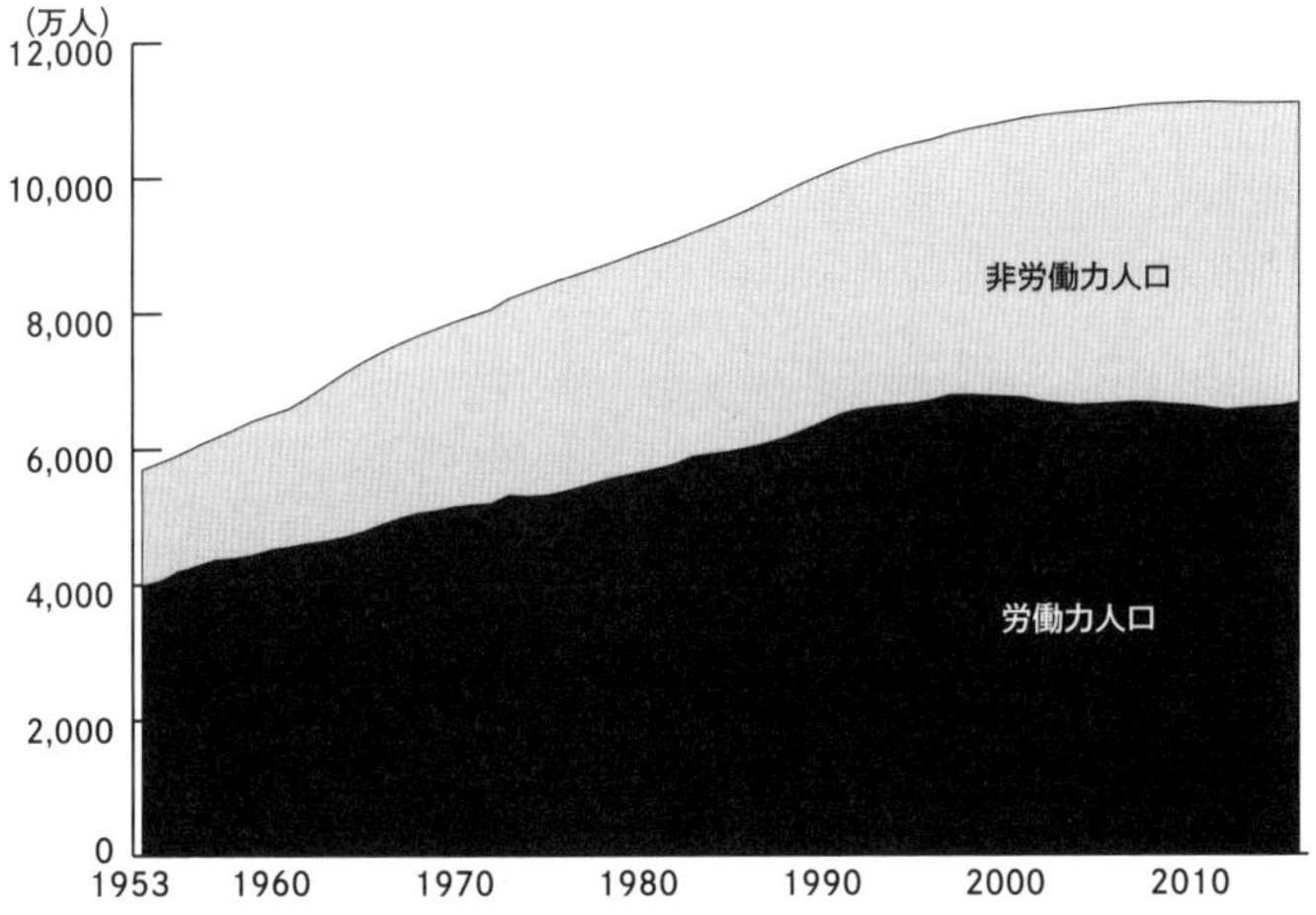

（総務省「労働力調査」より作成）

数を表しています。1人あたりの生産性を高める、仕事を作るという議論はあるでしょうが、この労働者数こそ日本の経済力を表すと言っても良いでしょう。

一方で、15歳以上の中には主婦や学生など働ける能力はあっても働く機会がない人や、病気や高齢者などなんらかの理由で働けない人もいます。こうした人たちは非労働力人口と呼びます。

「総数」で見ると、日本における15歳以上の人口は2012年をピークに以降はほぼ横ばいの状況が続いています。人口の推移からして、しばらくすれば減少傾向に転じるでしょう。

一方でその「内訳」を見ると、労働力人口自体は1998年をピークに以降はほぼ横ば

図16 ▶ 15歳以上の年平均労働力・非労働力人口の内訳の推移（1967年～2016年）

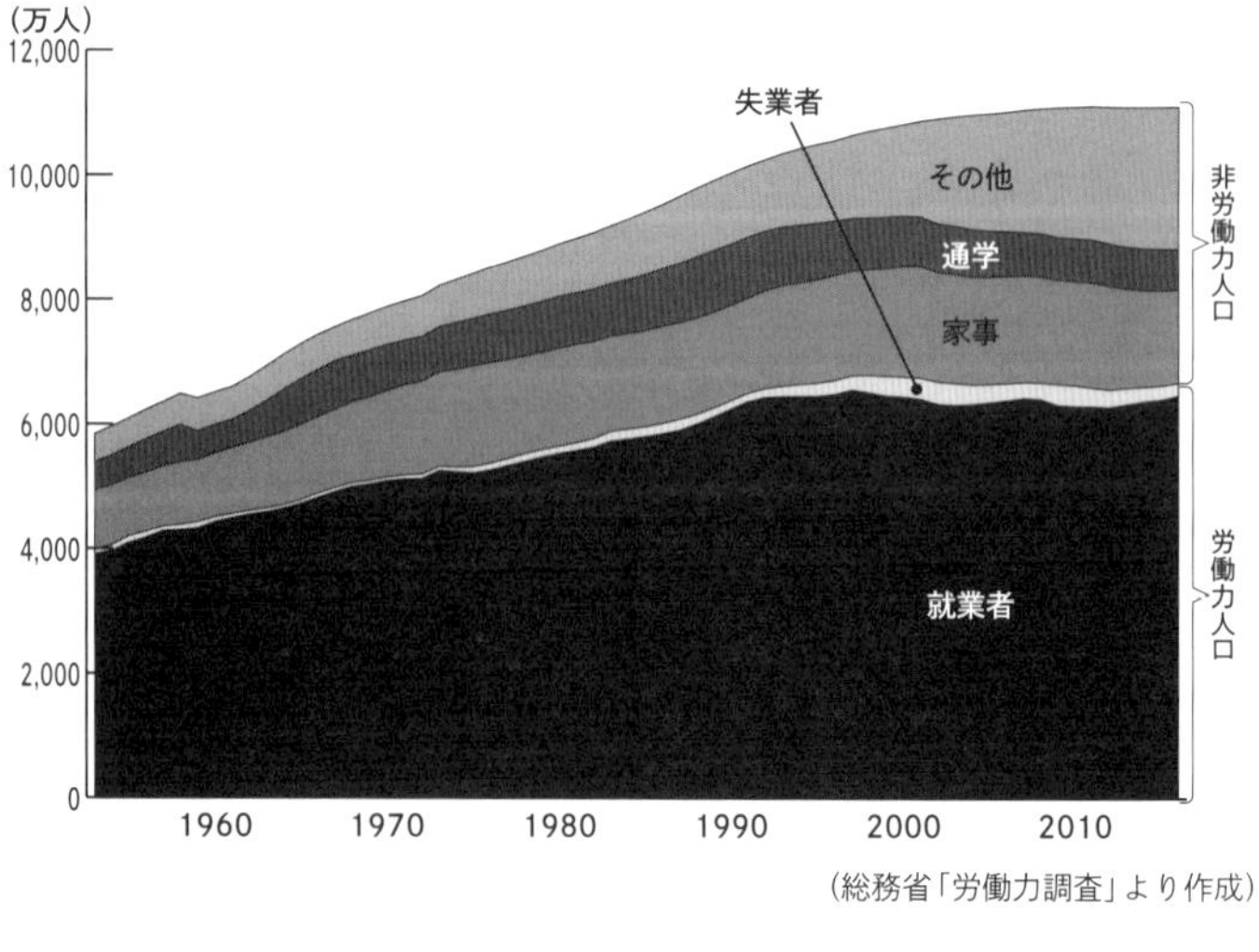

（総務省「労働力調査」より作成）

いの状況が続いています。つまり1998年以降は15歳以上の人口のうち非労働力人口の内訳のみ増えているとわかります。

具体的には、どのような属性を持つ非労働力人口が増えているのでしょうか。労働力人口（就業者・失業者）、非労働力人口（家事・通学・その他）それぞれの詳細を集計して面グラフを作成しました（図16）。

非労働力人口のうち、「その他」が一貫して増えているとわかります。家事でも通学にも該当しない病気や高齢者などを指します。また、1998年をピークに就業者数が微減しています。先ほど、「労働力人口自体は1998年をピークに以降はほぼ横ばいの状況が続いている」と説明したので、微減分はそのまま完全失業者数を表していると言えます。

ところで、2000年以降、一気に「その他」が増え続けているのはわかりますが、一貫して増えているかどうかわからない場合、非労働力人口の内訳の3項目のみで面グラフを作成しても良いでしょうし、それぞれ折れ線グラフを用いるのも良いでしょう。

次ページ図17は非労働力人口が約50年間で総数約2000万人増加し、その内訳がどのように推移したのかがわかります。一方で次ページ図18は非労働力人口の各項目がどのように推移したのかがわかります。**全体がどのように増加したのかは図18からはわかりませんが、その他が何年**

図17 ▶ 15歳以上の年平均非労働力人口の推移（1967年〜2016年）

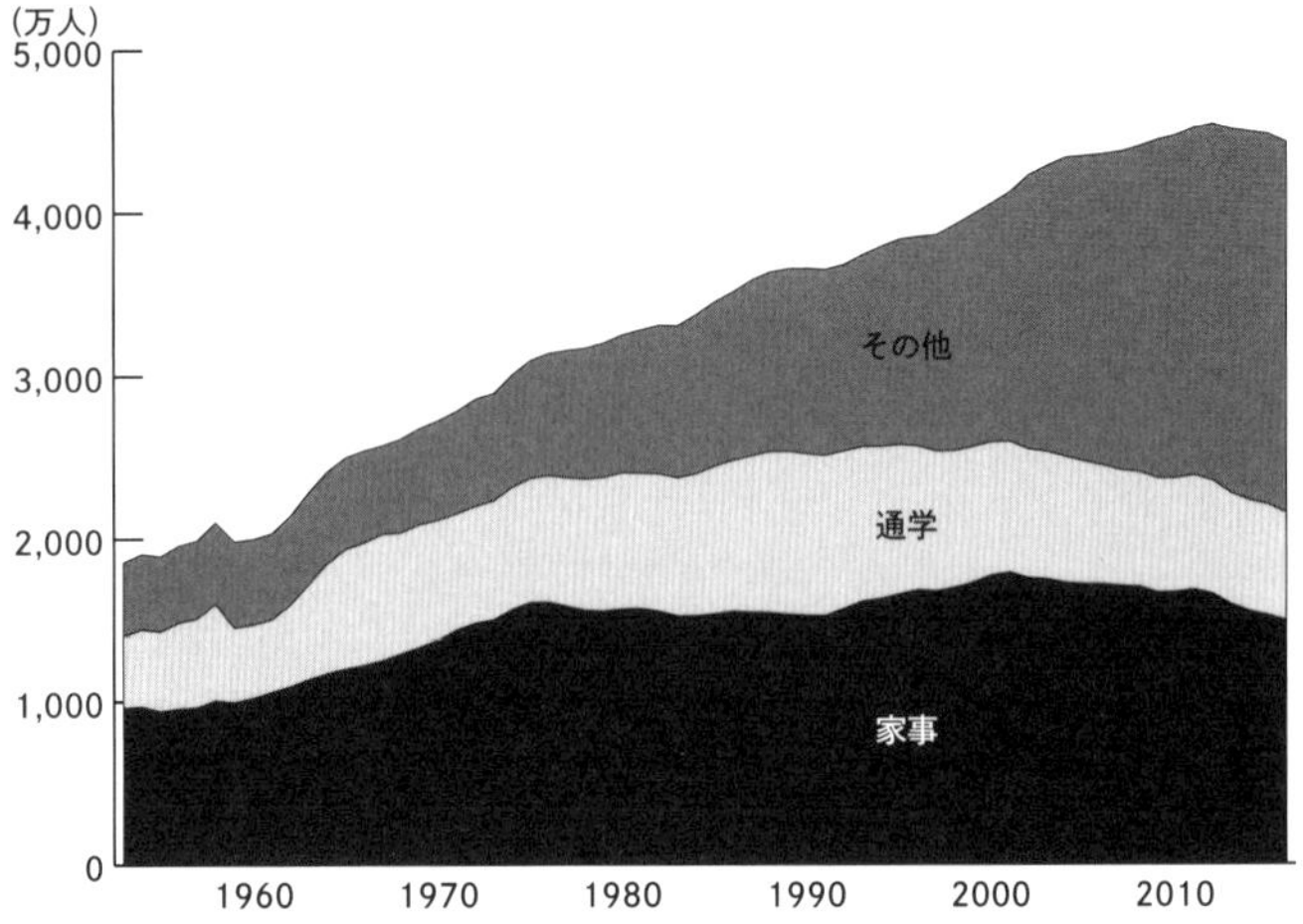

（総務省「労働力調査」より作成）

図18 ▶ 15歳以上の年平均非労働力の人口推移（1953年〜2016年）

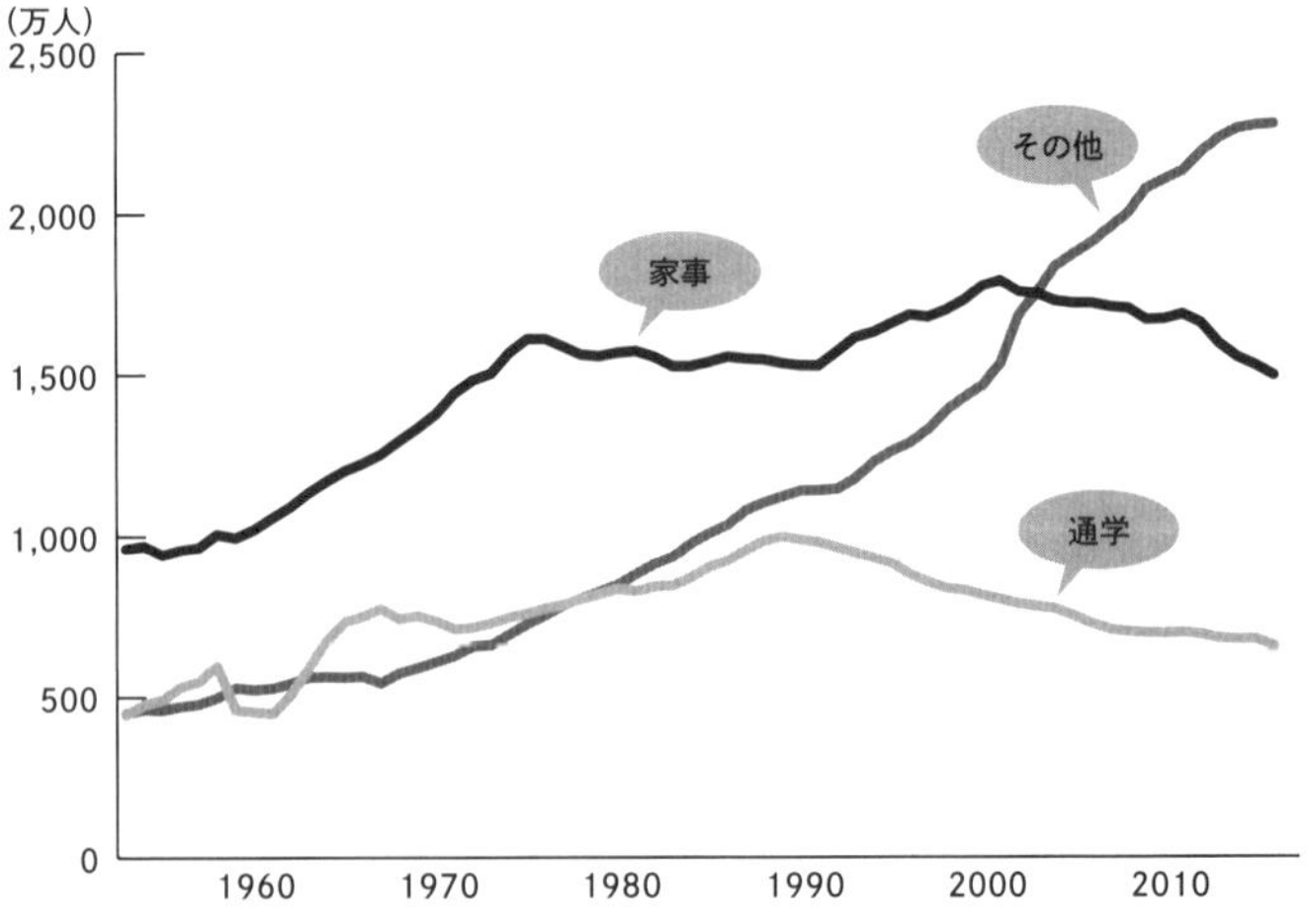

（総務省「労働力調査」より作成）

に通学や家事を追い抜いたのかは図17ではすぐにわかりません。何を言いたいかによって使い分けるべきなのでしょう。

「労働力の確保」という意味において、すでに引退された高齢者のうち、実は俺まだ働けるんだけどなぁという意欲を持っていれば「労働力人口」として手を挙げるのは非常に大事ではないかと考えます。

面グラフを作るときに意識しよう！

- 面グラフは、円グラフの「時系列データを用いた時間経過による内訳の推移を表現できない」というデメリットを解消できる
- 面グラフが一番得意な表現方法はデータ全体の「内訳」の「推移」
- データ全体に対する特定のデータ項目の「推移」から内訳の変化を感覚的につかめるのが面グラフの特徴

特別付録

データジャーナリズム入門

大規模なデータを分析して、新たな解釈や発見を見つけるのがデータジャーナリズムです。データをグラフに表現するだけで、本当に"気付き"は得られるでしょうか？ 今回は3つのテーマを紹介します。

付録1　日本の生産性は本当に低いのか？

第三次安倍内閣で「働き方改革実現会議」のテーマの1つとして「労働生産性の向上」が取り上げられました。日本の労働生産性を向上させるために、例えば副業の解禁や、長時間労働の規制など、いろいろな案が出たようです。そうした背景を踏まえて、2016年以降は「日本の生産性はなぜ低いのか？」、「日本の生産性を上げるには！」というテーマを掲げた本がたくさん出版され、売上を伸ばしています。しかし、日本の労働生産性は本当に低いのでしょうか。その根拠は何でしょうか。どうやって生産性を測っているのでしょうか。統計データを用いて一緒に調べてみましょう。

そもそも「労働生産性」とは何か？

まず労働生産性の定義を確認してみましょう。「生産性」とは一般的に次の式を指します。

「産出量（アウトプット）÷投入量（インプット）」＝生産性

インプットに対してアウトプットが多いほど生産性が高いと言えます。しかし「労働生産性」の定義は、この計算式とイコールではありません。

「労働生産性」の計算式は、公益財団法人日本生産性本部が毎年12月ごろに発表している「労働生産性の国際比較」に掲載されています。日本生産性本部は、主要先進35カ国で構成されるOECD加盟諸国の「就業者数（または就業者数×労働時間）1人あたりのGDP」（通称：国民経済生産性）を「労働生産性」と定義し、諸外国と比較した結果を発表しています。この数字が、日本の生産性は先進国に比べて低いという論拠の支柱です。

次ページ図1の棒グラフを見てください。最新のデータを用いて、国別の労働生産性を表す棒グラフを作成しました。

GDPを各国通貨からドルに換算する際は、変動が大きい実際の為替ではなく、OECDが発表する物価水準の違いなどを調整した購買力平価を用いています。

米国は約12万ドルで3位、フランスは約10万ドルで7位、イタリアは約9・7万ドルで10位、ドイツは約9・5万ドルで12位、カナダは約8・8万ドルで17位、英国は約8・6万ドルで18位、日本は約7・4万ドルで22位。なるほど**確かにG7中最下位**ですね。日本を基準に考えると、米国は1・63倍、フランスは1・35倍、イタリアは1・31倍、ドイツは1・29倍、カナダは1・19倍、英国は

1・16倍という結果です。

厳密に言えば、国の経済全体の生産性を示したこの「国民経済生産性」と、労働を投入量として労働者1人（1時間）あたりの生産量や付加価値を測る「労働生産性」は違います。しかし、経済学で言うところの付加価値とは、一定期間に国内で生み出された物の総量をGDPと表現するので、ほぼ一緒だととらえられているのです。

「日本の労働生産性は先進諸国中最低」に対する疑問

このグラフを見て、私は4つの疑問を抱きました。

1つ目。アイルランドが1位なのは、

図1 ▶ 1人あたり労働生産性の国際比較

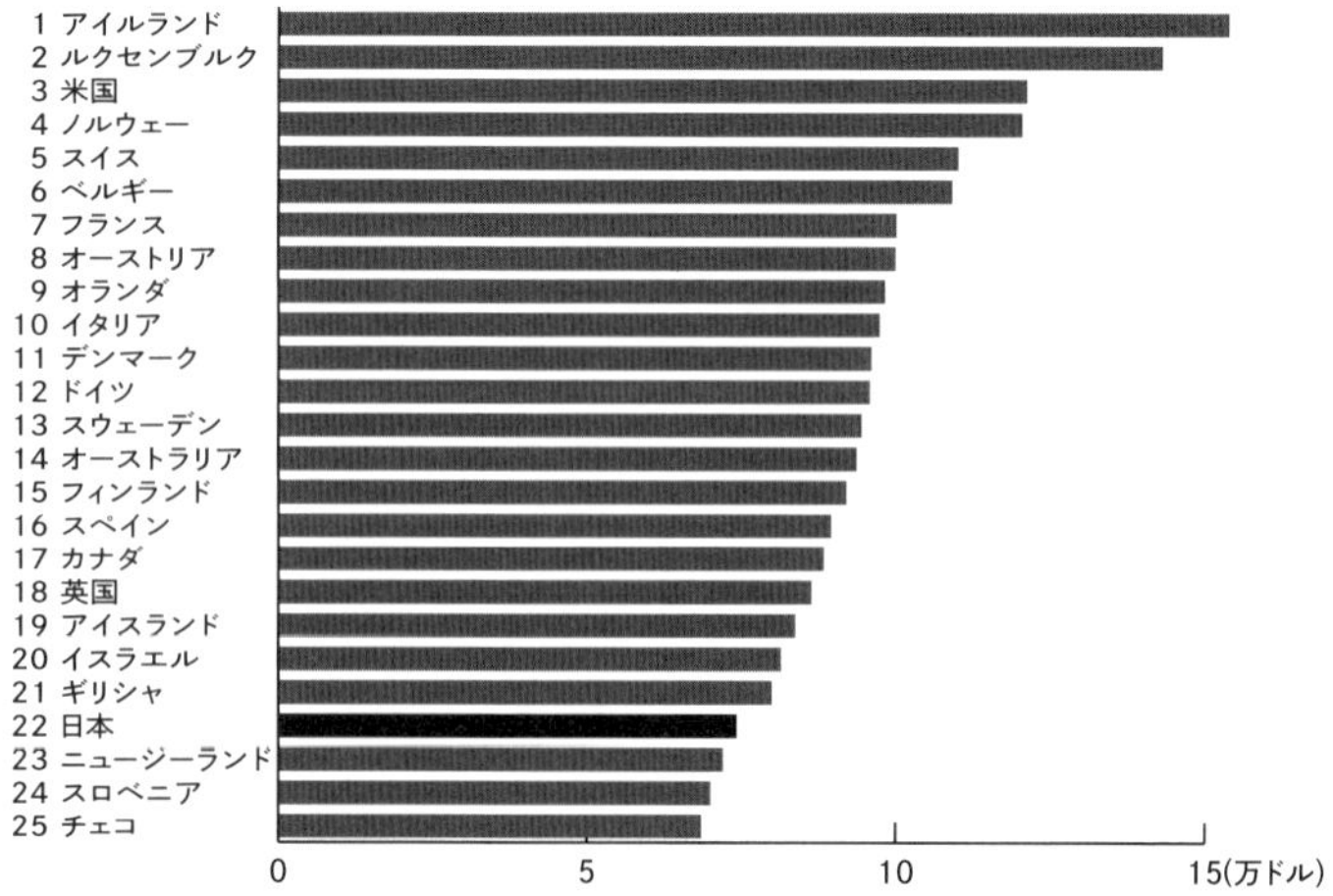

（公益財団法人日本生産性本部「労働生産性の国際比較」より作成）

1980年代後半に経済を農業中心から金融・IT中心に切り替えて、人口に大きな変動がないながらGDPが大きく伸びているからです。ひたすら外資を受け入れ続けた結果だと言われています。その分だけリーマンショックの余波を大きく受けた国家でもあります。

ここ数年の購買力平価GDP（国によって物価や価値が異なるので、そうした違いをならして国同士の比較を可能にしたGDP）は1980年254億ドル、1990年506・6億ドル、2000年1237・4億ドル、2013年2164・7億ドル、2015年3050・4億ドルとその急成長ぶりが伺えます。つまり、その国がどのような経済・就業構造を採択しているかによって、付加価値としてのGDPは1人あたりに換算すると大きく異なるとも言えるのです。

一方で日本はどうでしょうか。東京のように発展した都会もあれば、飛騨のようなひなびた地方もあります。古来、日本は均等に発展した国土ではありません。**都市と地方を一緒くたにして「日本人の労働者1人あたり」と表現するには違和感を覚えます。**それは諸外国との比較も同様です。

2つ目。「1人あたり」と銘打っているので労働者一人一人の生産性を表しているようにも見えますが、実際は「平均」にすぎません。一定期間に国内で生み出された物の総量をその物を作った労働者の数で割っているだけだからです。**つまり誰一人として、働いた結果の生産性が評価された数字ではないのです。**あくまで、マクロ経済の数字で生産性を表現しているのです。より高い生産性を誇る人もいるでしょうし、そうでない人もいるでしょう。そうした人たちをひとまとめにする方法に、強い疑義を感じます。そんな数字は、どこまで信用できるのでしょうか。

3つ目。失業率が20%を超えているギリシャやスペインが日本の1人あたり生産性を上回っています。まさか生産性の向上により失業者数が増えたわけでもないでしょう。分母である「労働者」の数が減ったから生産性が高まっているだけではないでしょうか。仕事がないのと、仕事に就けないのとでは、意味がまったく違います。

4つ目。ほとんどの国がGDPの算出方法を2008SNA（2008年に国連が加盟各国に勧告したGDPを算出する計算体系。15年ぶりの改定）に基づいて算出しているのに、日本は2016年末に対応するため、このデータの時点では旧基準である1993SNA（1993年に国連が加盟各国に勧告したGDPを算出する計算体系。25年ぶりの大改定）に基づいて算出しています。したがってGDPは5%程度低く表れているはずです。そもそも算出基準が違う数字での比較は正当でしょうか。

日本の生産性は先進諸国中最低と言いますが、さまざまな前提条件や注意書きを必要とする数字に見えます。疑問を解決するため、もう少し詳しく調べてみましょう。

都道府県単位、経済活動単位で見た「労働生産性」は？

やはり一番の違和感は、1つ目の疑問として挙げた国が採択している経済・就業構造による違いを無視して生産性を算出している点です。ところで、その国の主な経済活動によって1人あたりの生産性にここまで違いが出るなら、日本国内でも都道府県単位で大きく違いが出るのではないでしょうか。根拠となる統計データさえあれば、私でも都道府県単位の1人あたり生産性を作成できるので試してみます。

「産出量」は、日本国全体の総生産を表すGDPに対して、都道府県単位の総生産を表す県民経済計算を用います。ちなみに理屈上は県民経済計算の合計がGDPにあたりますが、都道府県間の取引は把握が困難なため、名目ベースで1％程度の誤差があると言われています。大枠で違いはありませんから、この数字を使って話を進めていきましょう。「投入量（インプット）」は、都道府県別の就業者数を用います。この2つの数字を割り算してみましょう。

次ページ図2の棒グラフを見てください。都道府県単位の平成25年度版県民経済計算【生産側、実質】を、平成25年度版県内就業者数で割り算してみます。その結果を表す棒グラフを作成しました。

黒い棒は、今回算出した平均を表しています。一番左端の東京都が突出して高く、一番右端の

図2 ▶ **都道府県単位で見た1人あたり生産性**

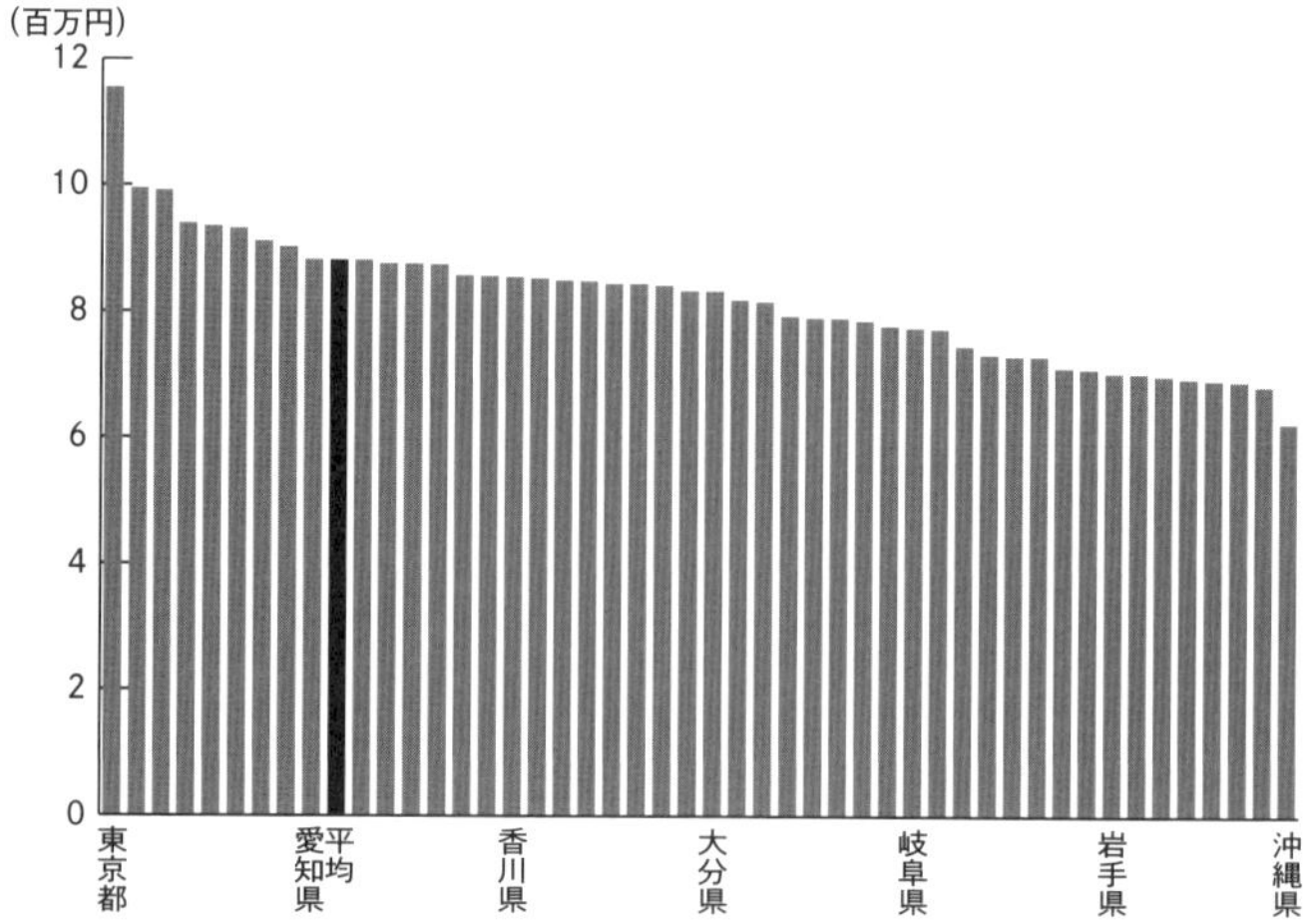

(内閣府「平成25年度県民経済計算」より作成)

図3 ▶ **東京都と沖縄県の経済活動別県民経済計算**

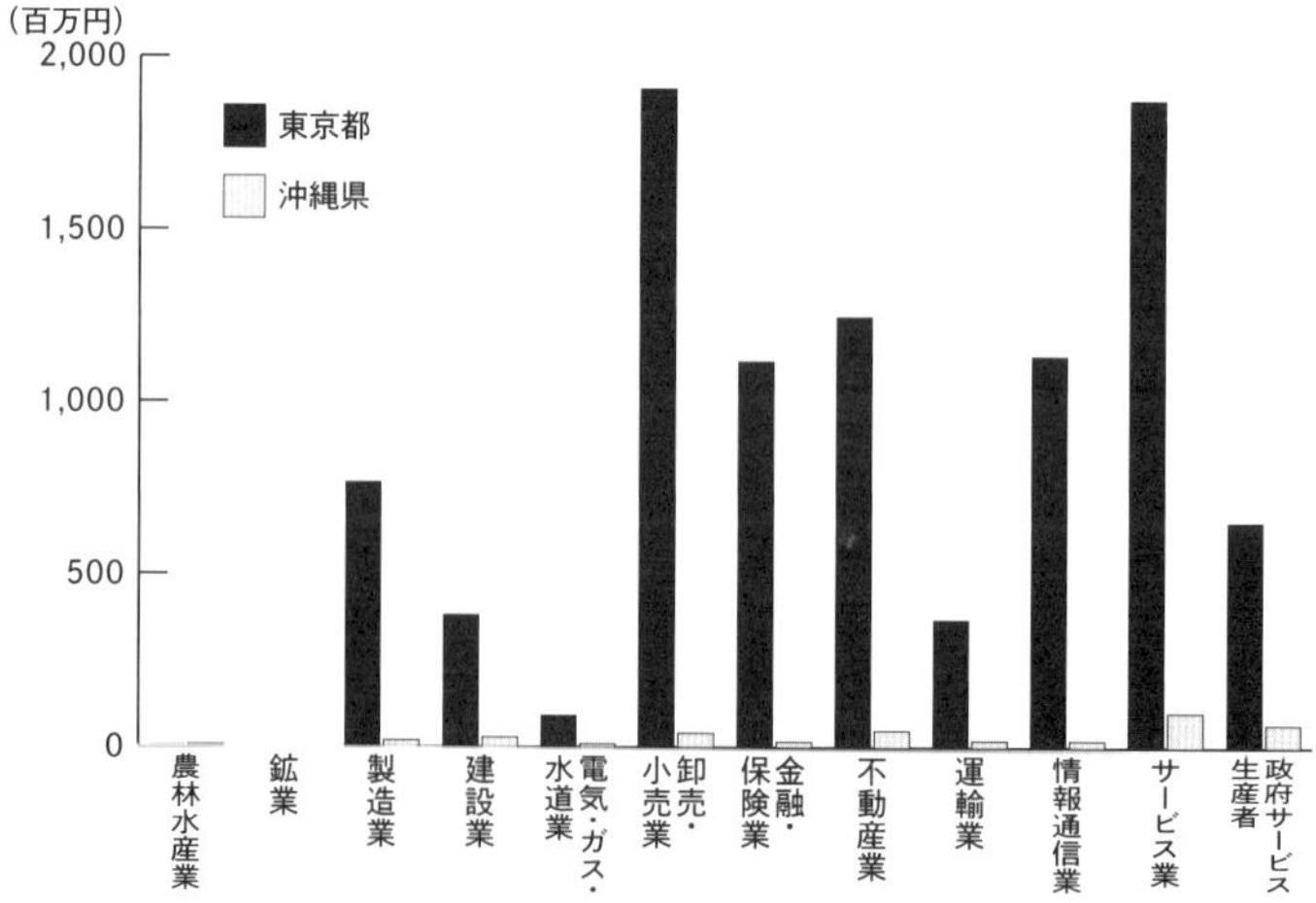

(内閣府「平成25年度県民経済計算」より作成)

沖縄県が低く表れています。沖縄県を基準に考えると東京都は約1・85倍の労働生産性です。東京人は沖縄人の1・85倍も生産性が違うか？ と聞かれれば、首都圏の東京都と観光地で物価も安い沖縄県では、そもそも産業構造が違うからなぁと誰もが思うでしょう。

そこで次に、産業構造を表す東京都と沖縄県の経済活動別県民経済計算の内訳を見てみましょう。図3の棒グラフを見てください。データがないので、3年遡って平成22年分のデータです。

この数字をもとに、経済活動別の「1人あたり生産性」を求めてみます（次ページ図4）。都道府県別の産業ごとの就業者人口は平成22年国勢調査を参考にしています。ちなみに、国勢調査の産業区分と、経済活動別県民経済計算の産業区分が一致していなかったので、同じと認識できる12業種に限定して算出しています。

労働生産性の国際比較を見ていますから、業種によって労働生産性は違うであろうとは考えていました。それにしても、業種単位で比べても、都県で比べても、大きな差が開いているようです。

例えば、農林水産業と不動産業の1人あたり生産性を見てください。10倍以上の差があります。他にも、東京都と沖縄県の「金融・保険業」を見てください。3倍以上の差があります。同じ業種でも住む県レベルで仕事内容が違うのでしょうか？ それとも本当に1人あたりの生産性が違うのでしょうか？ おそらくは前者でしょう。

まとめ

これまでの結果からわかるように「先進諸国中最低の労働生産性」と言っても、実際は生産性がもともと高い産業が占める割合や地域格差など、さまざまな要因が絡みあっており、一概に比較できるデータではありません。最低でも経済活動単位で生産性を測り、都道府県（州）単位で評価した際のバラツキは考慮するべきでしょう。例えば米国では商務省経済分析局が州内総生産を算出しているそうで、こうした数字も用いて評価するべきではないでしょうか。間違った数字で考えても、正しい回答は得られないからです。

日本の生産性は本当に低いのか、このよう

図4 ▶ 産業別1人あたり生産性

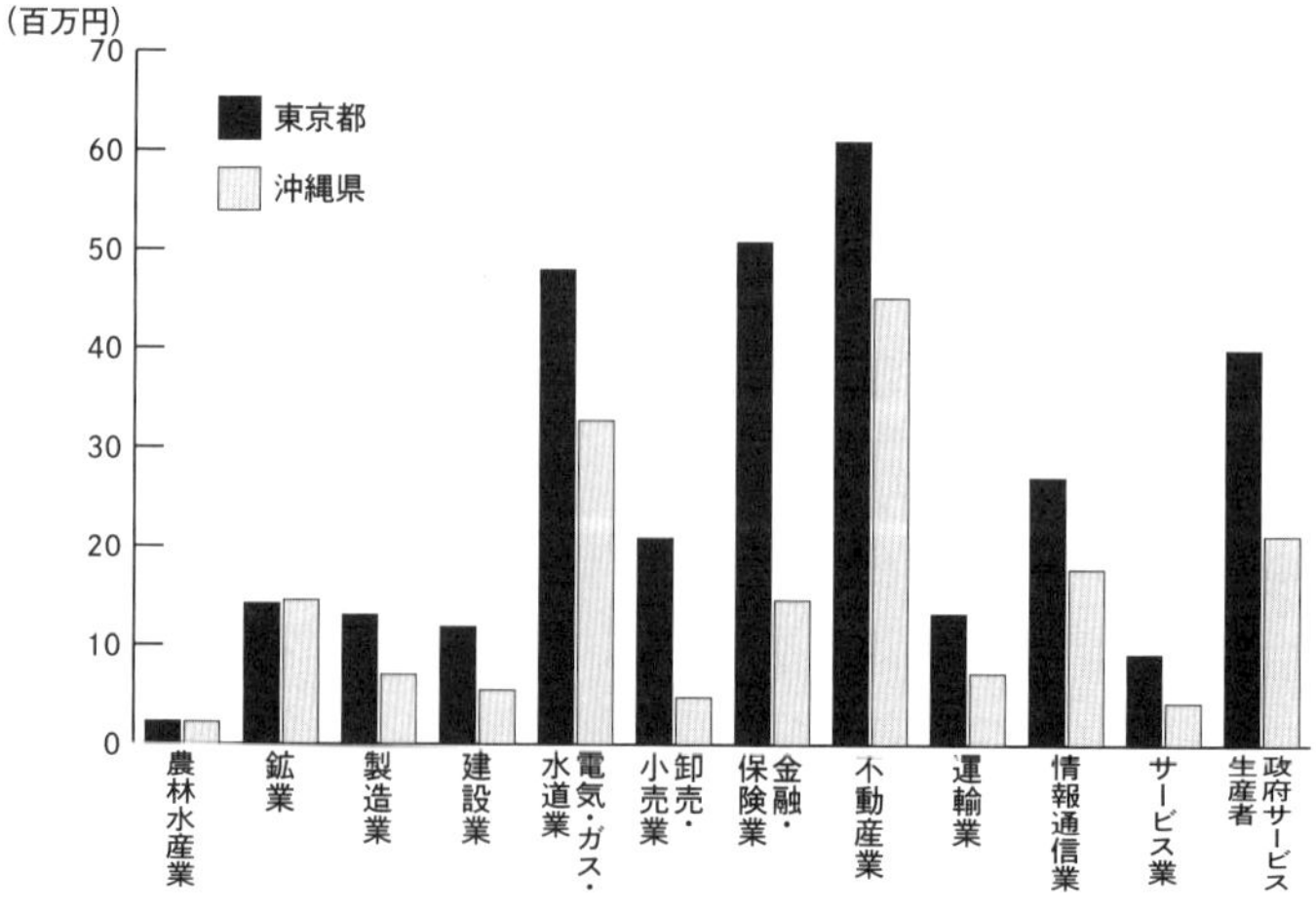

（内閣府「平成25年度県民経済計算」より作成）

に問われれば、「みなさんが議論している数字で考えれば〝低い〟という事実を立証できなかった」という返答になります。実際のところ労働生産性は低いかもしれませんが、データがなければ単なる個人的感想です。

ちなみに、もし政策として労働生産性を上げたい場合、金持ちを増やせば国における1人あたりの労働生産性は上昇します。金持ちが平均を押し上げてくれるからです。したがってアイルランドやルクセンブルクのように国自体を金融センター化してもよいでしょう。しかし、「生産性を上げたい」とはそういうことではないはずです。民が富んで、国も富む。そんな世の中であるべきではないでしょうか。都会には都会に合った、地方には地方に合った生産性の向上の仕方があるでしょう。そうした背景を無視して「データでは低い！　だから上げよう！」という議論に、私は違和感を抱かずにはいられません。

付録2　雑誌は本当に衰退しているのか？

２０１７年時点で、日本の景気はリーマンショック前まで回復してきたと言われるようになりました。その理由として、広告費が回復基調にあることが挙げられます。

昔から「広告費は景気のバロメーター」と言われています。２０１５年には経済産業省が広告と景気は相関関係があると発表して話題になりました。一方で雑誌の休刊が相次いでいるのも事実です。２０１７年には私の愛読誌である「輝け甲子園の星」、「日経情報ストラテジー」が休刊し、かなりショックを受けました。

一般的に雑誌が休刊する理由は、雑誌自体が売れない、そして広告収入が伸び悩んでいるという2つの理由が挙げられます。景気が良くなって広告費が回復基調にあるのに、かたや雑誌が相次いで休刊する。この矛盾の理由はどこにあるのでしょうか。統計データを用いて一緒に調べてみましょう。

広告費が下げ止まらない「雑誌」と「新聞」

図5の積み上げ棒グラフを見てください。これは電通が毎年発表している「日本の広告費」のうち、「マスコミ四媒体」広告費と「インターネット媒体」広告費の2005年以降分を抽出して、積み上げ棒グラフで表現しています。

2008年9月に起きたリーマンショックの余波がしっかり日本の広告費に表れています。2008年は前年比マイナス1800億円、2009年は前年比マイナス4500億円。約2年で市場規模が15%近く縮小しています。私自身、このころはインターネット広告に関する仕事に携わっていたのですが、

図5 ▶ 2005年〜2016年日本の広告費内訳推移

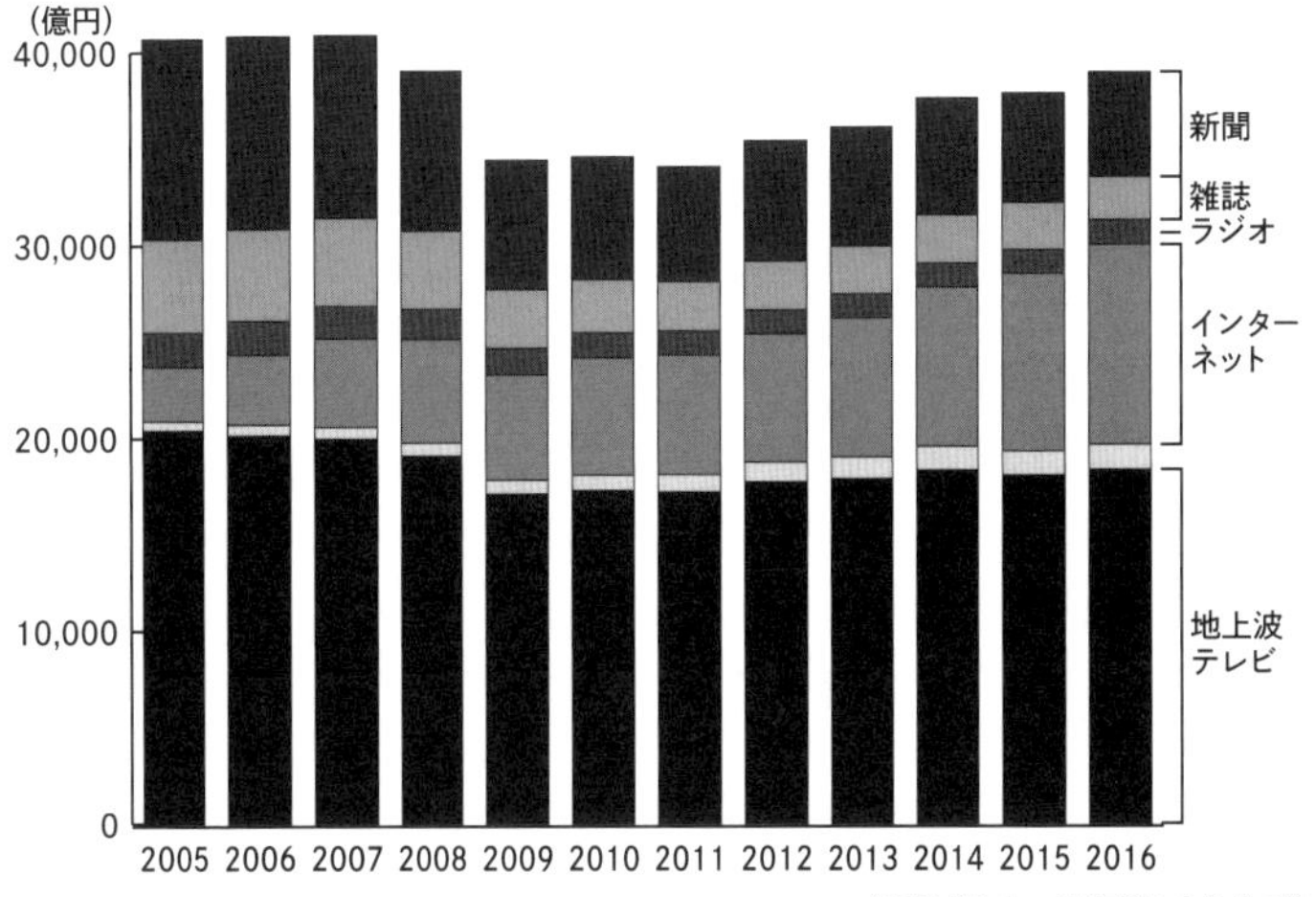

(電通「日本の広告費」より作成)

２００８～２００９年にかけていろいろな会社が「広告費は削る。そもそも本業が危ないんだ！」と悲壮感を漂わせていたのを覚えています。

２０１６年はようやく２００８年ほどに市場規模が回復しています。しかし、その内訳は９年前と大きく違う様相を見せています。図６のグラフではその内訳を１００％積み上げ棒グラフで表現しています。

インターネット媒体の広告費がこの９年間でおよそ2倍に成長しています。すさまじい成長速度だと言っていいでしょう。一方、図１で２００８年と２０１６年の積み上げ棒グラフを見比べると合計はあまり変わりませんから、その分だけ規模が縮小している媒体があります。ちなみに「オワコン」、「レガシー」

図6 ▶ 2008年と2016年の日本の広告費内訳

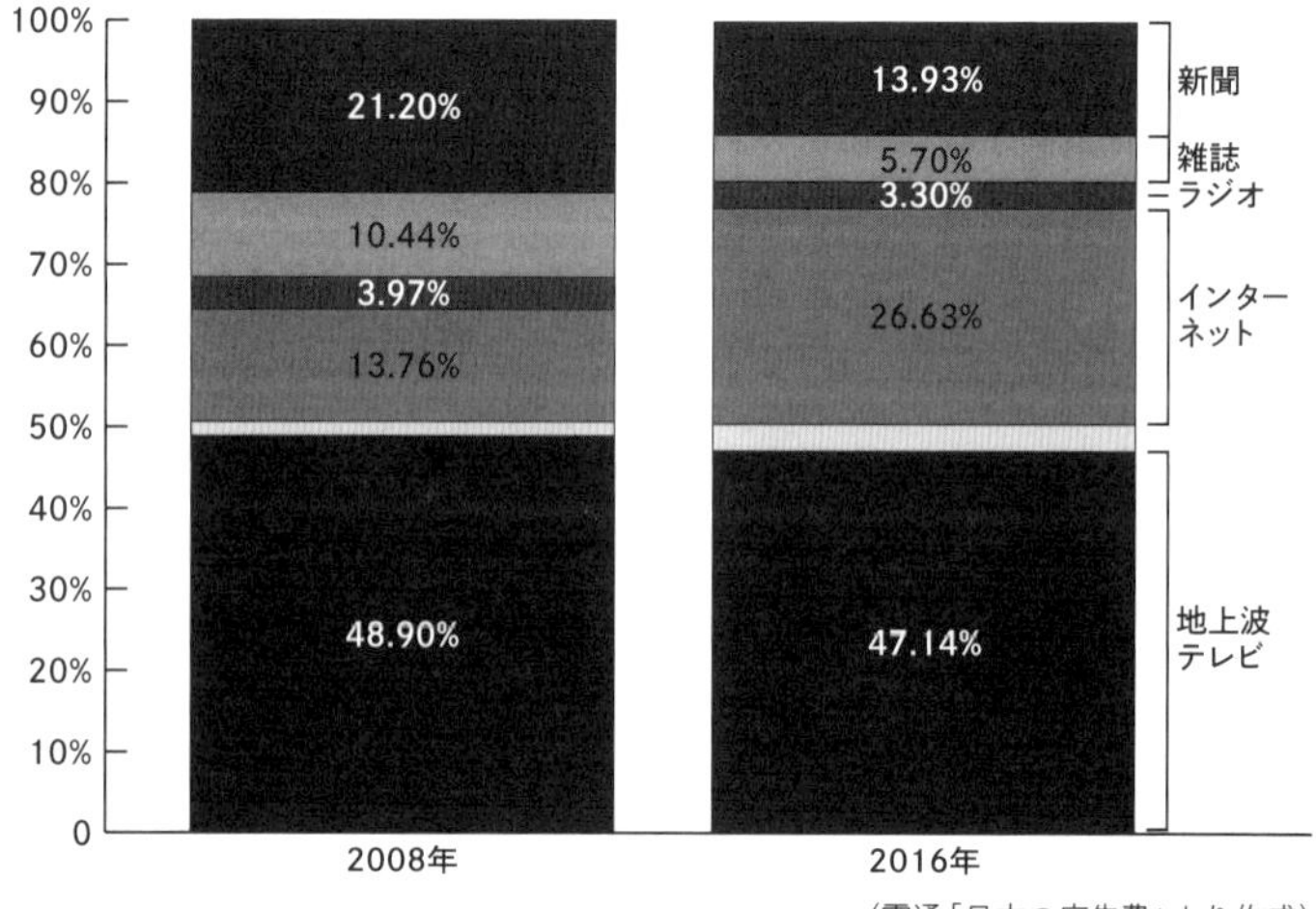

（電通「日本の広告費」より作成）

と揶揄されてきたテレビの広告費に大きな変動はありません。

減少している媒体は雑誌と新聞です。この9年間で雑誌はマイナス1800億円で45％減、新聞はマイナス2800億円で34％減とすさまじい衰退ぶりを見せています（図7）。

つまり、広告費全体は景気が回復基調にあるので、以前と同じ程度に戻っています。しかし内訳を見てみると、雑誌広告と新聞広告は大きく減少して、その分だけインターネット広告が大きく増加しているのです。

広告費が削減された2008年～2009年以降、景気は回復基調にあると言われているのに、新聞や雑誌の広告費が元の状態に戻らないのはどうしてでしょうか。私は「その媒体に触れる客数が減っているから」という

図7 ▶ 2005年〜2016年雑誌と新聞の広告費

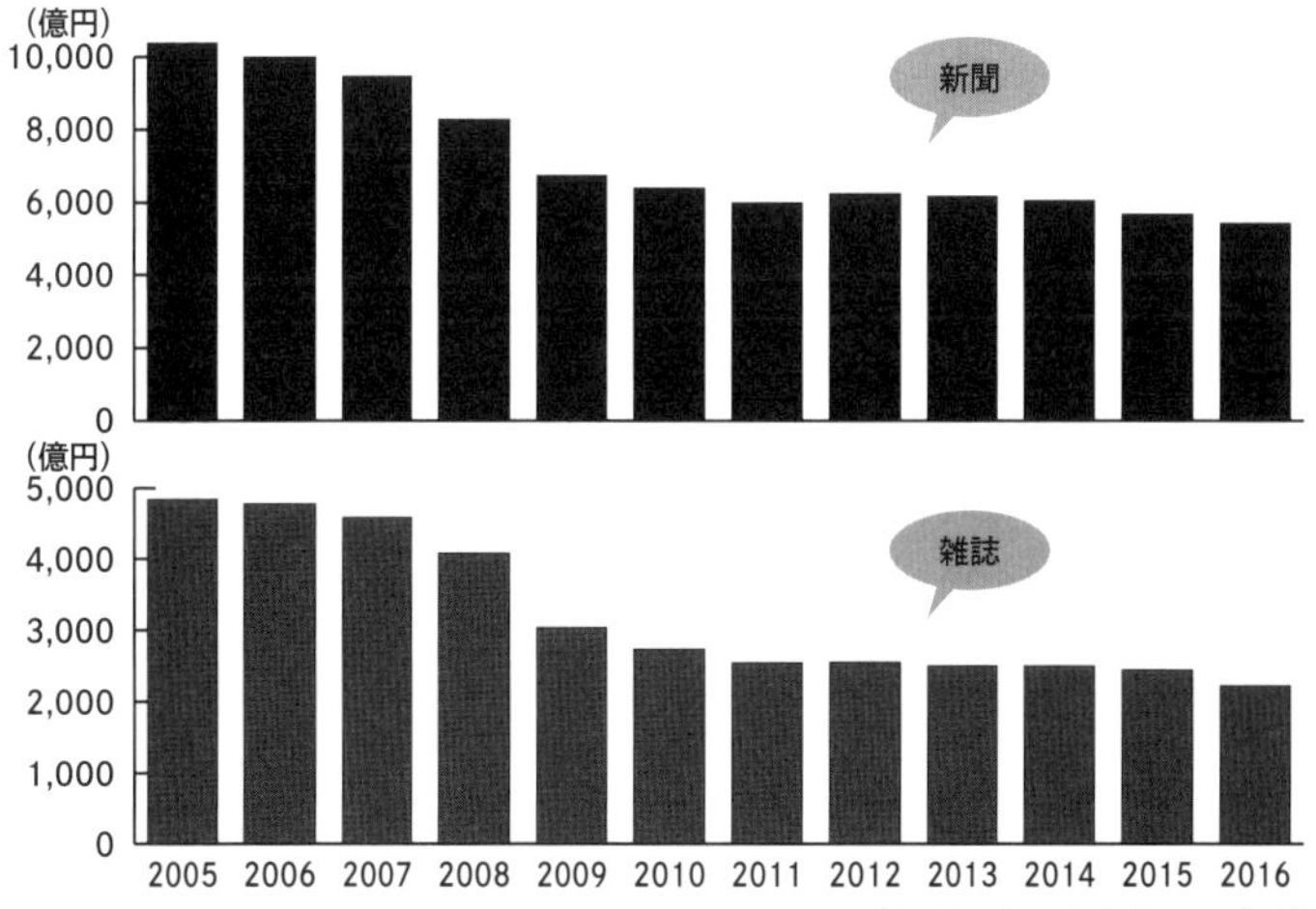

(電通「日本の広告費」より作成)

仮説を持っています。言い換えると**インターネット広告の成長は、雑誌や新聞に時間を使っていた人たちがインターネットに移行したおかげではないか？**と考えています。

私の仮説は正しいでしょうか。市場の縮小幅がより大きい雑誌媒体に絞って、何が起きているのか調べてみました。

「雑誌」に今、何が起きているのか？

「客数が減っている」という仮説を立証するために、発行誌数そのものが減っている、部数が落ちている、この2つを調べてみましょう。

ところで、そんな生々しいデータが公開されているのでしょうか。実は経済産業省が発表している特定サービス産業実態調査の1つに「出版業」が含まれており、その統計データから現状を推し量れるのです。ただし、2012年〜2013年分は2012年に実施された第1回経済センサス（これまで産業分野別に行われていた統計調査が、包括的に調査する仕組みに抜本的に改変された。他国ではアメリカや中国が実施している）により実態調査が中止になったり、2011年以前は調査対象の企業数が少なかったりして、2013年以前のデータには精度の面で大きな問題があります。本来であればリーマンショック直後の2008年以降の時系列推移を見たかったのですが、2014年以降の3年間を見てみましょう。

図8の棒グラフを見てください。雑誌の発行銘柄数を集計し、棒グラフで表現しました。2016年にかけて減っているのがわかります。発行部数はどうなっているでしょうか（次ページ図9）。

こちらも図8と同じく、すべて減少しています。発行誌数が減る&発行部数が減るというダブルパンチで「客数が減っている」傾向にありそうです。しかし、それだけではありません。2016年から2017年にかけてゲス不倫報道によりいわゆる「文春砲」で名を馳せた週刊文春のように発行した部数すべてが完売すればハッピーです。しかし、必ず売れ残りが存在します。これを出版業界では

図8 ▶ 2014年～2016年雑誌の発行銘柄数の推移

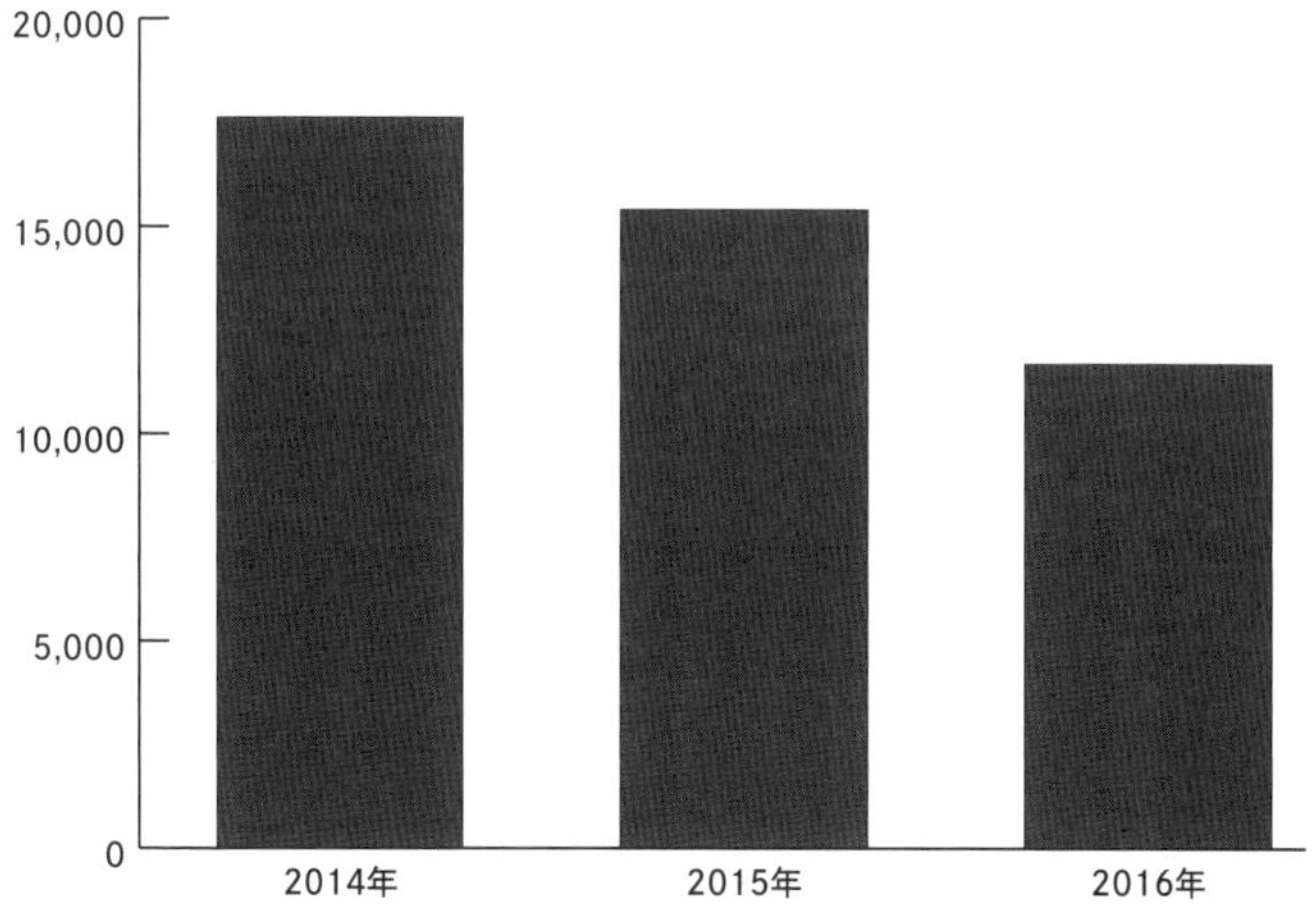

（経済産業省「特定サービス産業実態調査」より作成）

図9 ▶ 2014年～2016年雑誌の発行部数の推移

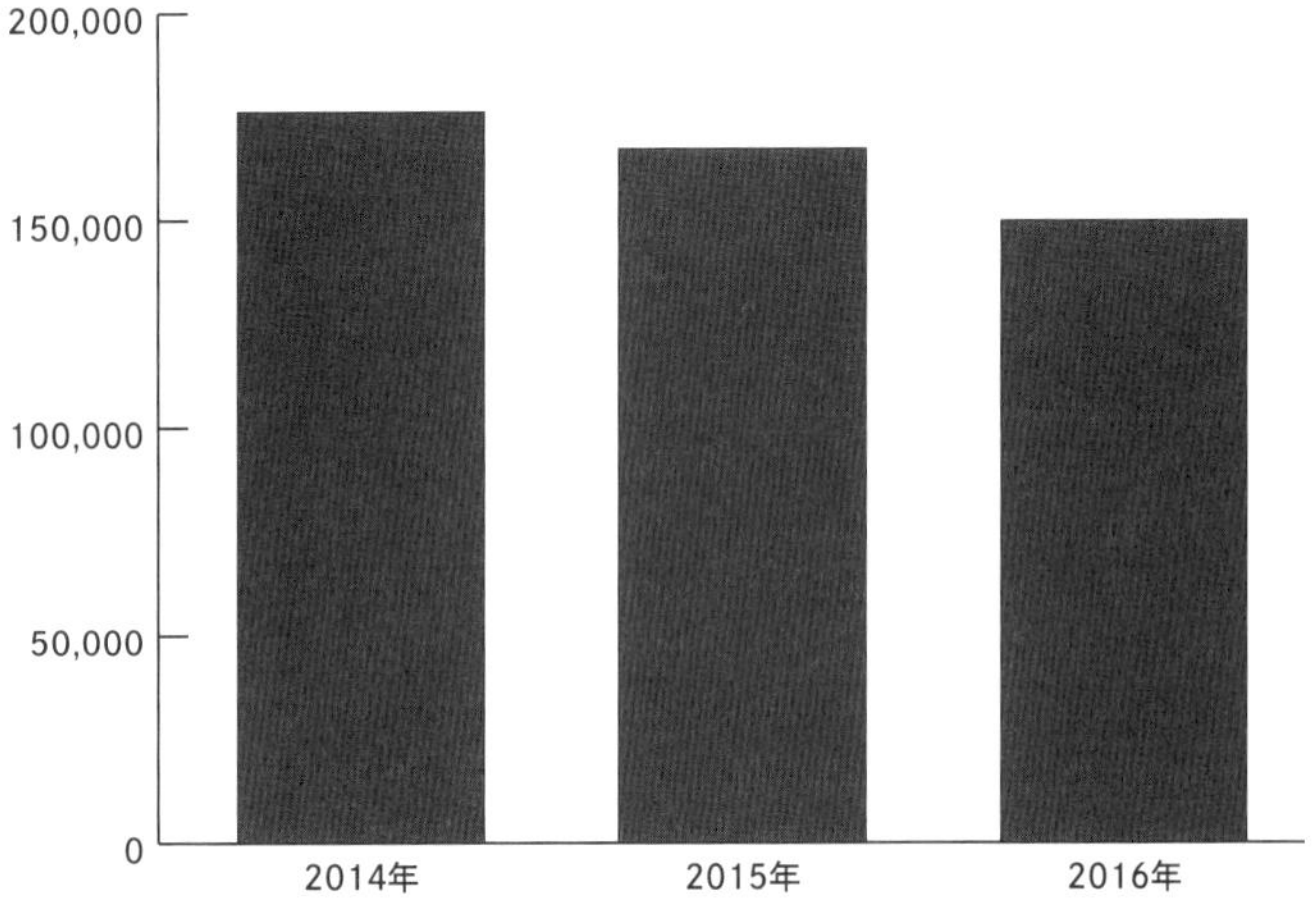

（経済産業省「特定サービス産業実態調査」より作成）

図10 ▶ 2014年～2016年雑誌の平均返品率の推移

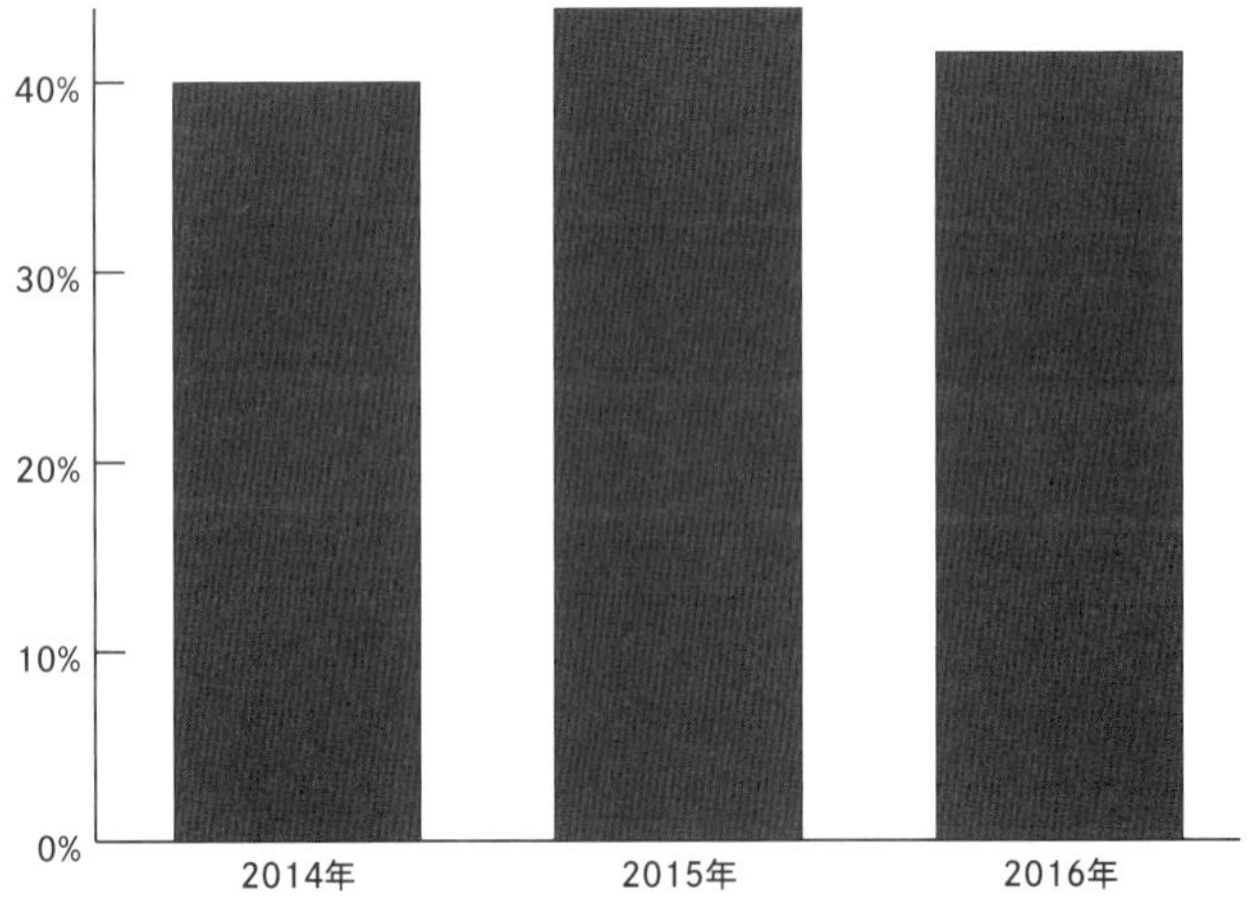

（経済産業省「特定サービス産業実態調査」より作成）

「返品」と呼びます。出荷数に対する返品率から、どれくらい売れ残るのか平均値を集計し、棒グラフで表現しました（図10）。

平均して40％程度の返品率があるようです。もちろん、すべての雑誌がそうとは言えません。一概に比較できないので参考値程度となりますが、２０１１年以前の特定サービス産業実態調査を見ると返品率は30％〜35％を示していたので、上昇傾向にあるかもしれません。

雑誌が売れない、広告収入も増えない、だから儲からない、最後には、廃刊するしかない。こうした負のスパイラルが出版業界には訪れているのではないでしょうか。それだけではありません。こうして市場自体がどんどん小さくなっていくと、やがては**「雑誌を読む習慣自体を持っていない（＝身近に雑誌が置いていないしインターネットで十分）」**世代が登場してくるのです。今後、ますます雑誌離れが起きて負の現象のスパイラルに落ち込んでいくのではないでしょうか。

日本人の「雑誌離れ」は本当に起きているのか？

習慣を持たなくなると、そもそも買う行為自体がなくなってしまいます。しかし、それを表す統計データがあるでしょうか。

日常の時間の使い方を調査する目的として、ＮＨＫ放送文化研究所が5年に1回、国民生活時間調査を行っています。第８章の積み上げ棒グラフで紹介した社会生活基本調査に似ていますが、こちらの調査の方がメディアと接する時間を詳細に記録しています。２００５年から２０１５年にかけて、この10年間で雑誌を読む習慣はどのように変化しているでしょうか。国民生活時間調査では「雑誌・マンガ・本」を読む人としてまとめています。次の棒グラフを見てください。各年で、「雑誌・マンガ・本」を読むという行為をする人の割合が国民全体でどれくらいいるのかを集計し、棒グラフで表現しました（図11）。

まず、読むという行為自体が全体の約20％しかない点にまず驚きます。さらに休みの日に「雑誌・マンガ・本」を読む行為も、この10年の間に約５％も減少している点にも驚き

図11 ▶ 「雑誌・マンガ・本」を読む割合の推移

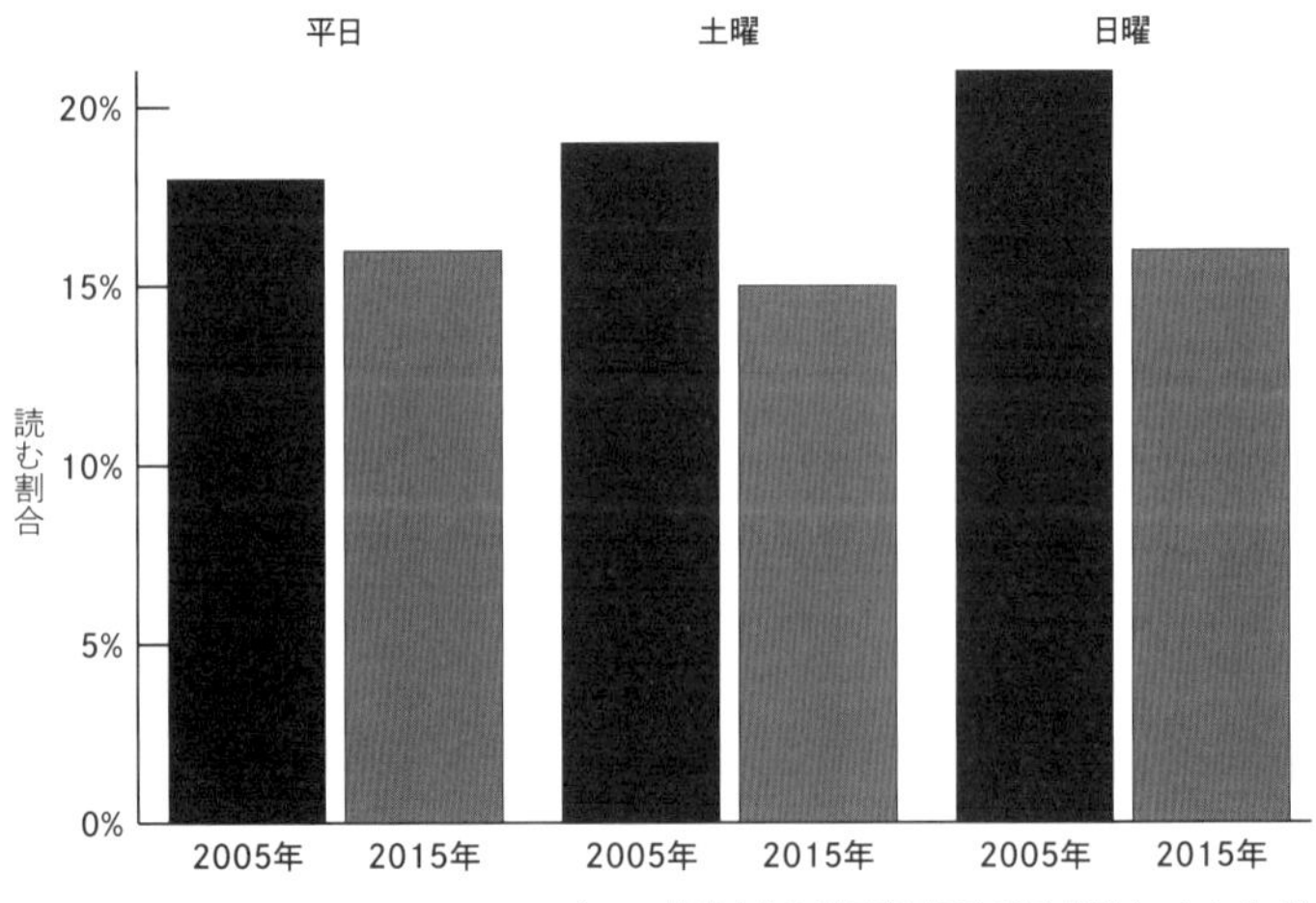

（NHK放送文化研究所「国民生活時間調査」より作成）

ます。

この落ち込みの原因は何でしょうか。「若者の活字離れ」でしょうか。最近の中高年は旅行やアルコールなど何か社会的な統計データの減少が起きたらすぐに「若者の○○離れ」と口にするので、私も言ってみました。

図12と図13の棒グラフを見てください。今度は、性別・年代別に「雑誌・マンガ・本」を読む割合を集計して、棒グラフで表現してみました。若者代表として10代・20代、中高年代表として40代・50代を対象としています。

なるほど、確かに「若者の雑誌離れ」は進んでいるかもしれません。男女ともに、10代の平日は「雑誌・マンガ・本」

図12 ▶ 男性・年齢別「雑誌・マンガ・本」を読む割合

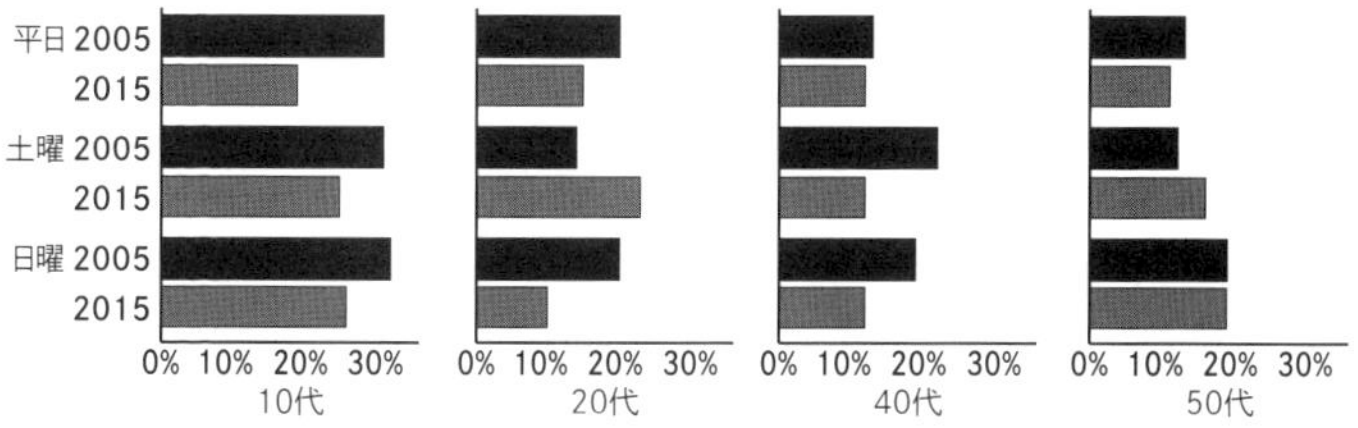

図13 ▶ 女性・年齢別「雑誌・マンガ・本」を読む割合

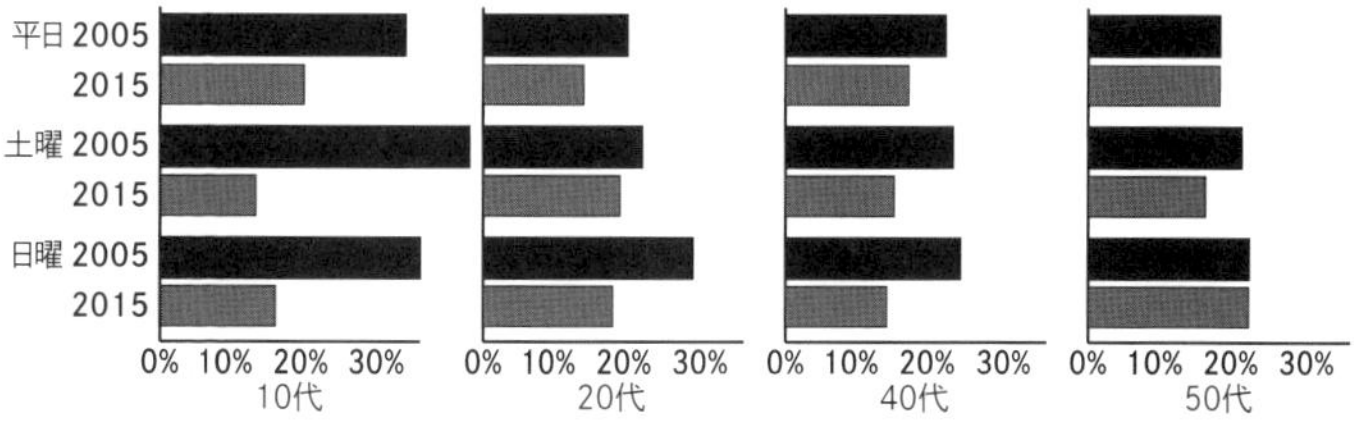

（NHK放送文化研究所「国民生活時間調査」より作成）

を読むという行為の割合は10％以上減少しています。しかし、中高年と比較してみると、それでも10代は雑誌を読む傾向にあります。**「若者の雑誌離れ」と言うなら、「男性中高年のもともとの雑誌離れ」問題に言及すべきです。**

雑誌を読まない代わりに何をしているのか

さきほど**「雑誌を読む習慣自体を持っていない（＝身近に雑誌が置いていないしインターネットで十分?）」**世代と表現しましたが、仮に10代がそうだったとしたら、この先の雑誌の未来はどうなるのでしょうか。

図14 ▶ **男性・年齢別「インターネット」をする割合**

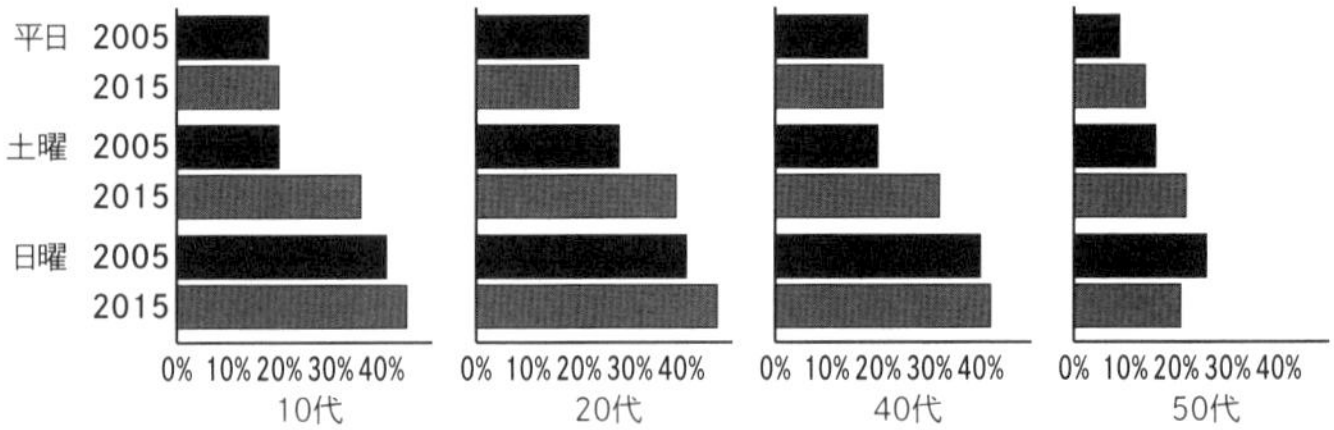

図15 ▶ **女性・年齢別「インターネット」をする割合**

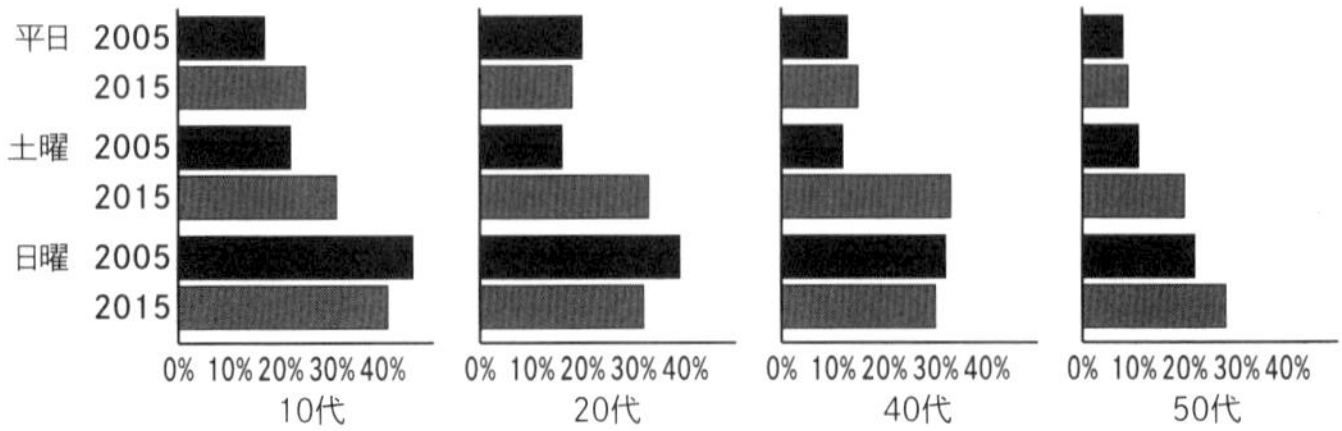

（NHK放送文化研究所「国民生活時間調査」より作成）

図7をもう一度見てください。リーマンショックで2008年〜2009年にかけて広告費が削減されて以降、2011年〜2014年まで実は広告費は横ばいが続き、再び2015年から2年連続で広告費が減少しています。リーマンショックが起きて広告費の削減に走った企業が「あれ？　雑誌広告出さなくても商品って売れるんじゃん！」と気付き、出稿量を減らしたのが2010年。そして、2015年以降の広告費の削減は「その媒体に読者がどれくらいいるの？」「雑誌読むよりインターネットしてるじゃん」という広告主から雑誌を編集している出版社への問い掛けに、誰も答えられない結果だったのではないかと私は仮説を立てています。

図14と図15の棒グラフを見てください。NHK放送文化研究所「国民生活時間調査」の中に「趣味・娯楽・教養のインターネット」という項目があります。これは自由時間内における趣味や娯楽としてのインターネット利用時間を指します。加えてメールやネット上での友人とのやり取りはこの時間に含まれないので、主にネットサーフィンなどの時間が含まれると考えられます。

まず、どれくらいの人たちがインターネットをしているのか集計して、棒グラフで表現してみました。

男女ともに、インターネットをする割合が増加しています。スマートフォンの登場により、インターネットは「自宅にPCを持っている人ができる行為」から「誰でもできる行為」に変わりました。2010年以降のインターネット広告の大きな伸びはそれに起因しているかもしれません。

では、インターネットをする時間に変化は現れているでしょうか。図16と図17の棒グラフを見てください。

女性より男性が長くインターネットをしているようです。また、特に男性に顕著に現れていますが、時間自体も少しずつ伸びています。

1日2時間、3時間もインターネットをしているなんて私から見れば「中毒」です。ただ、今の時代はインターネット経由でTVコンテンツやゲーム、ニュース、さらには雑誌コンテンツが読める時代です。仕事から帰ってきて、ずっとインターネットと接している人がいたとしても変ではありません。

図16 ▶ 男性・年齢別「インターネット」をする時間

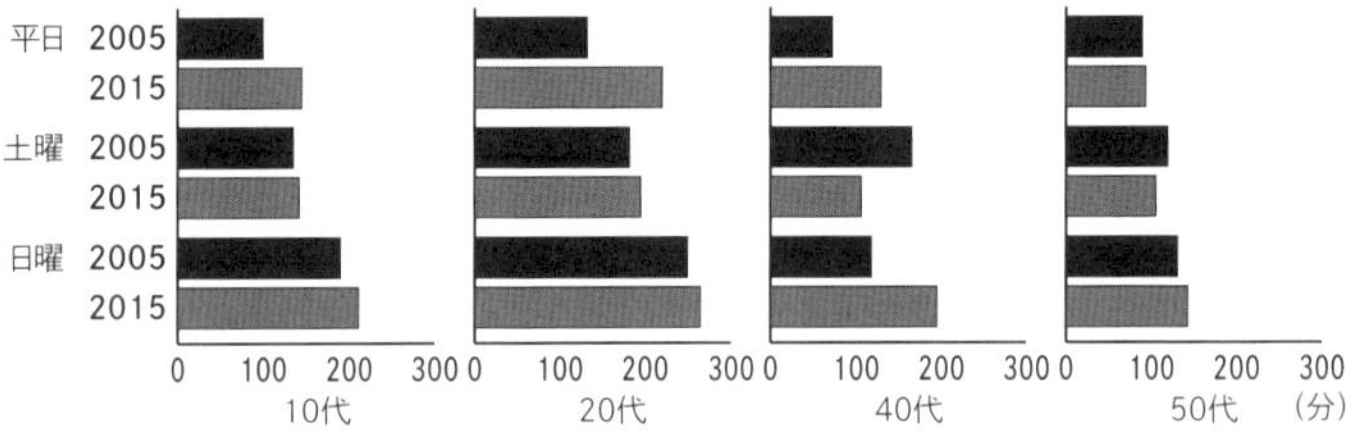

図17 ▶ 女性・年齢別「インターネット」をする時間

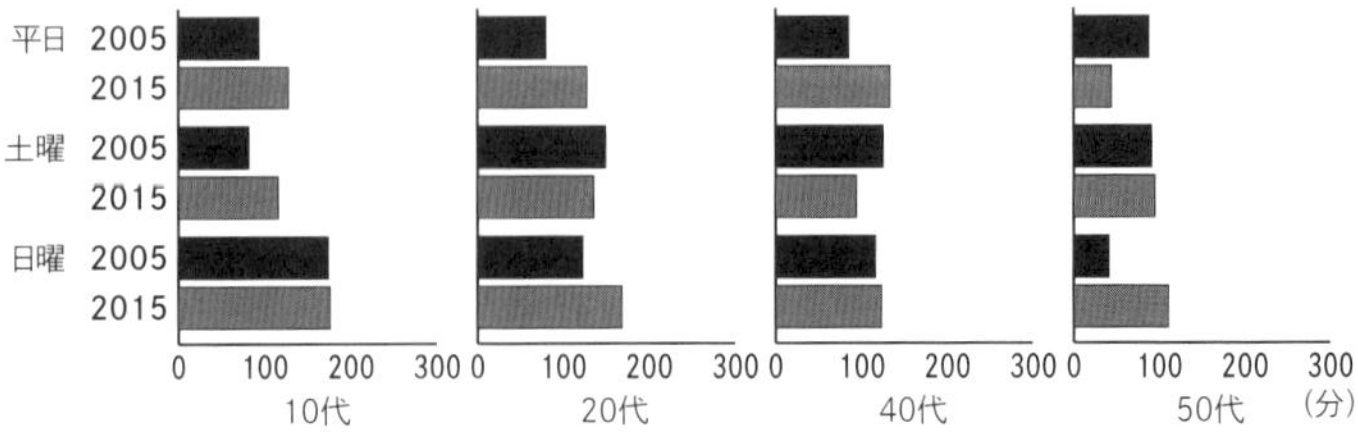

(NHK放送文化研究所「国民生活時間調査」より作成)

「雑誌読むよりインターネットしてるじゃん」というのは正解のようです。

まとめ

誰もが平等に1日は24時間です。この時間の奪い合いに「雑誌・マンガ・本」を読む時間は負けてしまっているようです。日本人の「雑誌離れ」は本当に起こっていて、統計データ的にみて、このまま「インターネット」をする時間がさらに増えていくのでしょう。おそらく、このまま進めば紙としての「雑誌・マンガ・本」はほとんどなくなってしまうのではないでしょうか。なぜなら「インターネット」には似たようなコンテンツがすでにあるからです。しかし、「雑誌・マンガ・本」を読む時間は減っていても、インターネット上でマンガを見たり、雑誌の記事を読んだりしている若者は大勢います。私もその一人です。今は何でもインターネット経由で実現する時代です。音楽だって、ライブだって、テレビ番組だってインターネットで見れます。

今までの「雑誌・マンガ・本」が読まれなくなったとしても、コンテンツの提供方法をインターネットに変えれば、生き残れる可能性は高くなるのではないでしょうか。すでにそうした挑戦に取り組んでいる出版社は多くあります。2017年以降、出版社がインターネットという手段を使って、どのように生き残りを図っていくか非常に楽しみです。

付録3 「大阪都構想」はなぜ否決されたのか？

最後のお題は「選挙」です。2015年に行われた大阪都構想の是非を問う選挙（大阪市特別区設置住民投票、以降は都構想選挙）を扱います。知らない方や忘れた方も多いでしょうから、大阪都構想について簡単に説明します。

大阪都構想とは、大阪で検討されていた統治機能の改革構想です。大阪府と大阪市の行政制度を、東京都が採用している「都区制度」に変更します。例えば私は大阪府大阪市北区に住んでいます。大阪都構想が実現すれば、大阪市を廃止して複数の特別区に分割、大阪府北区に住所が変更されます。住所が変わるだけでなく、大阪市が持っていたさまざまな財源や行政権を大阪府に譲渡して、残された権限を特別区に分割するのがポイントだと言われています。

大阪都構想は否決されたのですが、なぜ否決されたのかデータ・ファクトで振り返られる機会もなく、いつの間にか幕が下りた印象を抱いています。選挙期間中、反維新・賛維新という踏み絵を街頭インタビューで踏まされて、なぜ政策で語らないのかと私は何度も憤りました。この場を借りて、統計データを用いて一緒に振り返りましょう。

大阪都構想選挙の簡単なおさらい

２０１５年５月17日に行われた都構想選挙は、図18のような結果となりました。次の１００％積み上げ棒グラフを見てください。

当日の有権者数２１０万４０７６人中、投票したのは１４０万４２９人、投票率は66・83％でした。過去の大阪市長選挙で行われた投票率と比べると、同程度の投票率は昭和38年（１９６３年）の68・14％まで遡る必要があり、大阪都構想への関心の高さが伺えます。結果としては反対派が僅差で勝利を収めましたが、その差は１０７４１票で総得票数の０・76％と薄氷の勝利でした。

一方で、区単位での票数を見ると大きく異なる景色が浮かび上がります。次ページ図19

図18 ▶ 大阪都構想選挙の投票結果

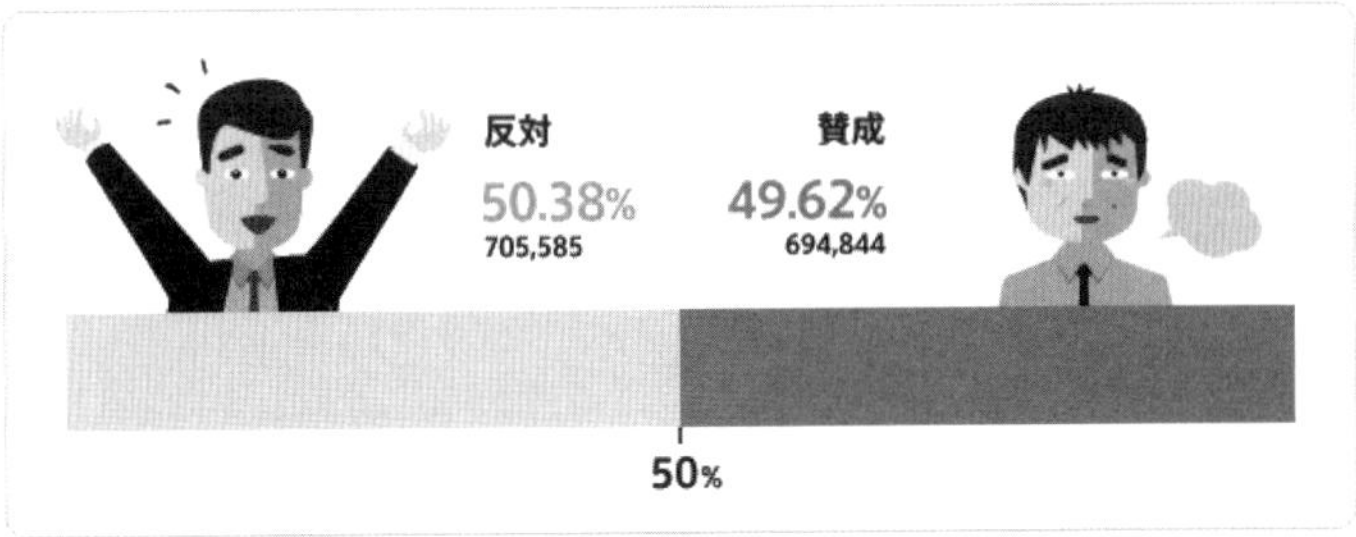

のヒートマップを見てください。その区ごとで反対派、賛成派どちらが優勢だったのか、その結果を大阪市の区ごとにヒートマップで表現しました。

大阪市24区中、反対派の割合は41%から56%と幅広く、特定のデモグラフィックによる影響が伺えます。特に南北で意見が分断されているように見えるので、これを「大阪南北格差」「大阪南北戦争」と揶揄した評論家もいました。

「特定のデモグラフィック」として、最も言われているのは「年齢」です。

報道各社による年代別出口投票の結果を見ても、特定の偏りが表れています。最も大規模な出口調査（市内24区投票所280カ所有権者1万77人が対象）を行った読売新聞社・

図19 ▶ **大阪市24区の投票結果（数字は反対派割合）**

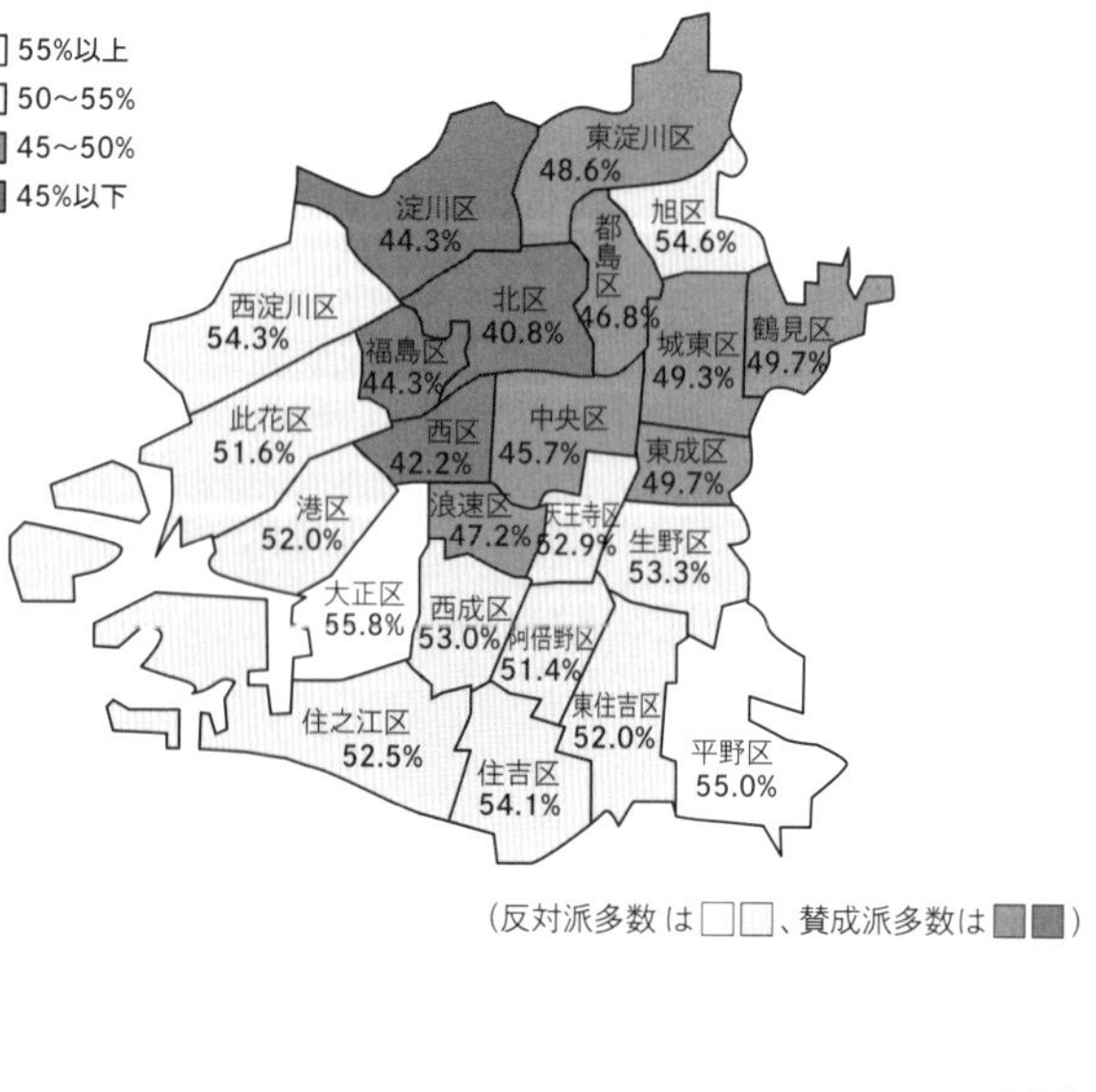

（反対派多数は□□、賛成派多数は■■）

読売テレビの調査結果を参考に、各世代の出口調査結果から図20の１００%積み上げ棒グラフを作成しました。

各年代で賛成派が反対派を上回っていますが、70代以上のみ反対派が大きく賛成派を上回っています。これを「シルバー民主主義の勝利」、「老人が大阪と青年の未来を奪った」と嘆いた評論家もいました。しかし、これらのデータをもって、このような評価を下すのは正しいのでしょうか。ひとつひとつのデータを再確認しながら、データが事実を語っているか見ていきましょう。

「大阪南北格差」は本当か？

大阪都構想が否決された直後、最も言われ

図20 ▶ 年代別出口調査の結果

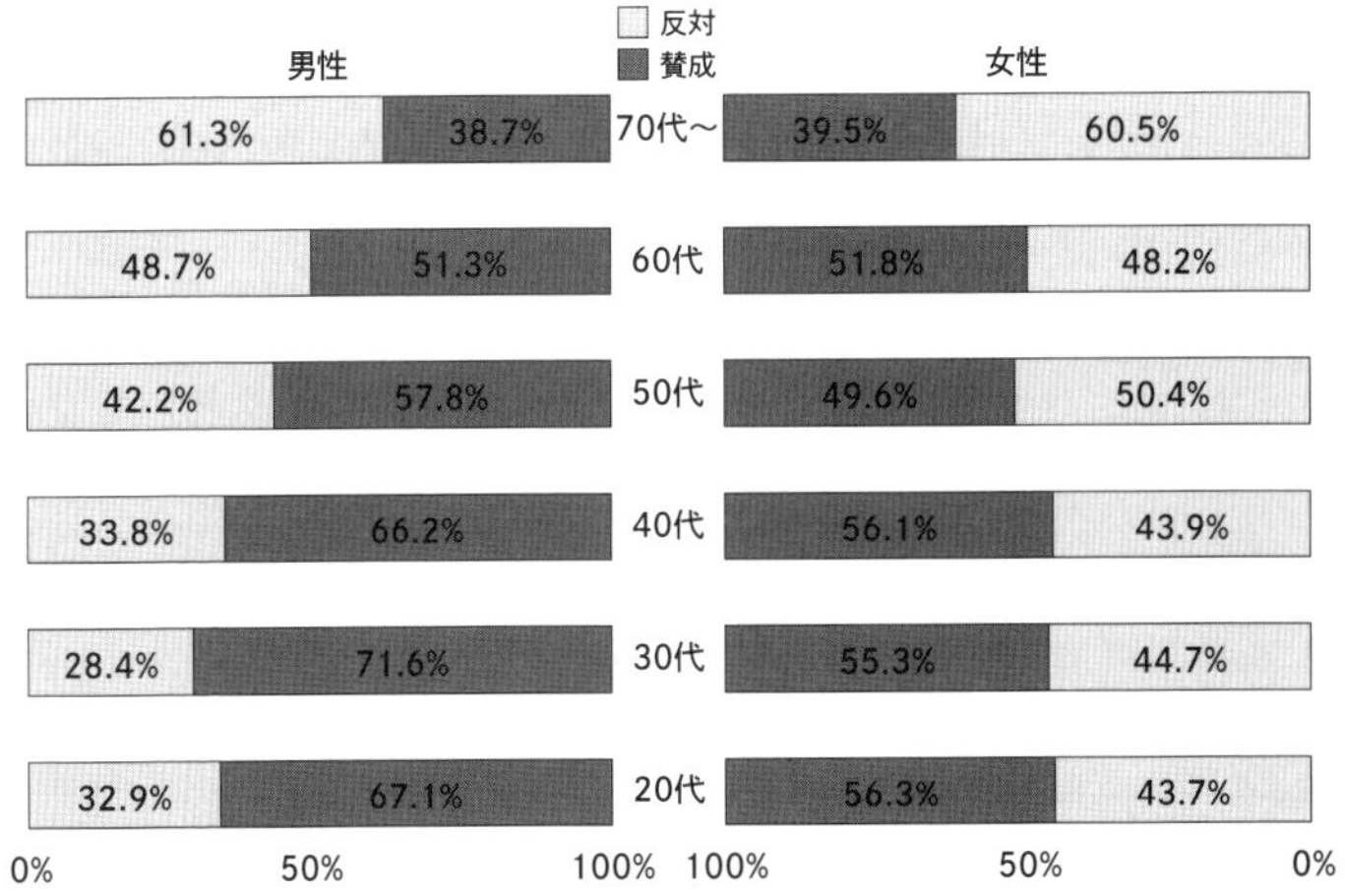

たのは「大阪南北格差問題」です。

曰く「大阪の北と南はまるで〝南北格差〟のように街の情景がまったく異なっている」、「比較的所得水準が高く、都市の再開発も進んでいる〝キタ〟を中心とした大阪市北部と、高度成長時代の産業構造を転換できず、成長から置き去りにされた、低所得地域が多い〝ミナミ〟を中心とした大阪市南部」、「貧しすぎると人々はかえって保守的になる、貧乏人の勝利だ」というレッテル張りでウェブ上で横行し、私はつくづく辟易としました。なぜなら、私は大阪市に四半世紀住んでいるので、大阪府内の南北格差に聞き覚えがありますが、大阪市内の南北格差なんて聞いた試しがないのです。大阪市内で仕事をして、北側の大阪府箕面市や豊中市、あるいは大阪から出て兵庫県西宮市で暮らす、それが一種のステータスでした。そもそもは大阪市内に市民税が入らない問題を解消するための大阪都構想だったのです。市内の南北なんて、ぶっちゃけ問題でもなんでもありません。大阪に住んだ経験のない人がこうした珍説を信じ込み、「トランプゲームの大富豪で言うところの革命が起きたのか」ととらえているのを見て、**批判精神なく報道を鵜呑みにする怖さを知りました。**

データで証明していきましょう。所得水準が高い「キタ」と所得水準が低い「ミナミ」という表現が、すでに大阪を知らないモグリの証拠なのです。「ミナミ」には、大阪が誇る高級住宅街・帝塚山（阿倍野区～住吉区）や北畠（阿倍野区）や真法院町（天王寺区）があるからです。繁華街に近い高級住宅街として、東京で言うところの渋谷区松濤や港区白金をイメージしていただければいいかもしれません。図21のヒートマップを見てください。各区単位でその地域に暮らす世帯の平均年収を集計し、その結果を地図に表現しています。

「平均」を用いてしまうと、高額所得者によって値が引き上げられてしまいます。そこで、次ページ図22では全世帯の中で平均年収1000万以上の世帯が占める割合をヒートマップで表現しました。

想定した通り、高級住宅街である天王寺区や阿倍野区の色が濃く塗られています。他の区に目を向けてみましょう。旭区と都島区も比較的高額所得世帯が多い街だとわかりますが、旭区は反対派多数、都島区は賛成派多数

図21 ▶ 大阪市区別世帯の平均年収

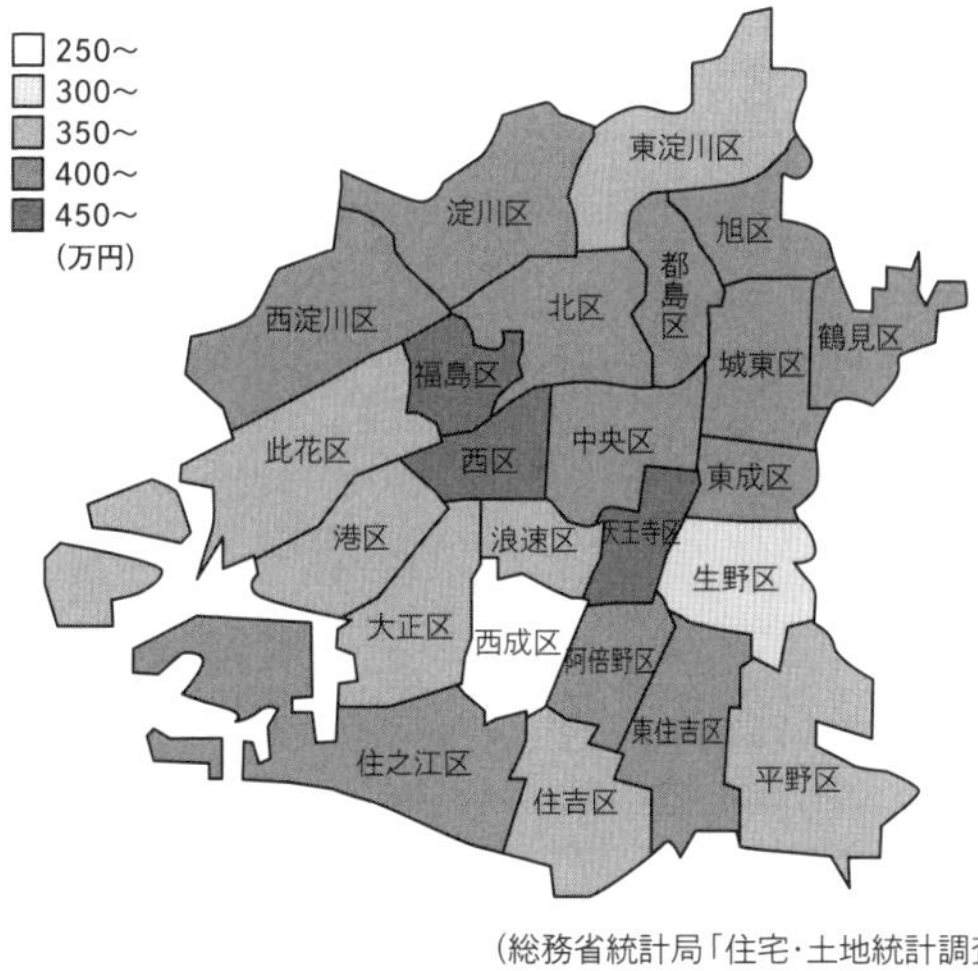

（総務省統計局「住宅・土地統計調査」より作成）

が占める結果となりました。さて、**このどこが南北所得格差なのでしょうか。**「キタ」は所得が高いでしょうか。他の区と比較しても普通ですよね。

高額所得者が大阪都構想に反対したという数字は残っていないのですが、少なくとも「大阪南北格差」は図21のグラフを見ただけで勝手に思い付いたレッテル張りだったと言えるでしょう。

「シルバー民主主義の勝利」は本当か？

大阪都構想否決の結果を受けて、朝の情報番組で「シルバー民主主義の勝利。これからの世代がかわいそう」と訴えていたキャスタ

図22 ▶ 平均年収1000万以上の世帯が各区内の総世帯に占める割合

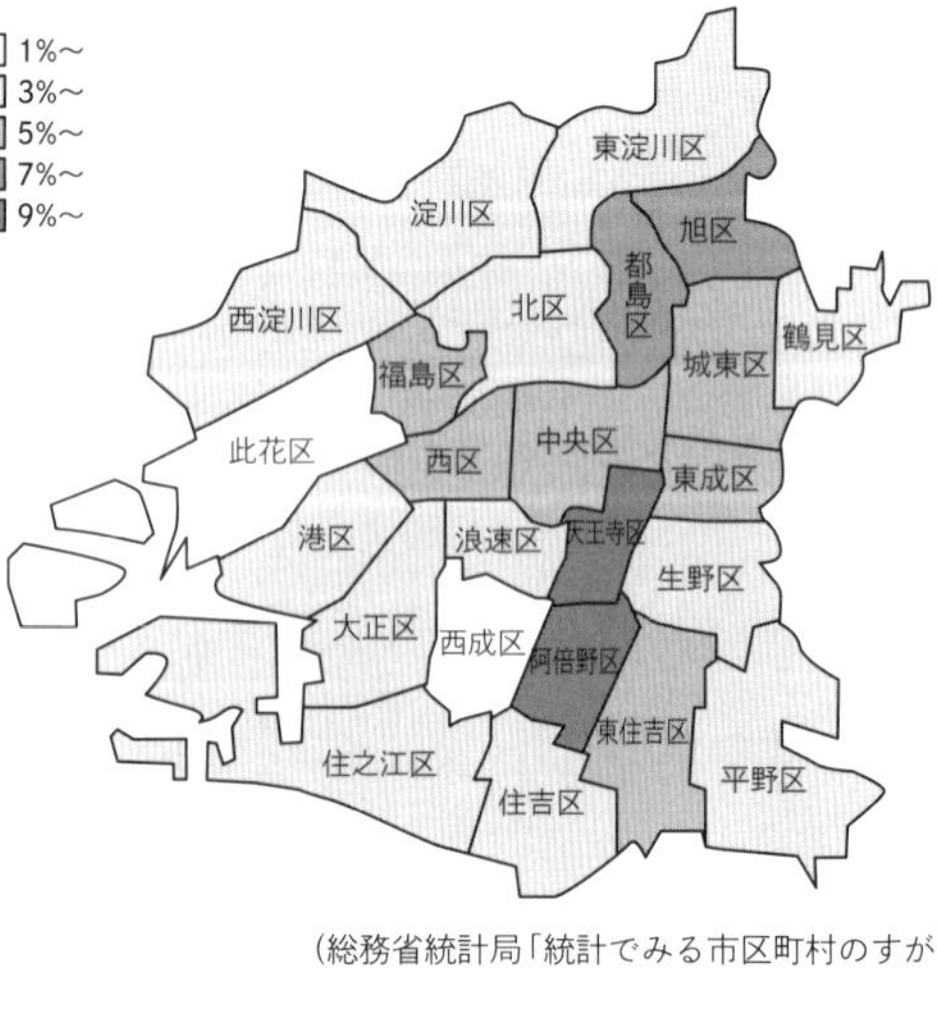

（総務省統計局「統計でみる市区町村のすがた」より作成）

ーがいて、私は愕然としました。図20で表現した出口調査の結果だけでは「高齢者の勝利」と断定できません。**なぜなら分母の記載がない**からです。

出口投票の結果と、大阪市選挙管理委員会が公表している年齢別投票行動の結果を照らし合わせてみましょう。図23の棒グラフを見てください。世代別の有権者数を表す棒グラフに対して、その内訳に実際の投票者数の色を塗っています。

各世代の投票者数の内訳を見比べると、女性70代以上が最も多く、また、すべての世代で女性の投票者数が多いのがわかります。

さて、この年代別・性別の投票者数を、図20の年代別出口調査結果に掛け合わせました。出口調査の結果が仮に正しいとすれば、70代

図23 ▶ **各世代有権者中、実際に投票に行った人数（男女別）**

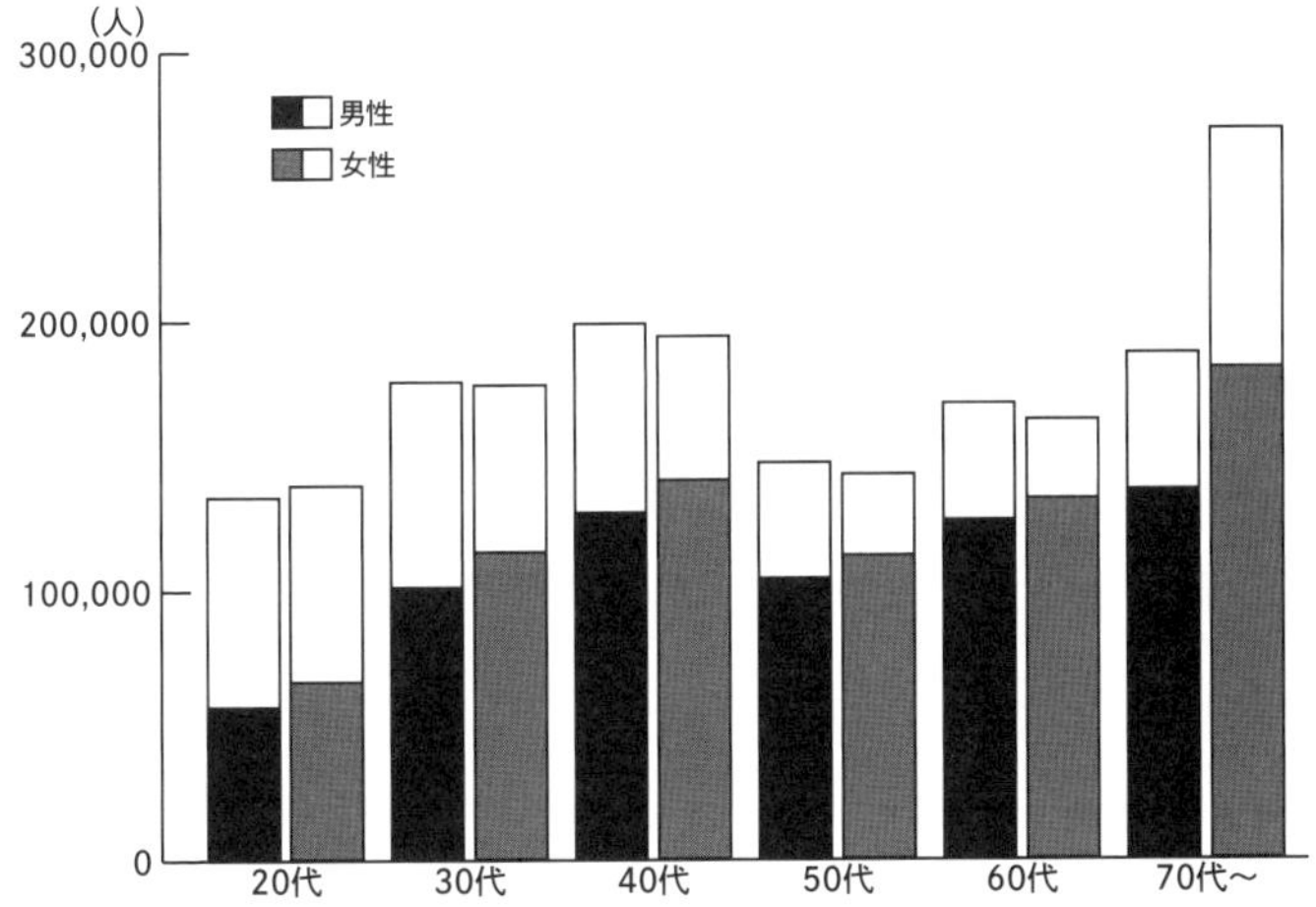

以上を除いて賛成派が多数を占めるので、大阪都構想が多数を占めそうなものです。実際に計算をしてみました。その結果は表1の通りです。

賛成派が約10万票近い差を付けて勝利してしまいました。…あれ？　って感じです。

出口投票の割合をいろいろ変えてみて、結局5％も反対派に移してようやく実態と同じになりました。出口調査の結果を5％も変えないと実態に同じにならないという結果から、次の3つが考えられます。

1．出口調査の方法が間違っている

2．出口調査に回答した人が実際とは違うことを言っている

3．選挙管理員会が数字を誤魔化している

表1 ▶ 図18の出口調査の結果を図23の投票者数に掛け合わせた結果

	男性（人）			女性（人）		
	反対	賛成	反対-賛成	反対	賛成	反対-賛成
20代	18,824	38,391	-19,568	29,173	37,585	-8,412
30代	28,697	72,349	-43,652	51,219	63,364	-12,146
40代	43,476	85,151	-41,675	62,041	79,282	-17,241
50代	43,940	60,183	-16,243	56,976	56,072	904
60代	61,239	64,509	-3,269	64,723	69,557	-4,834
70代～	83,892	52,962	30,929	110,400	72,079	38,321
計	280,067	373,546	-93,479	374,532	377,939	-3,407
男女計						-96,886

おそらく2番でしょう。2016年6月に行われたイギリスのEU離脱国民投票も、2016年11月に行われたアメリカの大統領選挙も、同じような現象が起きました。事前の世論調査とは異なる結果が生まれたのです。自分ひとりぐらいが投票結果と違う内容を言っても大丈夫だろう。その心理には、本音と建前の世界があるのでしょうか。

何のデモグラフィックが賛成・反対を際立たせたのか？

大阪都構想に関する主な論評の裏付けを取るためにデータ分析を行った結果、実態とは異なる可能性が見えてきました。つまり今まで語られてきた「大阪都構想が否決された理由」は間違った可能性があるのです。では何が理由で、大阪都構想が否決されたのでしょうか。その理由を統計データから探ってみましょう。

いずれも次ページ図24、図25、図26の散布図を見てください。24区の主な都市指標と反対率を用いて散布図を作成しました。調べてみたところ、高齢化率、転入数、婚姻数に相関があるとわかりました。各区の高齢化率が高いほど反対率が上がり、転入数と婚姻数が多いほど反対率が下がっているのです。

大阪市といえば、全国の自治体と比べても突出して高い生活保護受給者数を多くの方が思い浮

図24 ▶ 大阪市各区の反対率と高齢化率

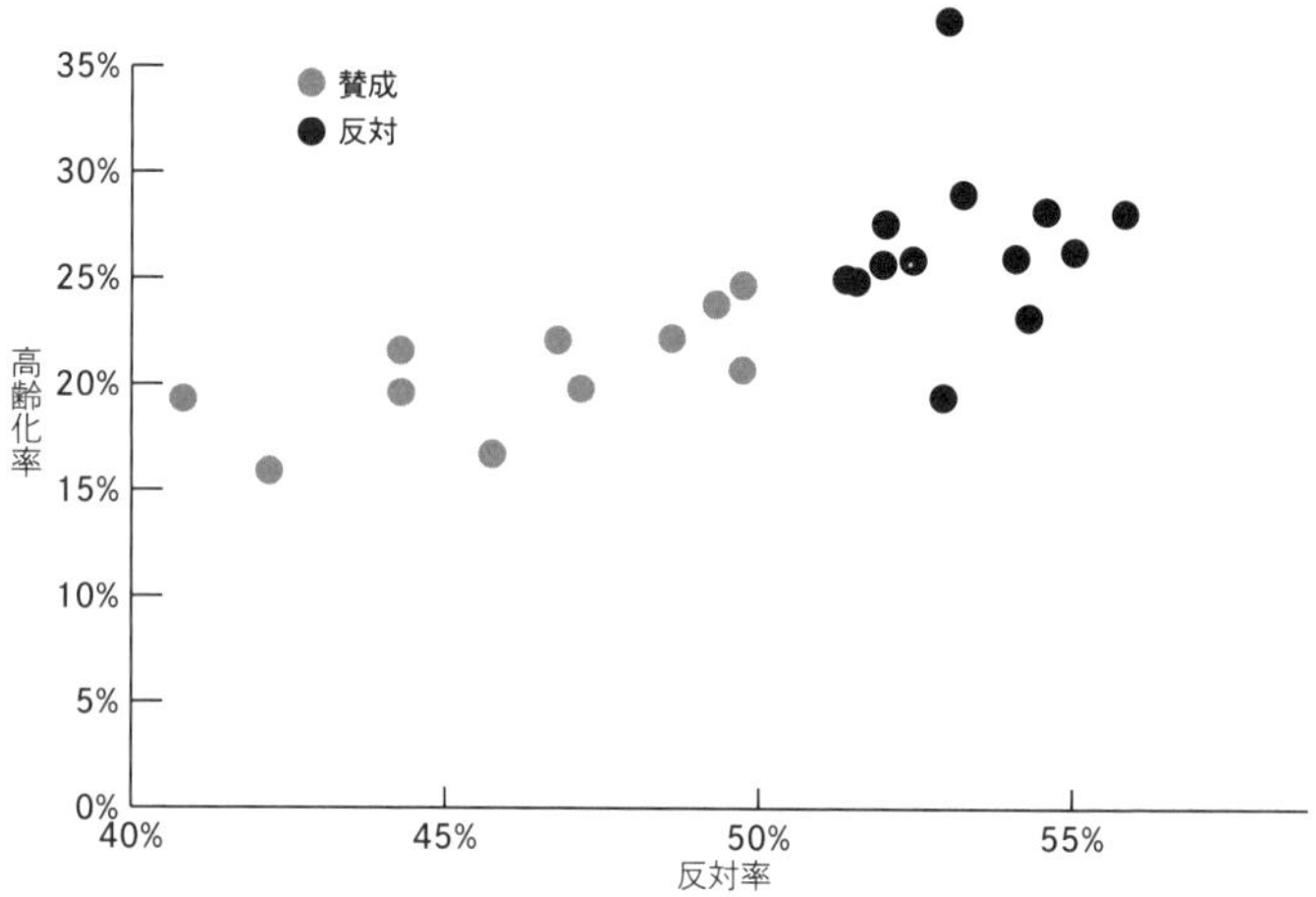

（総務省統計局「人口推計」および大阪市都市計画局「大阪市の推計人口」より作成）

図25 ▶ 大阪市各区の反対率と転入数

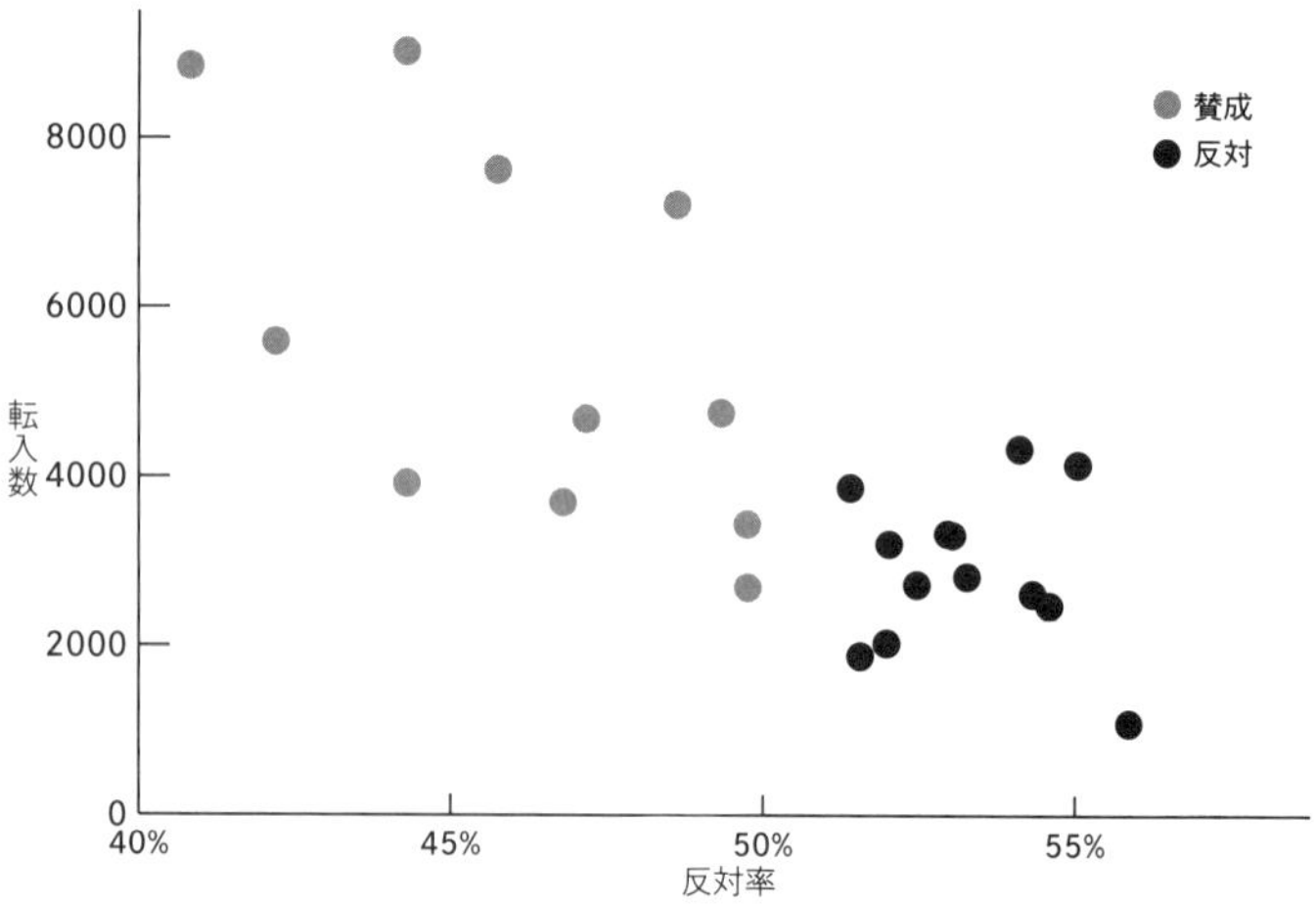

（大阪市「人口動態総覧」より作成）

図26 ▶ 大阪市各区の反対率と既婚率

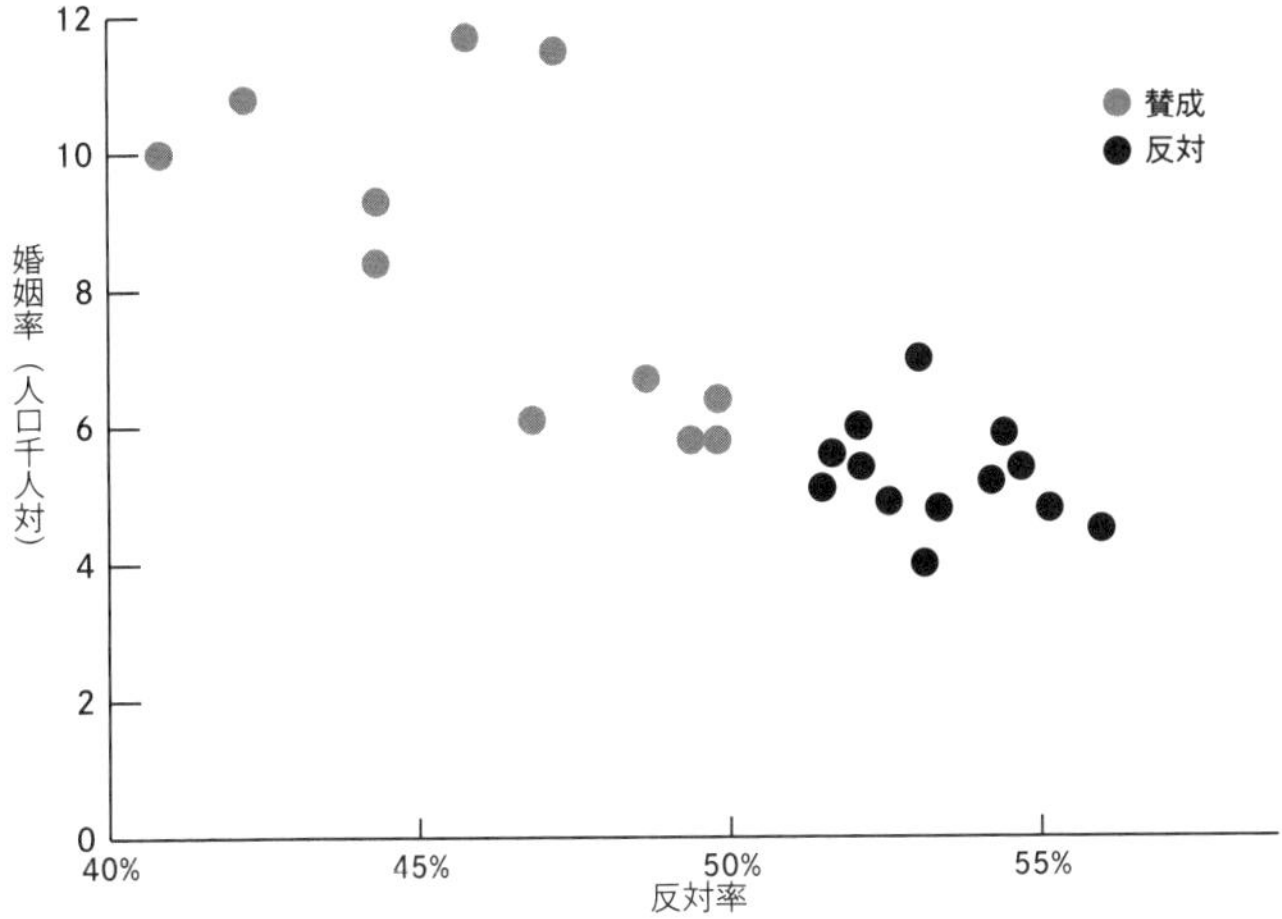

（大阪市「生活保護の適用状況」より作成）

図27 ▶ 大阪市各区の反対率と生活保護数

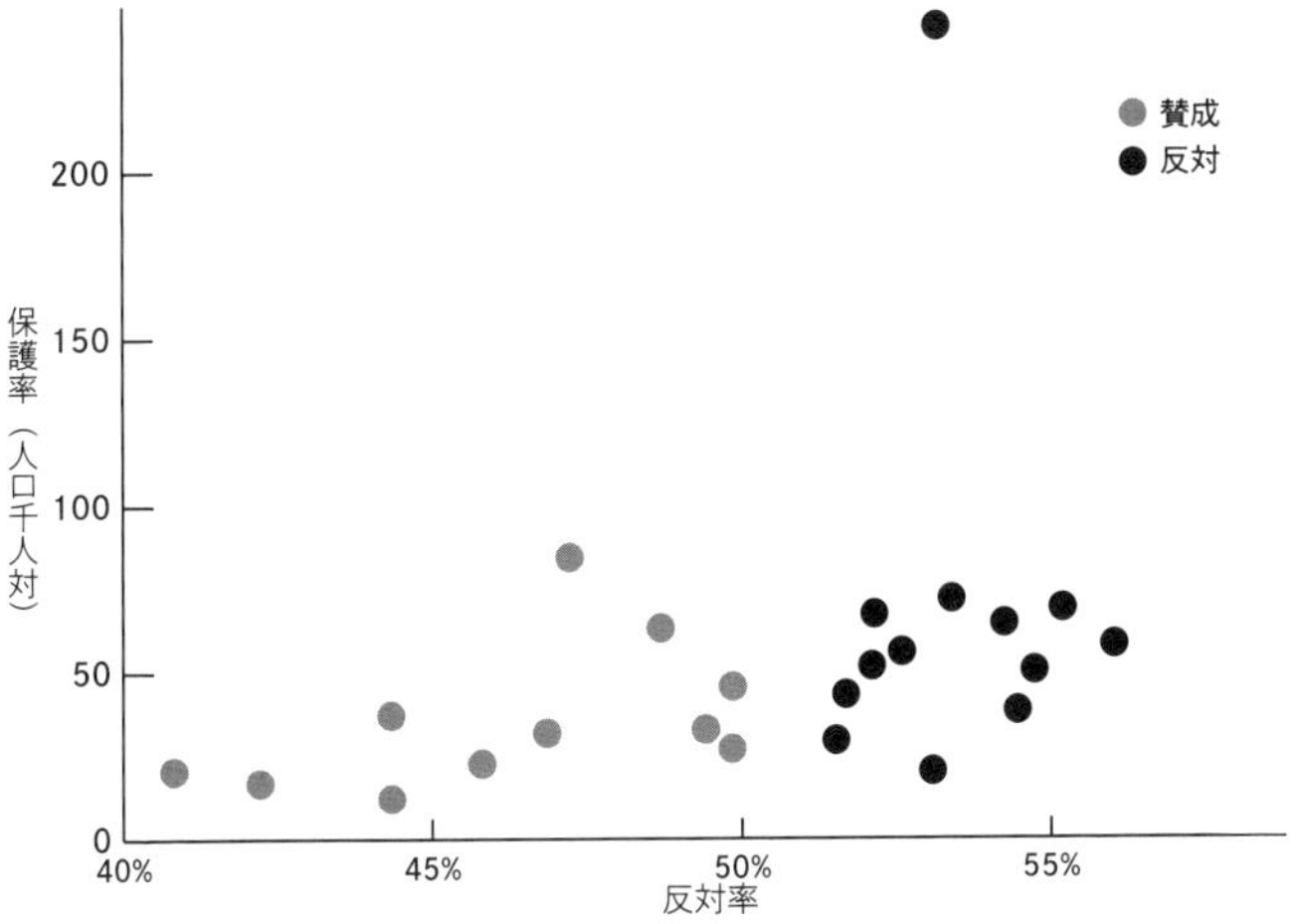

（大阪市「人口統計＞住民基本台帳等」より作成）

かべるでしょう。ですが、散布図でみると、西成区という超・特殊要因を除いて考えても、生活保護需給と反対率に相関関係があるとは言い切れない結果でした。前ページ図27の散布図を見てください。

1つの仮説としては「新参者対古参者」という構図でとらえても良いかもしれません。何かを変えるというイベントに、年齢問わず古くから大阪に住んでいる人間の心理的抵抗があったのではないでしょうか。

高級住宅街がある天王寺区の場合、高齢化率は19・4%とそこまで進行していませんが、転入数は3344人と他の区に比べてかなり少ないです。良く言えば「古き良き風情ある町並みを親子三代で守る街」ですし、悪く言えば「他所者を受け入れない街」です。もし大阪都構想へ再挑戦が今後あるならば、この「抵抗」をいかにして薄めるかが鍵だと私は考えます。

まとめ

今回のような選挙結果の分析をするために、選挙管理委員会はもう少し統計データを公開してほしいと思います。例えば区単位・年齢階層単位で賛成・反対票が明らかになれば、より分析の幅が広がったのではないでしょうか。

ビジネスデータ分析では特にそうなのですが、分析して終わりではなく、分析してからが始まりです。良い結果にしろ悪い結果にしろ、再現性はあるのか、偶然なのか、何を変えれば良い結果につながるのか、そうした検討事項を次回の施策で検証するという作業を何度も繰り返して、より良い状態を作り上げていきます。そのためには、精度の高い、分析しやすいデータの提供が欠かせません。

「データジャーナリズム」も突き詰めて考えれば、報道を通じてより良い世の中を目指すためにデータ分析という手段を用います。特別付録として日本の生産性は本当に低いのか、雑誌は衰退しているのか、なぜ大阪都構想は否決されたのか、データを活用して分析しました。一般的に語られているさまざまな説が、実はデータに照らし合わせてみると「そうとも言えない」というのが伝わったのではないでしょうか。今後もこのようなデータにもとづく報道が定着する日本を願っています。

おわりに

本書を最後まで読んでいただき、ありがとうございました。

データとは何か？　という背景から始まり、棒グラフ、折れ線グラフ、円グラフ、レーダーチャート、ヒートマップ、散布図、積み上げ棒グラフ、面グラフそれぞれに適した「データの見せ方」を解説していきました。そして特別付録として、データとグラフだけを用いて社会現象を説明するデータジャーナリズムについて紹介しました。

世間にはたくさんのグラフ解説本があふれています。本書はそれらと差別化を図るため、グラフが誕生した背景にまで踏み込むことに挑戦しました。グラフの見せ方に試行錯誤したウィリアム・プレイフェア同様に、ただグラフの解説に終わらずに楽しんで読んでもらえるように執筆したつもりです。単なる歴史の紹介では面白くないので、なるべくグラフを生み出した人間の〝人間臭さ〟にふれて、記憶に残りやすいよう説明したのですが、いかがだったでしょうか。

私自身、折れ線グラフは推移を表現するのが得意だと思っていても、なぜそのような表現が得意なのかまで詳しく理解できていませんでした。そんな中、本書を執筆するにあたって、１００年～２００年も前の歴史書を読み漁ることになったのです。その結果、本書で扱ったグラフが得意な表現方法を体系立てられたと思っています。本書のもう1つの側面として、オープンデータから作成したグラフでさまざまな社会現象を理解する面白さがあります。これをきっかけに、国が提供するオープンデータに興味を持っていただければ幸いです。

本書はさまざまな視点で繰り返しレビューしていただきました。柏木吉基さん、井上胤康さん、福角朝美さん、岸本史人さんにはデータ分析のプロの視点から。坂田淳さんには意思決定が仕事とも言える経営者の視点から。乾和広さん、井田裕司さん、小川弥真人さんには学生に授業する教育者の視点から。そして約1年も原稿を待ち続けていただいた編集担当の高屋卓也さんには、一般読者の視点とプロフェッショナルな編集者の視点から。

みなさんからの厳しくも温かい指摘が、この本の奥行きに深さを与えたと感じています。この場を借りてお礼を申し上げます。本当にありがとうございました。

最後に。

もしも読書のみなさんが、これからの人生において何が言いたいのか分からないグラフに出会う機会があったとします。そのときは、もう「感覚だけど何か違う」という曖昧な指摘をしてはいけません。「折れ線グラフは推移を表現するのに適しているから、このデータはむしろ比較が得意な棒グラフを使うべきでは？」という明確な指摘ができるでしょう。

ここで断言しますが、読者のみなさんはグラフと縁を切ることはできません。それほどグラフ作成は身近で誰もが経験する作業です。グラフの表現方法に迷ったときや違和感のあるグラフを発見したとき、学業においてまたはビジネスにおいて、本書は何度も繰り返し読み直す機会があるでしょう。この本が世の中に広がれば、多くの人が正しいグラフの使い方をして、ビジネスの現場の生産性を向上させ、時間を有意義に使うようになるはずです。そのように信じて、本書の結びとします。

【参考文献】

1.『データでみる県勢　2017 年版』／矢野恒太記念会 編纂／矢野恒太記念会／ 2016 年／ ISBN978-4875493426
2.『日本国勢図会〈2017/18〉』／矢野恒太記念会、国勢社 編集／矢野恒太記念会／ 2017 年／ ISBN978-4875491484
3.『統計学を拓いた異才たち』／デイヴィッド・サルツブルグ 著、竹内 惠行、熊谷 悦生 訳／日本経済新聞社／ 2006 年／ ISBN978-4532351946
4.『ビジュアル・ストーリーテリング』／ジョッシュ・リッチー、ロス・クルックス、ジェイソン・ランコウ 著、浅野 紀予 訳／ビー・エヌ・エヌ新社／ 2013 年／ ISBN978-4861008733
5.『インフォグラフィックスの潮流』／永原康史 著／誠文堂新光社／ 2016 年／ ISBN978-4416115497
6.『データプレゼンテーションの教科書』／日経ビッグデータ 編集／日経 BP 社／ 2014 年／ 978-4822279073
7.『Milestones in the history of thematic cartography, statistical graphics, and data visualization』／ Michael Friendly
8.『図解の誕生ーウィリアム・プレイフェアとその時代』／志村耕一

【参考 URL】

1.『Sociology and Economics ("Moral Statistics")』
http://libweb5.princeton.edu/visual_materials/maps/websites/thematic-maps/quantitative/sociology-economics/sociology-economics.html
2.『Cool Statistics!』
http://kfoster.ccny.cuny.edu/classes/spring2012/eco201/cool_statistics.html
3.『Jonathan Sachs, "1786/1801: William Playfair, Statistical Graphics, and the Meaning of an Event"』
http://www.branchcollective.org/?ps_articles=jonathan-sachs-17861801-william-playfair-statistical-graphics-and-the-meaning-of-an-event
4.『Milestones in the History of Thematic Cartography, Statistical Graphics, and Data Visualization』
http://www.datavis.ca/milestones/
5.『The History of the Cluster Heat Map』
http://www2.cs.uic.edu/~wilkinson/Publications/heatmap.pdf
6.『100yrs of Data Visualisation best practice』
https://100yrsofbrinton.tumblr.com/
7.『Software Studies Initiative』
http://lab.softwarestudies.com/2008/12/theory-for-nurbs-era-from-timelines-and.html
8.『Lawsofwages』
http://socserv2.socsci.mcmaster.ca/econ/ugcm/3ll3/moore/Lawsofwages.pdf

な行

は行

ま行

や・ゆ・よ

ら行

わ行

さ行

た行

索　引

【著者プロフィール】

松本健太郎

（まつもとけんたろう）

株式会社ロックオン マーケティングメトリックス研究所所長

http://www.mm-lab.jp/

マーケティング領域での人工知能に関する研究を行う。より効果的なマーケティング活動を実現するための人工知能プログラムを開発している。政治、経済、文化などさまざまなデータを扱ったデータジャーナリズムや野球の統計分析が得意。テレビやラジオの出演、各種メディアへの寄稿多数。著書に「大学生のためのドラッカー」シリーズ（リーダーズノート）、「伝説の講義」シリーズ（ごきげんビジネス出版）などがある。

■ Staff
◆装丁：森デザイン室（森 裕昌）
◆本文デザイン＆ DTP：ケイズプロダクション
◆担当：高屋 卓也

■お問い合わせについて
●ご質問は、本書に記載されている内容に関するものに限定させていただきます。本書の内容と関係のない質問には一切お答えできませんので、あらかじめご了承ください。
●電話でのご質問は一切受け付けておりません。FAXまたは書面にて下記までお送りください。また、ご質問の際には、書名と該当ページ、返信先を明記して下さいますようお願いいたします。
●お送りいただいた質問には、できる限り迅速に回答できるよう努力しておりますが、お答えするまでに時間がかかる場合がございます。また、回答の期日を指定いただいた場合でも、ご希望にお応えできるとは限りませんので、あらかじめご了承ください。

■問い合わせ先
〒 162-0846　東京都新宿区市谷左内町 21-13　株式会社技術評論社　雑誌編集部
「グラフをつくる前に読む本」係　Fax 03-3513-6173

グラフをつくる前《まえ》に読《よ》む本《ほん》
一瞬《いっしゅん》で伝《つた》わる表現《ひょうげん》はどのように生《う》まれたのか

2017 年 9 月 27 日　初　版　第 1 刷発行

著　者　松本《まつもと》 健太郎《けんたろう》
発行者　片岡 巌
発行所　株式会社技術評論社
　　　　東京都新宿区市谷左内町 21-13
　　　　電話　03-3513-6150　販売促進部
　　　　　　　03-3513-6177　雑誌編集部
印刷／製本　港北出版印刷株式会社

定価はカバーに表示してあります。

ISBN978-4-7741-9219-2　C0034
Printed in Japan